LISA FEDERLE

AUF KRUMMEN WEGEN GERADEAUS

Was mich bewegt und antreibt

Um die Persönlichkeitsrechte der im Buch genannten Personen
zu wahren, wurden einige Namen verfremdet.

Dieses Werk wurde vermittelt durch die
AVA international GmbH Autoren- und Verlagsagentur, München.
www.ava-international.de

Besuchen Sie uns im Internet:
www.knaur.de

Aus Verantwortung für die Umwelt hat sich die Verlagsgruppe
Droemer Knaur zu einer nachhaltigen Buchproduktion verpflichtet.
Der bewusste Umgang mit unseren Ressourcen, der Schutz unseres Klimas
und der Natur gehören zu unseren obersten Unternehmenszielen.
Gemeinsam mit unseren Partnern und Lieferanten setzen wir uns für eine
klimaneutrale Buchproduktion ein, die den Erwerb von Klimazertifikaten
zur Kompensation des CO_2-Ausstoßes einschließt.

Weitere Informationen finden Sie unter:
www.klimaneutralerverlag.de

Originalausgabe Mai 2022
Knaur Verlag
Ein Imprint der Verlagsgruppe
Droemer Knaur GmbH & Co. KG, München
Alle Rechte vorbehalten. Das Werk darf – auch teilweise – nur mit
Genehmigung des Verlags wiedergegeben werden.
Redaktion: Sabine Wünsch, München
Covergestaltung: Isabella Materne
Coverabbildung: Christian Kaufmann
Satz: Adobe InDesign im Verlag
Druck und Bindung: CPI books GmbH, Leck
ISBN 978-3-426-28613-5

Bilder und Erfahrungen

Eigentlich alles Routine, als ich an jenem Sonntagnachmittag zusammen mit Ludwig am Flughafen von Palma de Mallorca die Maschine nach Stuttgart bestiegen hatte. Wir hatten ein paar wunderschöne Urlaubstage zusammen verbracht – mit Tapas essen, Haus renovieren und erholsamen Stunden am Strand. Ähnlich entspannt wirkten auch die anderen Fluggäste an diesem Abend. Der Flug begann wie immer, mittlerweile war mir längst vertraut, welchen Kurs die Flieger nehmen. Bisweilen gibt es kleine Abweichungen, eine deutlich spürbare Kurve nach dreißig Minuten ließ mich allerdings aufmerksam werden. Das konnte tausend Gründe haben, beruhigte ich mich, nippte an meinem Kaffee und las die letzten Seiten meines Buchs.

Die entspannte Stimmung wurde jäh unterbrochen von einer Durchsage: »Liebe Fluggäste, hier spricht Ihr Kapitän. Leider haben wir einen technischen Defekt, dessen Ursache noch unklar ist. Es besteht kein Grund zur Sorge. In Absprache mit unserer Leitstelle haben wir uns zu einer Sicherheitslandung in Marseille entschlossen. Bis dahin dauert es noch etwa zehn Minuten. Bleiben Sie ruhig, und folgen Sie den Anweisungen der Flugbegleiter.«

Ludwig und ich schauten uns erschrocken an. Tief unter uns sahen wir das Meer im abendlichen Licht. Die Stewardessen zeigten den Gebrauch der Schwimmwesten, anders als sonst bei dieser Vorführung, schauten diesmal alle Passagiere sehr aufmerksam zu. Plötzlich blinkte es überall in der Kabine. Die »Exit«-Zeichen leuchteten auf, und am Boden flackerten Leuchtstreifen, die ich zuvor nie wahrgenommen hatte. Die

Stewardessen zeigten den Passagieren, die an den Notausgängen saßen, wie die Türen im Notfall zu öffnen seien und fügten hinzu, das gelte natürlich nur, falls sie selbst nicht mehr in der Lage dazu wären.

»Hier spricht nochmals Ihr Kapitän. Wir werden in Kürze eine Notlandung vornehmen. Nehmen Sie Ihre Brillen ab, und folgen Sie den Anweisungen der Flugbegleiter.«

Es war plötzlich unheimlich still in der Kabine. Ich blickte auf den erstarrten Ludwig neben mir. Sollte ich mich mit einer letzten SMS auf dem Smartphone von meinen Kindern verabschieden, ging es mir durch den Kopf. Aber was würde das bei ihnen auslösen? Und wenn am Ende nichts passierte? Wie ein Film liefen Stationen meines Lebens vor meinem inneren Auge ab. Ich griff in meine Tasche. Beruhigungstabletten hatte ich, wie immer, dabei. Jetzt war ich selbst der Notfall. Ich überlegte und nahm zwei von den Tabletten, gerade so viele, dass ich noch in der Lage wäre zu schwimmen.

Wir flogen jetzt in niedriger Höhe über dem Meer und hatten noch etwa fünf Minuten bis zum Flughafen. Ich dachte an meine Kinder und versuchte die Angst einfach wegzuschieben, indem ich mich leise mit meinem rechten Sitznachbarn unterhielt. Dann war es soweit. Nur verschwommen nahm ich all die Blaulichter am Flughafen von Marseille wahr. Den Piloten gelang eine Notlandung wie aus dem Bilderbuch. Der Pilot meinte hinterher, so etwas hätte er in all den Jahren bisher noch nicht erlebt. Ich griff sofort zum Telefon und informierte die Kinder, dass ich soeben notgelandet wäre. Jonathans erste Worte waren: »Mama, bist du betrunken?« Aber die Tabletten zeigten ihre Wirkung und ich hatte tatsächlich zum Schluss keine Angst mehr gehabt.

Am nächsten Morgen sollte uns eine neue Maschine nach Stuttgart bringen. Etliche Passagiere nahmen lieber den Zug nach Hause, ich zwang mich geradezu, das Flugzeug zu besteigen, und wir kamen wohlbehalten in Stuttgart an. Dass es in jener Nacht einen Notruf unseres Fliegers gegeben hatte, davon wussten wir nichts. Erst die Recherche eines befreundeten Journalisten brachte das ans Tageslicht. Kein Wort jedoch von der Airline. Gern hätten wir gewusst, was denn passiert war. Und ich? Nie hätte ich gedacht, dass ich in so einer bedrohlichen Situation am meisten an meine Kinder denken würde – und dass mein bisheriges Leben so präsent sein kann.

Das Leben Revue passieren zu lassen, glücklicherweise unter weitaus weniger dramatischen Umständen als auf jenem nervenaufreibenden Flug von Mallorca nach Stuttgart, war meine Motivation für dieses Buch. Vielleicht macht es ein wenig Mut, zu erfahren, wie jemand über den zweiten Bildungsweg Karriere machen und sich schließlich den lange erträumten Berufswunsch erfüllen kann. Vielleicht ist es an der Zeit, jenen Idealismus zu betonen, mit dem die vielen Menschen in medizinischen und sozialen Berufen ihrer Arbeit nachgehen. Nicht selten bis an die Grenzen der Belastbarkeit und bisweilen am Ende ihrer Kraft. Und doch ist es, zumindest nach meiner Erfahrung, immer wieder ein erhebendes Gefühl, die Möglichkeit zu haben, anderen Menschen zu helfen. Und Dankbarkeit zu erfahren. Eine Mutter-Teresa-Monstranz tragen die Macherinnen und Macher in Pflege- und Medizinberufen dabei höchst selten vor sich her – wenngleich der Tübinger Klinikchef bisweilen dazu neigt, den Spitznamen Tereschen zu verwenden.

Eine Sache liegt mir besonders am Herzen. Ich mag ein klassisches Papakind gewesen sein, doch ich schätze auch meine Mutter sehr. Ich empfinde große Dankbarkeit und habe große Achtung vor ihr. In den Erinnerungen mag das bisweilen anders erscheinen – welcher verzweifelte Teenager denkt schon ausgewogen? Die Generation meiner Eltern, jene Nachkriegsler, hat unter schwierigsten Verhältnissen unvorstellbare Dinge geleistet, ohne groß zu klagen. Gerade auch deshalb sind mir die Senioren so ausgesprochen wichtig in meiner Arbeit. Ihnen allen gelten mein tiefer Respekt und meine herzliche Hochachtung. Da alles im Leben ein Gegengewicht hat, sind es ebenso die Kinder, die keine Lobby haben. Sie können sich noch nicht adäquat äußern, haben noch das ganze Leben vor sich und eine Chance verdient – weshalb es mir auch um sie geht.

Eine andere Erfahrung möchte ich gleichfalls weitergeben: Sich zu freuen an kleinen Dingen im Leben, den Mut zu haben, Wege zu gehen, die nicht unbedingt geradlinig zum Ziel führen, und die Wertschätzung für Familie und Freunde nie zu vernachlässigen – all das sind Dinge, die jeder tun kann. Und die jeder ausprobieren sollte. BewegtEuch, der Name jenes Vereins, den ich gemeinsam mit Jan Josef Liefers und Michael Antwerpes gründete, kann auch jenseits von Sport zum lohnenden Lebensmotto werden.

BewegtEuch, der Name unseres Vereins, könnte zugleich ein Motto für mein Leben sein. Und eine Anleitung zum Lesen dieses Buches. Bewegen Sie sich, hüpfen Sie zu dem Thema, das Sie spontan am meisten neugierig macht. Der Aufbau des Buches folgt mehr oder weniger der Chronologie. Doch wer braucht schon Regeln als Selbstzweck, ein Kaleidoskop hat gleichfalls seine Reize. Wie man als dreifache Mutter das Abi im Abendgymnasium nachholt und mit vier Kindern Medizin studiert? Welche Folgen der frühe Tod des Vaters haben kann? Wie man bei einem Rettungseinsatz plötzlich mit dem Messer bedroht wird? Das und anderes findet sich zum Auftakt. Worüber man mit Karl Lauterbach plaudert, wenn nach der Talkshow das rote Licht aus ist? Weshalb man mit einem Innenminister nie ungestört zum Italiener gehen kann? Wie eine falsche Brustkrebsdiagnose fast zum Fiasko führte? Wie meine erste Nacht mit Rezzo war? Weshalb in einem Institut der Uni ein echter Andy Warhol hängt? All das und mehr lässt sich im zweiten Teil entdecken. Lesen Sie einfach so, wie es Ihnen am meisten Spaß macht. Drehen Sie am Kaleidoskop und entdecken hoffentlich immer neue Bilder.

1
Tod des Vaters

Nichts läuft nur geradeaus. Es ist selten möglich, etwas schnurgerade zu realisieren. Vielleicht ist das auch nicht der Sinn des Lebens, vielleicht gehören Umwege zum Dasein. Sie lassen uns genauer hinschauen, über den Tellerrand blicken. Viele denken, es sei ein Fehler, Umwege zu gehen, dass es dem Ideal eines perfekten Lebens widerspräche. Aber zu einem perfekten Leben gehören eben auch die Fehler, nur so entwickelt sich ein Mensch weiter, begreift, was es heißt, Mut zu haben und etwas zu wagen. Wer den geraden Weg einschlägt, wird erfahren, dass das Leben an ihm vorbeizieht. Während die anderen neugierig sind, sich ausprobieren wollen, nicht hinnehmen, was da ist, selbst wenn es noch so unabänderlich erscheint.

Wer nicht korrigiert und keine Erfahrungen sammeln will, fängt irgendwann an zu lamentieren und bleibt vielleicht innerlich stehen. Doch klagen sollte nur, wer zuvor wenigstens versucht hat, etwas zu verändern. Umwege sind Bewegung – und die ist unabkömmlich, um nicht ständig auf alten Gleisen zu fahren. Leben ist ein Experiment, da darf es Überwindung kosten, etwas Neues zu wagen, die täglichen Routinen zu durchbrechen und die altbekannten Wege zu verlassen. Es ist nachvollziehbar, dass man sich vor Umwegen fürchtet, vor dem Ungewissen, Fremden. Manchmal scheint es, als würden Ereignisse direkt in eine Sackgasse führen, ohne Chance auf eine Umkehr. Doch Sackgassen verwandeln sich ab und an in einen Tunnel, an dessen Ende es hell wird. Nicht immer strahlend, aber mit genügend Licht, um sich wieder orientieren zu können. Mit dem Empfinden, es geschafft zu haben. Ohne in einstige Muster zu verfallen, die einen nur wieder in derselben Sackgasse enden lassen.

Meist wird einem erst im Nachhinein klar, dass es doch einen Ausweg gibt, der auf die eine oder andere Weise auf einem alten Weg aufbaut. Der einem hilft, das Erlebte nachhaltiger zu verarbeiten, sich selbst und andere Menschen besser zu verstehen. Ich bin in einer Welt aufgewachsen, in der Umwege nur bedingt zugelassen wurden. Anfangs waren sie noch denkbar, aber als mein Vater starb, gab es nur einen Weg: geradeaus! Ohne Abweichungen nach links oder rechts, ohne Wenn und Aber. Und dieser ohnehin schon schmale Pfad wurde zunehmend enger.

Als ich Anfang der Sechzigerjahre zur Welt kam, wurde über die Bindung zwischen Vätern und Töchtern noch kaum gesprochen, damals erhielten die Mütter Lob und Anerkennung, wenn es um die Erziehung der Kinder ging. Natürlich gab es die Kehrseite: Geriet der Nachwuchs nicht so, wie man es sich vorgestellt hatte, machte man meistens die Mütter dafür verantwortlich. Väter blieben außen vor, ihnen wurde wenig Beachtung geschenkt. Man fand es schön, wenn der Vater mit seinem Sohn Fußball spielte oder die Tochter vom Ballettunterricht abholte, ansonsten sah man in ihm kaum den Elternteil, der die Kinder prägte. Erst als die Mütter dem Herd den Rücken kehrten und zu arbeiten begannen, rückte die Bedeutung der Väter und ihrer Verantwortung ihren Kindern gegenüber mehr und mehr in den Fokus. Studien in den Siebzigerjahren verdeutlichten den Beitrag der Väter am Wohlbefinden und Selbstbewusstsein des Nachwuchses.

Ich war ein richtiges Papakind. Ich fühlte mich von ihm geliebt, weil ich mich bei ihm geborgen und von ihm akzeptiert fühlte, und ich liebte ihn. Mein Vater war ein großer, stattlicher Mann. Er war schlank und sportlich, dunkelhaarig, mit braunen Augen. Manchmal war ich richtig stolz auf ihn. Ich hatte, was man gemeinhin als eine glückliche und behütete Kindheit bezeichnet. Ich liebte auch meine Mutter, klar, aber anders, nicht so intensiv. Sie konzentrierte sich vor allem auf meine vier Brüder, einer älter, drei jünger als ich. Mir war das nur recht, ich hatte ja meinen Vater. »Du bist mein einziges Mädchen«, sagte er oft zu mir. Als meine Mutter nach der Geburt meines eineinhalb Jahre jüngeren Bruders Gerhard zur Kur fuhr, kümmerten sich mein Vater und meine Großtanten um mich und meinen älteren Bruder Martin. Bevor mein Vater mit dem Fahrrad zum Wildermuth Gymnasium fuhr, an dem er zu diesem Zeitpunkt Englisch und Deutsch unterrichtete, brachte er mich zu meinen Tanten, und abends holte er mich wieder ab. Wann immer ich an die Zeit mit ihm denke, überkommt mich ein Gefühl der Geborgenheit. Als Kind ahnte ich noch nicht, dass ich dieses Gefühl später über viele Jahre vermissen würde.

Mein Vater nahm sich Zeit für mich, brachte mir das Schwimmen bei, und als ich es beherrschte, erhielt ich neben viel Lob zur Belohnung einen Ring und einen Marsriegel. Letzteres wäre heute nicht der Rede wert, war damals jedoch etwas Besonderes. Die Väter aus der Nachbarschaft hielten es nicht für nötig, ihren Töchtern das Schwimmen zu lehren, für sie gehörte es nicht zu einer Fähigkeit, die vielleicht einmal überlebenswichtig werden könnte. Als Lektion fürs Leben lernte ich nebenbei, dass man mit Beharrlichkeit viel erreichen kann und sich von Rückschlägen nicht irritieren lassen sollte. Ich denke, das hat mir mein Vater auch durch seine Gene mitgegeben. Von meiner Mutter hörte ich nie, dass man durchhalten solle, vielleicht hat sie es auch nur ihren Söhnen gesagt, denn für Jungen galten damals andere Regeln. Wie in jener Zeit üblich, bestand die Erziehung der Töchter vornehmlich in Höflichkeit, gutem Benehmen oder der Mithilfe im Haushalt. All das war mir später zwar auch bei meinen Kindern wichtig, wichtiger aber war mir, ihnen das zu vermitteln, was ich von meinem Vater gelernt hatte und was für mich im Leben elementar erschien: Zusammenhalt, Liebe, soziale Verantwortung und Familiensinn.

Sehr viel später las ich heimlich einen Brief von meinem Vater, den er an meine Mutter geschrieben hatte, als sie in der erwähnten Kur war. Darin stand, wie goldig ich sei, wie sehr er mich liebe, wie ich im Garten sitzen und spielen würde, mit meinem lockigen Haar und in dem rosaroten Kleidchen, mitten auf dem Rasen. Mir ging beim Lesen das Herz auf, und ich war wirklich glücklich, einen Vater wie ihn zu haben. Später überlegte ich, wie meine Mutter wohl diese Zeilen empfunden haben musste, in dem Brief war es mehr um mich als um sie gegangen, obwohl sie gesundheitlich angeschlagen war. Sie hätte sich sicherlich über ein paar persönliche Zeilen gefreut.

Mit meinem Vater war ich auch zum ersten Mal im Kino, da war ich wohl sechs Jahre alt. Wir sahen uns *Ein toller Käfer* an und hielten uns die Bäuche vor Lachen über die Abenteuer des wundersamen Autos namens Herbie, das so ungemein menschliche Züge und Eigenschaften hatte. Ziemlich ramponiert, von einem Bösewicht malträtiert, wird Herbie gerettet und gibt am Ende bei einem Rennen sein Bestes. Auf dem Heimweg sprachen wir nicht über den Film, vielmehr erzählte mir mein Vater, wie wichtig es sei, sich selbst treu zu bleiben, sich niemals von etwas bestimmen zu lassen, was man selbst nicht für sinnvoll hielt, und den Menschen ehrlich die Meinung zu sagen.

In meinen jungen Jahren gab es nur noch einen zweiten Kinobesuch viele Jahre später, und der fand in aller Heimlichkeit statt. Mit meiner Freundin Maria schaute ich mir *Vier Fäuste für ein Halleluja* mit Bud Spencer und Terence Hill an. Meine Mutter hätte es nicht erlaubt, Kino war ihr sowieso ein Dorn im Auge, prügelnde Westernhelden allemal, allein der Titel wäre von ihr als Gotteslästerung ausgelegt worden.

Bevor er Professor wurde, unterrichtete mein Vater an einem Mädchengymnasium in Tübingen. Als ich noch nicht zur Schule ging, nahm er mich zu Klassenausflügen mit seinen Schülerinnen mit. Stets war er darauf bedacht, dass ich viel von der Welt erfuhr, aber auch lernte, mich in eine Gemeinschaft einzufügen und auf andere zu achten – meine Erziehung lag ihm sehr am Herzen. Dabei hatte ich eher das Gefühl, dass allein auf mich geachtet wurde, denn seine Schülerinnen sorgten sich um mich wie um eine kleine Schwester. Wahrscheinlich verfolgte mein Vater durch meine Mitnahme auch das Ziel, dass die älteren Mädchen lernten, Rücksicht auf jüngere Menschen zu nehmen, denn Pädagogik war für ihn ungemein wichtig. Er war bei seinen Schülerinnen sehr beliebt. Immer wieder gaben sie mir auf den Ausflügen zu verstehen, wie großartig sie meinen Vater als Lehrer fänden, keineswegs streng, aber doch mit klaren Regeln und Grenzen. Auch in meinem späteren Leben wurde ich oft auf ihn angesprochen.

Als mein Vater später als Englischprofessor an die PH in Reutlingen wechselte, bat er mich eines Tages, ein Bild zu malen.

»Was denn für ein Bild?«, fragte ich.

»Du kannst malen, was du willst«, sagte er.

»Und was willst du damit machen?«

»Es meinen Studenten vorstellen, um ihnen zu erklären, wie ich meinen Unterricht gestalte.«

Zwar konnte ich mir darunter nicht viel vorstellen, aber da ich gern malte, erfüllte ich ihm den Wunsch. Ich fand es toll, etwas für ihn tun und ihn bei seiner Arbeit unterstützen zu können.

Um ihm zu gefallen, schrieb ich ihm mit knapp acht Jahren einen Brief auf Englisch.

»Der ist für dich«, sagte ich und reichte ihm das zusammengefaltete Stück Papier mit den wenigen Sätzen darauf. Ich hatte darin kurz unsere Familie beschrieben, wo wir wohnten und wie wichtig er für mich war.

»Für mich?« Mein Vater sah mich erstaunt an. »Du hast mir einen Brief geschrieben?«

Ich nickte, fast ein wenig schüchtern. Als er zu lesen begann, konnte ich an seinen Augen sehen, dass er nicht fassen konnte, was er da vor sich hatte.

»Das ist ja Englisch«, sagte er schließlich.

»Ja, ich wollte dir einen Brief auf Englisch schreiben, denn du unterrichtest ja Englisch und liebst die Sprache.« Oft brachte er mir von seinen Reisen nach England Postkarten mit einem Abbild der Queen mit.

»Und die Worte hast du dir selbst beigebracht?«

Abermals nickte ich. Meine Eltern sprachen bei uns zu Hause immer Englisch miteinander, wenn das, was sie zu bereden hatten, nicht für die Ohren ihrer Kinder oder der Zugehfrau bestimmt war. Ich hatte ihre Unterhaltungen relativ schnell nachvollziehen können, mir aber nie anmerken lassen, dass ich so einiges mitbekam.

»Mit dem Brief hast du mir eine große Freude gemacht«, sagte mein Vater und faltete das Papier vorsichtig zusammen. »Den werde ich immer aufbewahren.«

Das behütete Leben hätte für mich ewig so weitergehen können, schön und geradlinig, so wie in der Geometrie, in der die kürzeste Verbindung zwischen zwei Punkten die Gerade ist. Aber eine gerade Linie verhindert viele ungewöhnliche Momente, Eindrücke, die das Leben prägen und tiefe Empfindungen hinterlassen. Können krumme Wege nicht auch Glück und Verständnis bedeuten? War nicht der Weg von der Schule nach Hause viel spannender, wenn man nicht den kürzesten Pfad nahm? Ich habe den direkten Weg jedenfalls immer als einfallslos empfunden und stets neue Strecken ausprobiert, dabei Dinge wahrgenommen, die ich sonst nicht entdeckt hätte.

Es waren Sommerferien, und wie in vielen Jahren zuvor wollten wir in den Schwarzwald zu Verwandten fahren. Das meiste war gepackt, aber mein Vater hatte sich vorgenommen, vorher noch das Garagentor anzustreichen.

Ich sah zu, wie seine riesige Hand mit dem Pinsel gleichmäßig und konzentriert über die Fläche fuhr. Er liebte es, hinter seinen Büchern zu sitzen, aber hin und wieder packte es ihn, sich handwerklich zu betätigen. Das war ein guter Kontrast zu seiner Arbeit und den Büchern, die er verfasste. Oft saß er nachts bis spät am Schreibtisch und schrieb. Jetzt strich er das Garagentor, ich schaute dabei zu und unterhielt mich mit ihm.

»Ich bin schon ganz aufgeregt«, sagte ich. Ich freute mich riesig auf den Urlaub, endlich wieder Bauernhöfe und Traktoren, ich liebte Blumen und sammelte gern bunte Wiesensträuße. Aber besonders freute ich mich, dass mein Vater mal wieder richtig Zeit für uns und für mich haben würde. »… aber können wir, wenn du mit dem Garagentor fertig bist, nicht noch etwas zusammen machen?« Ich konnte hartnäckig sein, wenn ich etwas wollte. Und ich wollte gern Zeit mit meinem Vater verbringen.

Er hielt mit dem Streichen inne, betrachtete sein Werk mit einem skeptischen Blick. Er hielt es für vollendet und tupfte den Pinsel am Farbtopf ab. »Ich habe leider noch was vor, Lisa. Wenn du willst, kannst du mitkommen.«

»Wohin gehst du denn?«

»Zu einer Vorsorgeuntersuchung. In meinem Alter ist es wichtig, sich in Abständen untersuchen zu lassen.« Seine Mundwinkel verzogen sich zu dem sanften Lächeln, das ich so sehr an ihm liebte.

»Was ist denn eine Vorsorgeuntersuchung?«

»Na ja, dabei schaut ein Arzt nach, ob alles in Ordnung ist.«

»Bist du denn krank?«

»Nein, meine neugierige Tochter. Oder besser gesagt: Ich will es ausschließen. Manchmal entwickelt sich im Körper etwas, was da nicht hingehört, und zwar ohne dass man es weiß. Außerdem gibt es in unserer Familie Darmkrebs, und da ist Vorsorge wichtig. Zum Glück gibt es seit Kurzem die Darmspiegelung, ein Verfahren, um das zu kontrollieren.«

»Aha«, sagte ich, ohne dass ich mir unter dem Gehörten etwas Konkretes vorstellen oder mit dem Wort Darmspiegelung etwas anfangen konnte.

»Also, willst du mitkommen?«

Ich schüttelte den Kopf. Wieso eigentlich? Ich träumte doch davon, Missionsärztin zu werden. Mehrfach kamen Diakonissen bei uns zu Hause vorbei, und meine Mutter nahm mich öfter zu Missionsvorträgen mit, bei denen Bilder gezeigt wurden von kranken Kindern mit Hungerbäuchen, von Erwachsenen, die zu erblinden drohten oder schlimme Krankheiten hatten, die es in Deutschland gar nicht gab. Eindringlich erzählten Missionsschwestern von alledem, betonten immer wieder, dass man den Menschen helfen müsse. Ihre Erzählungen prägten sich mir ein, berührten mich tief. So sehr, dass ich unbedingt nach Afrika wollte oder in den Himalaja, um all denen etwas Gutes zu tun, denen es offenbar viel schlechter ging als uns. Meine Vorstellungen waren nicht durch irgendeinen Glauben gestützt, ich wollte einfach nur tätig werden. Zu Ärzten hatte ich großes Vertrauen und bewunderte ihre Fähigkeit, Menschen helfen zu können. Von meinem Wunsch erzählte ich niemandem, denn ich wusste nicht, ob mir das zugetraut wurde, schließlich war ich kein Bub.

»Gut«, sagte nun mein Vater. »Ich geh dann mal, wir sehen uns beim Abendessen.«

Dass mein Vater unser Haus nie wieder betreten würde, war für niemanden von uns vorstellbar und veränderte unser aller Leben auf schmerzvolle Weise. Bei der Vorsorgeuntersuchung perforierte der Arzt den Darm meines Vaters, ein Kunstfehler. Mein Vater wurde sofort ins Krankenhaus gebracht, wo er eine Woche später verstarb. Und zum ersten Mal sollte meine Vorstellung, dass Ärzte helfen und heilen können, erschüttert werden. Einmal durfte ich ihn besuchen, und ich hatte das untrügliche Gefühl es würde das letzte Mal sein, dass ich ihn lebend sah. Am Haltegriff über dem Bett war seine Armbanduhr mit schwarzem Lederband befestigt. Mein Vater sah müde aus, nicht mehr kraftvoll und lebensfroh. Seine letzten Worte zu mir waren: »Pass auf deine Mutter und dich auf.«

2
Pietismus – ein enger Weg

Erschrocken sahen wir uns alle an, als das Telefon klingelte.

Keiner wollte das Gespräch annehmen, als wüssten wir, was die Person am anderen Ende der Leitung uns zu sagen hatte. Noch immer schrillte es, durchbrach das Läuten die unheilvolle Stille. Schließlich erhob sich meine Mutter von ihrem Stuhl, ging zum Telefon. Meine Brüder und ich verfolgten gebannt, was ihr wohl gesagt wurde und wie sie darauf reagierte. Es war nur eine kurze Unterredung, dann legte sie den Hörer auf, das Gesicht aschfahl, und brach in Tränen aus. Langsam, als wüsste sie, sie könnte jeden Moment umfallen, setzte sie sich wieder auf ihren Stuhl. Ihre Hände fingen an zu zittern, sie senkte ihren Blick.

»Was ist los, Mama?«, fragte mein ältester Bruder Martin. »Ist was mit Vater?«

Meine jüngeren Brüder konnten die Ereignisse noch nicht so recht begreifen, aber ich ahnte, was jetzt kommen sollte. Immer noch bleich, ein Kontrast zu der Sonne, die ins Zimmer schien, hob unsere Mutter ihre Augen und sah uns an.

»Es ... war die Klinik«, begann sie stockend. »Sie haben angerufen, um uns mitzuteilen, dass euer Vater nicht mehr lebt. Er ist gerade eingeschlafen. Er wird nicht mehr nach Hause zurückkehren.« Sie faltete die Hände und begann zu beten, meine Brüder folgten ihrem Beispiel, während ich stocksteif einfach nur dasaß.

Mein Vater würde nicht mehr nach Hause zurückkehren? Ich konnte nicht begreifen, was mit ihm geschehen war. Wir wollten in die Ferien fahren, gerade noch hatte er das Garagentor gestrichen, hatte gemeint, dass er vollkommen gesund sei, und nun war er nicht mehr am Leben? Ich musste an seine letzten

Worte denken: *Pass auf deine Mutter und dich auf.* Meine Gedanken wirbelten in meinem Kopf herum, überschlugen sich, und dann fühlte sich alles leer an, wie betäubt. Es konnte nicht sein, dass ich meinen Vater niemals wieder sehen, nie wieder etwas mit ihm unternehmen würde. Nein, das durfte nicht sein.

Völlig erschöpft von dem Unfassbaren, holte meine Mutter mich in die harte Wirklichkeit zurück.

»Lisa, du gehst nach Lustnau in das Strumpfgeschäft und besorgst mir ein Paar schwarze Strumpfhosen«, sagte sie mit monotoner Stimme. Ich hatte nicht gemerkt, dass sie inzwischen aufgestanden war und irgendetwas wegräumte. Auch meine Brüder waren nicht mehr im Raum, sie hatten sich in eines der Kinderzimmer verzogen.

Fassungslos starrte ich meine Mutter an, wie konnte sie jetzt nur an schwarze Strumpfhosen denken? Wann war das Telefonat gewesen? Es konnte doch kaum eine Viertelstunde vergangen sein. Widerrede war unangebracht, auch meine Mutter trauerte, ihr Gesicht war eingefallen, wirkte um Jahre gealtert, aber gleichzeitig entschlossen. Sie war nun eine Witwe, alleinerziehend mit fünf Kindern, alle noch weit davon entfernt, erwachsen zu sein. Leicht konnte das nicht sein. Also lief ich wie betäubt los zu dem Strumpfgeschäft, das im Tübinger Vorort Lustnau lag, ein Fußweg von ungefähr zwanzig Minuten. Wir wohnten auf dem Denzenberg, gehörten zu Lustnau, durch ein Tal waren wir jedoch von dem Ortsteil abgeschnitten.

An diesem traurigsten Tag meines Lebens kam mir der Weg schier endlos vor. Mit jedem Schritt wurden meine Beine schwerer. Die Verkäuferin in dem Geschäft sah mich mitleidig an, als sie mir das Gewünschte einpackte – Anfang der Siebzigerjahre war der Kauf schwarzer Strumpfhosen ein klares Zeichen für einen Trauerfall.

Der Rückweg erschien mir noch länger, ich war wie versteinert. Wie sollte ich ohne meinen Vater leben, jenem Menschen, zu dem ich eine besondere, sehr innige Beziehung hatte.

Nun war er tot. Mehrmals musste ich mir dieses Wort vorsagen, um zu begreifen, was ich nicht begreifen wollte.

Als ich unser Haus betrat, mit der braun gestrichenen Garagentür nebenan, dachte ich, wäre ich doch nur mit meinem Vater zu jener Vorsorgeuntersuchung gegangen, vielleicht wäre das alles dann nicht passiert. Vielleicht hätte ich ihn davor beschützen können. Diese Vorstellung machte alles noch schmerzvoller.

Ich lief abermals nach Lustnau. Wie eine Ertrinkende, die kurz nach Luft schnappt, nur um danach von den Wassermassen verschlungen zu werden. Unterwegs konnte ich den Gedanken nicht loswerden, dass meine Mutter so schnell wie möglich in Schwarz herumlaufen wollte. Ich konnte nicht verstehen, dass es für sie das Wichtigste war, eine schwarze Strumpfhose zu bekommen. Mit meinen elf Jahren begann für mich ein langer Weg, auf dem ich mich immer mehr von meiner Mutter abzugrenzen versuchte. Wie es sich für eine überzeugte Pietistin gehörte, war es ihr ganz besonders wichtig, die Konventionen einzuhalten. Einen großen Stellenwert hatte dabei schon immer, was andere Menschen über sie dachten, über uns dachten. Gerade der schwäbische Pietismus war verbunden mit sozialer Kontrolle.

Entstanden war die pietistische Bewegung Ende des 17. Jahrhunderts, ihr Ziel war eine religiöse Erneuerung. Die strenge Auslegung der Bibel galt als oberste Richtschnur für ein frommes Leben. Bei dieser Art von Frömmigkeit war alles verpönt, was Spaß oder Freude bereitete. Alkohol und Tabak zählten ebenso dazu wie Kino oder Mode. Stattdessen standen Fleiß und Arbeit im Vordergrund sowie das Gebot der christlichen Nächstenliebe. Mein Vater hatte den Pietismus nicht so eng ausgelegt, er hatte früher sogar geraucht und ab und zu ein Weizenbier getrunken, war dadurch eine Art Gegengewicht zu meiner Mutter. Sie wiederum war an der Seite ihres Mannes nicht so streng, wie sie dann nach seinem Tod wurde.

Beim äußeren Bild, zumal dem einer Witwe, musste alles stimmen. Schminke war ebenso undenkbar wie kurze Röcke oder gar Hosen. Buchstabengetreu folgte man der Bibel (5. Mose, 22:5): »Ein Weib soll nicht Mannsgewand tragen, und ein Mann soll nicht Weiberkleider antun.« Schwarze Strumpfhosen waren Pflicht in einem Trauerfall.

Damals hatte ich das Gefühl, dass meine Mutter durch die schwarze Kleidung nur bedauert werden wollte. Sicher tat ich ihr damit unrecht. Sie war durch den plötzlichen Tod meines Vaters wahrscheinlich am meisten von uns allen überfordert, nur versuchte sie sich an bestimmten Vorgaben zu orientieren, die ihr Halt gaben. Vielleicht war das ihr Weg, mit dem Tod meines Vaters klarzukommen. Möglich, dass sie genau den vorgegebenen Rahmen brauchte, um weitermachen zu können. Ich war einfach zu jung, um zu begreifen, was in ihrem Innern vorging – und sie zu sehr in ihrem Pietismus gefangen, um ein junges Mädchen zu verstehen, das seinen geliebten Vater verloren hatte.

Ich wollte meinen Vater nicht tot sehen. Aber ich musste, auch das wurde unter »Pflicht« eingefordert. In der Sakristei lag er auf einer Bahre, seine großen Hände waren zu Fäusten geschlossen, es kam mir vor, als wäre er über seinen frühen Tod mit 44 Jahren wütend, als würde er ihn nicht für gerecht halten. Wie auch. Aber gleichzeitig wirkten seine Hände kraftvoll und beschützend auf mich.

Zur Beerdigung kamen sehr viele Menschen. Ich wollte nicht weinen, schon gar nicht vor all den Trauernden, wenn, dann nur heimlich, allein in meinem Zimmer. Niemand sollte sehen, wie sehr ich meinen Vater vermisste, ich wollte kein Mitleid. Niemand sollte mich bedauern. Ich wollte nicht daran erinnert werden, dass er tot, für immer fort war, und ich wollte mich nicht so verhalten wie meine Mutter.

Ebenso wenig wollte ich über seinen Tod reden. Jedes Mal, wenn meine Mutter und meine Brüder das taten, wurde ich insgeheim aggressiv. In meinen Ohren klang es so, als erschien es ganz normal, dass mein Vater nicht mehr da war. Dabei wollten sie sich nur gegenseitig trösten. Ich jedoch wollte keinen Trost, verstand nicht, dass es ihnen dabei half, dem Abschied einen Platz in ihrem Leben einzuräumen, dem Unfassbaren einen Namen zu geben. Mit der Zeit begann ich sie sogar dafür zu verachten, schienen sie doch meinen Vater nicht so zu respektieren und zu lieben wie ich. Alles kam mir so unecht vor. Ich fühlte mich allein auf der Welt. Und das war unendlich schmerzhaft.

Nach dem Tod des Vaters begann in unserer Familie eine neue Zeit. Um irgendwie weiterleben zu können, flüchtete meine Mutter sich immer mehr in den Glauben, ich mich in die Welt der Bücher. Dabei las ich alles, was ich in die Finger bekam, ganz gleich ob *Oliver Twist*, *Das Tagebuch der Anne Frank*, die *Hanni-und-Nanni*-Bücher von Enid Blyton oder Berichte von Ärztinnen, die im Ausland armen Menschen halfen. Ich las ganze Nächte durch, durchlebte mit den *Fünf Freunden* deren Abenteuer, gehörte zu deren Clique und zitterte mit ihnen, dass sie wieder freikamen, wenn sie in einem Verlies gefangen waren. Die Bücher gaben mir die Möglichkeit, der Realität zu entfliehen, mich in eine Welt der Fantasie zu flüchten, es waren die schönsten Momente in meinem jugendlichen Leben. Ich liebte diese Bücherwelt, sie schenkte mir Hoffnung. Es gab für mich nichts Großartigeres als die Gewissheit, dass mir die Bücher nie ausgehen würden und ich mich jederzeit in eine andere Welt versetzen konnte. Das verschaffte mir trotz allem eine glückliche Jugend. Noch heute habe ich, egal wohin ich über Nacht fahre, mindestens ein Buch dabei. Keiner von meinen Heldinnen und Helden fragte nach dem Tod meines Vaters, mit niemandem musste ich darüber reden. Die imaginäre Welt war wesentlich angenehmer als die reale, auch wenn ich durchaus auch traurige Bücher las. Ob bewusst oder unbewusst verweigerte ich mich dem, was meinen Brüdern sowie meiner Mutter Stabilität zu geben schien: dem Denken, dass das irdische Leben nur vorübergehend sei, dass das eigentliche Leben erst nach dem Tod beginne. Und dass man deshalb in diesem jetzigen Leben besonders gut und moralisch sein müsse, um im Jenseits das Paradies zu finden.

Noch heute erinnere ich mich daran, dass ich, wenn ich meine Mutter nicht fand, dachte, jetzt hat Gott sie und meine Brüder geholt und mich nicht. Mich hat man allein zurückgelassen, allein beim bösen Teufel. Gründe dafür gab es genug: Ich hatte eine Notlüge benutzt, ein paar Süßigkeiten geklaut, mit meiner Freundin heimlich Popmusik gehört oder mich in einen Jungen verliebt. Und hatten mein Bruder Gerhard und ich etwas gestohlen, konnte es nur ich gewesen sein. Dann hieß es, ich würde meine gerechte Strafe erhalten. Nicht Gerhard, Jungen waren offenbar privilegiert. Das gehörte nicht nur zum schwäbischen Pietismus, ein solches Denken war damals weit verbreitet: Die Mütter hatten mehr Angst um ihre Töchter. Die Mädchen gaben nach außen hin das moralische Bild einer Familie ab, sie durften nicht über die Stränge schlagen wie die Buben, zumal sie schwanger werden konnten. Das Drama schlechthin, wenn man noch nicht verheiratet war. Wenn wir in die hahnsche Stunde – die Bibelstunde schwäbischer Pietisten – gingen, durften meine Brüder vorn am Brudertisch sitzen und bekamen am Ende jede Menge Süßigkeiten in die Hand gedrückt. Ich musste als Mädchen gemeinsam mit den Frauen hinten sitzen und ging in Bezug auf Süßigkeiten leer aus. Schon damals konnte ich nicht verstehen, warum Frauen weniger wert sein sollten als Männer und sich diesen unterordnen mussten und warum man vor Männern eine solche Ehrfurcht haben sollte. Ich verstand die Frauen nicht, die das akzeptierten, und schwor mir, mich dagegen zu wehren.

Der Gedanke, dass mich der Teufel holen könnte, weil ich etwas Schuldhaftes getan habe oder noch tun könnte, ließ Angst in mir hochkriechen. Diese Angst vereinnahmte mich völlig und verließ mich nie, und ich litt unter permanenten Schuldgefühlen. Für mich war dieser Pietismus ein furchtbares System der Enge. Nirgendwo gab es zwischen Himmel und Hölle den geringsten Ausweg, nicht einmal eine Beichtmöglichkeit wie im Katholizismus, die einen entlastet – man war und blieb schuldig. Fertig. Aus. Du bist schuldig, und diese Schuld kannst du nicht loswerden.

So wie ich die Bibel gelehrt bekam, fand ich sie einfach nur beängstigend. Über meinem Kinderbett hing ein Kreuz mit einem Jesus, der aus allen möglichen Körperteilen blutete, sodass ich Furcht hatte, das Blut könnte in mein Bett tropfen. Schon als Vier- oder Fünfjährigen las meine Mutter uns aus der Bibel vor – eigentlich war es kein Vorlesen, eher ein Vorleben, so inbrünstig und exzessiv, wie sie die Legenden zum Besten gab, als wäre sie ein Teil der Geschichten. Das Alte Testament fand ich grausam, nichts Erlösendes konnte ich daran finden. Das Einzige, was mir in der Bibel gefiel, waren Worte wie Glaube, Liebe oder Hoffnung, Korinther 13 im Neuen Testament. Die Idee, sich um andere zu kümmern. Der Rest des Neuen Testaments war nicht viel besser als das Alte. In der Offenbarung des Johannes war die Apokalypse garantiert, mit den sieben Plagen der Endzeit. Auch da nur Blut, viel Blut, oder eine Sonne, die die Menschen versengt.

Heute weiß ich, mit Schuld zu operieren ist für keine Seele gut, sie kann daran zerbrechen, wenn man sie in einem solchen Glauben erzieht. In meinem späteren Berufsleben als Ärztin hatte ich immer wieder mit Patienten zu tun, die mit dieser religiösen Schuldfrage nur schwer oder gar nicht zurechtkamen, die es nicht geschafft hatten, die streng religiöse Welt zu verlassen und ihre Seele zu befreien – und ein Leben lang darunter litten. Ich konnte mich von alldem befreien, und Bücher haben mir dabei geholfen.

Je älter ich wurde, umso weniger erlaubte sie mir. Es leuchtete mir absolut nicht ein, warum ich mich nicht schminken durfte, wie es alle anderen Mädchen aus meiner Klasse taten. Ich durfte keine Hosen tragen, keine Partys besuchen, moderne Musik und Kino waren ebenfalls nicht erlaubt. Meine Schulkameraden spotteten hinter meinem Rücken über mich oder brachen vor mir in höhnisches Gelächter aus, wenn sie mich mit meinen geflochtenen Zöpfen und dem knielangen Rock sahen.

Eine Klasse hatte ich schon wiederholen müssen, weil ich nicht mehr gelernt hatte, und wieder war die Versetzung gefährdet. Unter der Schulbank lag immer ein aufgeschlagenes Buch, das aber weit entfernt von einem Schulbuch war.

»Hier«, flüsterte Markus, mein Sitznachbar, und schob mir sein Heft zu, als wir eine wichtige Mathearbeit schrieben. Von ihr hing ab, ob ich ein zweites Mal die Klasse wiederholen müsste. Da ich vor einem leeren Blatt saß, wollte Thomas, dass ich von ihm abschrieb.

Er war der einzige Junge aus der Klasse, mit dem ich mich verstand. In einer Pause, in der wir uns in eine Ecke des Hofs verzogen hatten, hatte er mir anvertraut, dass seine Eltern nicht seine leiblichen Eltern seien, er hätte im Schrank die Adoptionsurkunde gefunden. Seither würde er mit dem Gedanken spielen, sich umzubringen, er könne es nicht ertragen, dass seine Eltern ihm das vorenthalten hätten. »Das darfst du nicht tun«, gab ich ihm zu verstehen. »Das wäre eine Katastrophe, es gibt immer einen Weg, für jeden, man muss ihn nur suchen. Das wirkliche Elend ist nicht bei uns, sondern in Afrika und Indien.«

Thomas wurde gehänselt, mehr noch als ich, er wurde als schwul verhöhnt, als Heulsuse und als Hosenpisser. Ich mochte Thomas und schob ihm sein Heft zurück, denn ich wollte nicht, dass er noch mehr Ärger bekam.

Am nächsten Tag blieb sein Sitz leer, es hieß, er sei krank, für länger. Thomas kam überhaupt nicht mehr zurück. Erst später erfuhr ich, dass er tatsächlich versucht hatte, sich das Leben zu nehmen. Ich vermisste ihn. Meine Tage in dieser Klasse waren gezählt, ich blieb erneut sitzen, hatte in der Klausur statt der nötigen Fünf eine Sechs bekommen.

Nach den Sommerferien kam ich in meine neue Klasse. Ich war zwei Jahre älter als die anderen Schüler, was mir trotz meiner braven Zöpfe und der biederen knielangen Röcke eine gewisse Autorität verschaffte. Ich wurde zur Klassensprecherin gewählt, was mich nicht daran hinderte, im Unterricht erneut durch geistige Abwesenheit zu glänzen. Ich provozierte die Lehrer, fing sogar an, einige Arbeiten in Sütterlinschrift zu schreiben, die ich aus Büchern meiner Großmutter gelernt hatte. Wie Englisch durchs Hören, lernte ich Sütterlin gleichsam durch mein fotografisches Gedächtnis.

Zu Hause musste ich zurückstecken, was mich wütend machte. Mein Bruder Martin bekam ein Mofa, ich nicht, obwohl meine Mutter es mir versprochen hatte.

Das Mofa sei an eine Bedingung geknüpft, erklärte mir meine Mutter.

»An welche?«, fragte ich unsicher, weil ich nicht wusste, was meine Mutter meinte.

Es sei das Beste, wenn ich auf ein christliches Internat käme, das wir beide uns anschauen sollten, meinte sie.

»Na klar«, sagte ich erleichtert.

Ich hatte nichts dagegen. Weg von meiner Mutter zu kommen erschien mir wie der Himmel auf Erden, zumal die Bücher von *Hanni und Nanni*, die ich verschlungen hatte, in einem Internat spielten. Und dort ging es trotz einiger Probleme immer lustig zu, ein Haufen fröhlicher junger Mädchen, die Musik hörten und Turbulentes erlebten. Alle meine Freundinnen, die diese Bücher lasen, träumten davon, auf ein solches Internat zu gehen und ähnliche Abenteuer zu erleben.

Zu dem Termin zog ich eine Hose an, meine einzige, inzwischen genehmigte, und malte mir mit Wasserfarbe einen dezenten Lidstrich. Ich wollte ja nicht gleich den schlechtesten

Eindruck hinterlassen, was ich in dieser Aufmachung allerdings genau tat. Nicht nur meine Mutter beäugte mich kritisch, sondern auch die Diakonisse, die uns in Empfang nahm.

»Hosen sind hier nicht erwünscht«, erklärte sie in ihrer grauen Glaubenstracht. Überhaupt war alles grau an ihr, von den Haaren bis zu den Füßen. »Die Haare müssen zusammengebunden werden. Ausgehen ist nur donnerstags nach dem Mittagessen erlaubt.«

Das Internat lag weit weg von allem, das nächste Dorf befand sich drei Kilometer entfernt, abends Andacht, morgens Andacht. Keine Spur von *Hanni und Nanni*. Hierher wollte ich nicht, nicht einen einzigen Tag, aber alle Einwände hätten nichts genutzt, meine Mutter hätte sich durchgesetzt. Mir blieb nur die einzige Chance, mich aufmüpfig zu verhalten, was mir als Teenager nicht schwerfiel. Ich gab der Diakonisse keine freundlichen Antworten, verhielt mich mürrisch, sah auf den Boden, wenn sie mich ansprach. Mein Plan ging auf, vom Internat kam eine Absage. Allerdings war nun auch der Traum von einem Mofa geplatzt – was aber immer noch besser war, als in diesem Internat zu versauern.

Zuflucht fand ich bei meiner Großtante Hanna. Sie war mein kleines Fenster zu einer größeren Welt. Bei ihr war im Kühlschrank immer Leberwurst und Fleischsalat, beides gab es bei uns zu Hause nie. Wir wurden sehr gesund großgezogen, Käse und Schwarzbrot kamen auf den Tisch und mir bis heute verhasstes Müsli. Das heimische Frühstück ließ ich deshalb jahrelang ausfallen. Meine andere Großtante, Grete, war Witwe wie meine Mutter – ihr Mann war im Krieg gefallen –, aber nicht im Geringsten mit ihr vergleichbar. Die beiden Tanten besaßen außerdem Dinge, die bei uns verboten waren, wie Spielkarten nebst Kartenmischgerät und einen Fernseher. Und sie tranken tatsächlich hin und wieder ein Gläschen Wein. Sie waren tolerant und aufgeschlossen. Auch deshalb fühlte ich mich bei ihnen geborgen.

»Kannst du mir nicht eine Geschichte erzählen?«, bettelte ich öfter, wenn ich bei Tante Hanna war.

»Kind, was willst du denn hören?«, fragte sie dann jedes Mal.

»Erzähl mir was von deiner Zeit als Jugendamtshelferin. Da hattest du doch viel mit Menschen zu tun, und andere Menschen sind immer interessant. So wie in meinen Büchern. Oliver Twist zum Beispiel war ein Waisenjunge und Fürsorgekind, bis er adoptiert wurde, das finde ich spannend.«

»Mmh«, sagte sie und schenkte sich etwas von dem Wein nach, der auf dem Tisch stand. »Oliver Twist ist eine besonders tragische Geschichte, und irgendwie wiederholt sich doch alles auf die eine oder andere Weise. Habe ich dir schon erzählt, dass ich nach dem Zweiten Weltkrieg verschollene Väter ausfindig machen musste?«

Ich schüttelte den Kopf. »Nein. Aber wieso waren die Männer weg? Wollten sie ihre Babys nicht?«

»So war es.« Meine Tante schaute sinnierend aus dem Fenster, als würde sie dort etwas suchen. »Amerikaner und Franzosen, sie ließen sich mit deutschen Frauen ein. Manche Frauen wurden auch vergewaltigt, ich bekam da viel Elend zu Gesicht.« Aha, dachte ich und registrierte: Auch hier in Deutschland gibt es Elend. »Die Männer hatten jedenfalls ihren Spaß gehabt«, fuhr sie fort. »Und ich hatte dann die Aufgabe, diejenigen, die sich wenig ruhmreich aus dem Staub gemacht haben, aufzufinden. Wenn sie ihr Kind schon nicht sehen wollten, dann sollten sie wenigstens für ihr Vergnügen bezahlen.«

»Hast du denn alle Männer gefunden?«

»Das war nicht immer einfach, eigentlich gelang es nur bedingt. Das lag nicht nur an den Männern, auch die Frauen haben es mir nicht immer leicht gemacht. Eines Tages fragte ich eine ledige Mutter. ›Wie hieß denn der Mann, der der Vater Ihres Kindes ist?‹ Die Frau meinte unwirsch: ›Keine Ahnung, ich kann mich nicht daran erinnern.‹ Ich dachte, die lässt sich auf einen Mann ein und weiß nicht einmal mehr seinen Namen. ›Ja, können Sie sich denn an gar nichts erinnern? Ich muss doch einen Anhaltspunkt haben, um nachforschen zu können, wo er hingegangen ist.‹ Sie meinte dann, er hätte rote Haare gehabt, ansonsten würde sie die Frage fast schon unverschämt finden, so intim seien sie nun doch nicht geworden.«

Ich prustete los, Tante Hanna fiel in mein Lachen mit ein. Dann dachte ich daran, dass Oliver Twist ein uneheliches Kind gewesen war, und nun hatte auch meine Tante von unehelichen Kindern gesprochen. Für meine Mutter waren Kinder, die unehelich zur Welt kamen, verwerflich. Männer und Frauen durften sich nur lieben, wenn sie verheiratet waren, für alles andere kam man nach ihrer Überzeugung in die Hölle. Mit ihr über meine Sorgen und Ängste zu reden war meist ein Ding der Unmöglichkeit. Ich fühlte mich unverstanden. Daher war ich glücklich, ab und zu in die Welt meiner Tante eintauchen zu können. Als meine Tante älter und schließlich auch dement wurde, versorgte ich sie öfter abends mit Essen und leistete ihr Gesellschaft, weil sie ziemlich allein war. Manchmal kam Maria mit, und wir freuten uns, dass wir uns auf diese Art treffen konnten, denn es war mir nicht erlaubt, Freunde oder Freundinnen mit auf mein Zimmer zu nehmen. Zwei Jahre nach dem Tod meines Vaters starb auch Tante Hanna.

3
Eine folgenschwere Entscheidung

Immer wieder packte mich die Trauer, umklammerte mich, wollte mich nicht loslassen, hockte sich in der Schule dreist auf meine Schultern, legte sich wie selbstverständlich zu mir ins Bett. Half das Lesen nicht weiter, setzte ich mich an das Klavier, das im Arbeitszimmer meines Vaters stand. Stundenlang spielte ich Stücke, die ich auswendig konnte – nicht jene, die mir meine Klavierlehrerin aufgetragen hatte, sie liebte Béla Bartók, ich mochte Bach, Mozart und Beethoven. Ich verlor mich in den Klängen, träumte den Tönen nach. Mit jeder Stunde, die verging, fand ich ein Stück meiner Seele wieder. Musik als Therapie, ohne dass ich es damals so für mich hätte formulieren können. Mit dem Seelenheil kamen mein Mut, meine Lebensfreude und meine Energie zurück.

Seit ich neun Jahre alt war, träumte ich davon, Ärztin zu werden. Dieser Traum ist nie verschwunden, im Gegenteil: Er hat sich zunehmend verstärkt. Je weniger Hilfe ich selbst erfuhr, umso mehr wollte ich anderen helfen. Allerdings stand mir die Schule dabei im Weg. Zu gern wäre ich auf ein Hanni-und-Nanni-Internat gegangen oder auf eine Gesamtschule, aber das war meiner Mutter nicht konservativ genug. Sie begleitete mich sogar zu Klassenausflügen. Die anderen aus meiner Klasse tuschelten hinter meinem Rücken, dass ich nicht einmal allein weggehen durfte, und lachten mich aus. Noch schlimmer war, dass ich Liebesbriefe von Jungs nicht annehmen durfte. Mir war klar, dass ich diese Art von Strenge auf Dauer nicht aushalten könnte.

Meine Mutter meinte es auf ihre Art sicher nur gut, aber es war zunehmend belastend, zum Gespött der anderen zu werden. Ich musste einen Weg finden, um ein eigenständiges Leben zu führen, meine Seele brauchte Freiheit. Ich wollte endlich bei den Themen mitreden können, über die die Mädchen in meiner Klasse sprachen. Ich wollte geliebt sein dürfen, einen Freund haben und all die Dinge erleben, von denen ein Teenager träumt. Da ich fern von all diesen Dingen aufgewachsen war, konnte ich gar nicht einschätzen, was das in aller Konsequenz zu bedeuten hatte. Ich wollte einfach nur sein und leben wie die anderen, ein normales Mädchen in einem glücklichen verständnisvollen Elternhaus. Natürlich war mir nicht klar, in welcher Naivität mich die pietistische Erziehung zurückgelassen hatte. Ich kannte lediglich die Welt, in der ich aufgewachsen war. Nur langsam konnte ich mich davon lösen. Mein Vater hatte mir eine Welt gezeigt, die offener, lebendiger, spannender war – diese Welt wollte ich für mich erobern und vielleicht auf diese Weise meinem Vater weiter verbunden bleiben. Er war und blieb ein großer Motor, der meinem Selbstbewusstsein Halt gab. Bisweilen stellte ich mir vor, dass er mir von irgendwo zusieht und stolz auf mich ist.

Es war wichtig, meine innere Einstellung auch nach außen zu zeigen. Und mit einer neuen Frisur fing es an. Wie habe ich diese Zöpfe gehasst, die ich als Teenager noch immer tragen musste. Alle Mädchen in der Schule trugen offene Haare – alle bis auf Lisa. Es war eine Katastrophe.

Die einzige Möglichkeit, mich mit anderen Jugendlichen zu treffen, war die christliche Jugendgruppe. Dort erging es einigen ganz ähnlich, sie wollten der Bevormundung des Pietismus entkommen. Zu diesen Rebellen gehörte auch Ossi, der vier Jahre älter war als ich. Er trug seine lockigen braunen Haare provozierend lang, und seine Jeans hatten Löcher. Ossi war der perfekte Typ für lässige Sprüche, es schien, als würde er alles nicht so ernst nehmen, was uns gepredigt wurde. Damit wurde er zum idealen Kummerkasten.

»Ich hasse diese langen geflochtenen Dinger, aber meine

Mutter beharrt darauf. Sie will einfach nicht verstehen, dass ich so sein will wie alle anderen.«

»Wie blöd ist das denn?«, erwiderte Ossi. »Ich an deiner Stelle würde zum Friseur gehen und sie gar nicht erst um Erlaubnis fragen.«

»Würde ich ja gern, aber ich bekomme so wenig Taschengeld, ich kann mir einen Besuch beim Friseur nicht leisten.«

Statt einer Antwort zog Ossi sein Portemonnaie aus der Hosentasche, zog einen Zwanzigmarkschein hervor und drückte ihn mir in die Hand. »Geh zum Friseur«, sagte er. »Und lass dir deine Haare genau so schneiden, wie es dir gefällt.«

Ich konnte kaum glauben, dass mir ein Junge einfach so viel Geld gab. Nach anfänglicher Sprachlosigkeit schluckte ich, mir war eingefallen, dass ich so viel Geld kaum jemals zurückzahlen konnte. »Ich kann das Geld nicht annehmen«, sagte ich traurig.

»Warum nicht?«

»Ich werde es dir kaum zurückgeben können.«

»Sollst du auch nicht. Ist gut investiert, glaub mir.«

Es dauerte Tage, bis ich den Mut fand, einen Friseur aufzusuchen. Auch weil ich gar nicht wusste, was für eine Frisur ich haben wollte. Auf jeden Fall sollten meine Haare um etliche Zentimeter kürzen werden, aber sonst? Ich blätterte auf der Suche nach Ideen Zeitschriften durch. Schließlich fand ich eine Frisur, die mir gefiel: Weich sollten meine dunkelbraunen Haare auf die Schultern fallen. Mein Herz klopfte wild, als ich der Friseurin meinen Wunsch erklärte und ihr das Foto zeigte. Als ich mich nach dem Schnitt im Spiegel sah, war ich überglücklich. Genau so hatte ich es mir vorgestellt, ich fühlte mich frei, jetzt war ich nicht mehr die komische Außenseiterin, jetzt war ich ein normaler Teenager, so wie alle anderen Mädchen. Zumindest dachte ich das …

Als ich mit der neuen Frisur nach Hause kam, stand allen das Entsetzen ins Gesicht geschrieben, besonders meiner Mutter. »Lisa, du siehst schrecklich aus«, kommentierte sie knapp meine neue Erscheinung. Aber es war mir egal, wie sie es fand, zumindest versuchte ich, mir das immer wieder einzureden. Die christlichen Wertvorstellungen, mit denen man aufwächst, lassen sich nicht so einfach auslöschen. Allen aus meiner Klasse gefiel, wie ich nun aussah. Das war die Hauptsache.

Die Zeit der trutschigen Röcke war ebenfalls endgültig vorbei. Eine Hose hatte ich ja bereits beim Besuch im Internat durchgesetzt. Fortan zog ich nur noch Hosen an, die meine Freundin Maria mir lieh. Zu Hause hielt mich nichts mehr. Schon gar nicht das Verbot, nie länger als bis achtzehn Uhr wegzubleiben. Ich erreichte meine Mutter nicht mehr und sie mich nicht. Zu allem Übel wechselte mein ältester Bruder Martin, mit dem ich mich gut verstand, auf ein Internat und kam nur noch selten nach Tübingen. Ich fühlte mich eingesperrt, gefangen in der pietistischen Frömmigkeit meines Zuhauses. Oft überlegte ich beim Klavierspielen, wie ich die immer unerträglicher werdende Enge hinter mir lassen könnte. Die Bücher mit ihren unterschiedlichsten Geschichten beflügelten mich dabei. Aber einfach abhauen? Das traute ich mich nicht.

Doch es gab kleine Fluchten. Zum Beispiel nachts bei jeder sich bietenden Gelegenheit unbemerkt das Zimmer zu verlassen. Dazu musste ich nur aus dem Fenster steigen, über das Dach unseres Schuppens klettern und von dort auf den Gartenzaun. Jenseits davon lockte das Leben, das mir meine Mutter verbieten wollte. Das schlechte Gewissen war immer mit dabei, denn meine Brüder wären nie auf die Idee gekommen, sich aus dem Haus zu schleichen. Sie waren gut in der Schule, trugen im Sinne meiner Mutter anständige Kleidung, hatten weder Interesse an Mädchen noch an Partys. Sie lebten in einer anderen Welt als ich, oder besser gesagt: Wir lebten in derselben Welt, aber mit unterschiedlichen Träumen und Wahrnehmungen.

Die nächtlichen Unternehmungen führten dazu, dass ich in

den Kreis geriet, zu dem auch Maria gehörte. Sie war ähnlich religiös erzogen worden, wenngleich nicht ganz so streng. Dennoch hatte sich auch in ihr der Wunsch entwickelt, aus dem Glauben und den damit verbundenen Regeln und Werten auszubrechen. Es war deshalb nicht weiter verwunderlich, dass sie sich mit Omar befreundete, einem Türken, der mit dem Christentum und Religion wenig am Hut hatte. Ihre Eltern wären sicherlich in Ohnmacht gefallen, hätten sie von dieser Beziehung gewusst.

Eines Abends feierten wir bei Omar eine Party, die meisten waren viel älter als Maria und ich. Es wurde viel getrunken, Zigaretten wurden gedreht, wohl auch Joints, die weitergereicht wurden. Ich lehnte ab, an der »Tüte« zu ziehen, die man mir anbot. Eigentlich wollte ich auch keinen Alkohol trinken, weil er bei uns zu Hause verpönt war. Ich wollte aber auch keine völlige Spaßbremse sein und dazugehören, also trank ich wenigstens ein bisschen etwas. Da ich Alkohol nicht gewohnt war, genügte das wenige, um ein schummriges Gefühl hervorzurufen.

»Du siehst klasse aus«, sagte plötzlich Milan zu mir, ein Freund von Omar, groß gewachsen, aquamarinfarbene, blitzende Augen, dichte braune Haare, die ihm verwegen ins Gesicht fielen. Es war klar, dass er mir gefiel. Offensichtlich galt das auch umgekehrt. Milan rückte nämlich nah an mich heran, fing an, eine Locke meiner Haare hinters Ohr zu streichen, mir liebevolle Worte zuzuflüstern und mir Komplimente zu machen. Ich hatte ihn zuvor schon einige Male zusammen mit Omar getroffen, und wir hatten uns immer angeregt unterhalten.

Ich hatte erfahren, dass Maria schon seit einem halben Jahr mit Omar schlief und wollte nicht länger hinter ihr zurückstehen. Ich wollte mitreden können, und ich wollte geliebt werden. Kurz tauchte der Gedanke auf, dass ich schwanger werden könnte. Aber da Maria in diesem halben Jahr offenkundig nicht schwanger geworden war, obwohl sie nicht die Pille nahm, hätte ich ein halbes Jahr Zeit, dachte ich in meiner Naivität. Was sollte also schon passieren? »Naivität« ist das einzige Wort, das mir auch heute noch dazu einfällt. Ich hatte wirklich keine Ahnung vom Leben.

Danach dachte ich: Jetzt fängt ein anderes Leben an. Jetzt hast du einen Freund, mit dem du geschlafen hast, mit dem zu zusammenbleiben wirst. Ich war stolz, aber auch ein wenig enttäuscht, denn Milan verhielt sich alles andere als liebevoll. Er zog sich an und verabschiedete sich mit den Worten »Man sieht sich« und ohne mir einen Kuss zu geben. Ob das wohl am Altersunterschied lag?, überlegte ich, Milan war 29, ich 17. Wie sollte ich das verstehen? Das neue Leben war ein sehr fremdes, und ich fühlte mich verloren und unsicher.

Fortan blieb ich keinen Abend mehr zu Hause. Ich schlich nicht mehr heimlich davon, sondern ging ganz selbstverständlich durch unsere Eingangstür. Meine Mutter versuchte vergeblich, mich zurückzuhalten. »Das ist kein Lebenswandel für ein anständiges Mädchen. Was sollen die Nachbarn denken?« Sollten sie denken, was sie wollten, ich ließ mich nicht davon abhalten, mich mit meiner Clique zu treffen, mit Milan.

Als ich wieder einmal spätnachts nach Hause kam, eskalierte die Situation. Meine Mutter warf meine Kleidung zum Fenster hinaus und rief: »Komm ja nicht wieder. Du betrittst nicht mehr mein Haus. Niemals!«

Da stand ich nun im Dunkeln auf der Straße, in den Händen zwei Plastiktüten mit Klamotten. Zornig warf ich einen Blick zurück auf die hell erleuchteten Fenster. Warum hatte mich meine Mutter rausgeworfen? Damals fand ich keine Antwort, heute nehme ich an, dass sie angesichts meines »Lebenswandels« einfach hilflos war. Vermutlich hatte sie Angst, meine Brüder könnten sich etwas davon abgucken. Eine sicher nicht ganz unberechtigte Furcht.

Nun musste ich also plötzlich auf eigenen Beinen stehen.

Ich kam mir vor wie ein junger Vogel, der gerade aus dem Nest gefallen war.

Wohin?, dachte ich in meiner Not. Milan hatte keinen festen Wohnsitz, er lebte mal hier, mal dort bei Freunden. Manchmal, so hatte ich herausgefunden, verschwand er auch für eine Woche, tauchte dann wieder auf, als wäre nichts gewesen. Zu Maria konnte ich nicht gehen, da hätte ich ihrer Mutter zu viel erklären müssen. Zudem wollte ich meine Freundin nicht in diese Geschichte hineinziehen. Klassenkameradinnen oder Ossi aus der Jugendgruppe kamen ebenfalls nicht infrage, sie alle wären, so fühlte ich instinktiv, überfordert gewesen.

Es blieben nur Bekannte aus dem Omar-Kreis, Freunde von Milan, wo ich aber nie lange bleiben konnte, weil sie stets einen Vorwand fanden, warum eine weitere Nacht nicht möglich sei. Bei aller Ablehnung des Pietismus, hatte er unserer Familie doch Halt gegeben, man war für den anderen wirklich da gewesen. Dieses Gefühl fehlte nun. Die Bekannten, die mich beherbergten, schienen davon nicht wirklich etwas wissen zu wollen. Ohne es zu merken, war ich in ein Milieu geraten, das auf seine Weise ebenfalls ein Extrem war, aber eben ein entgegengesetztes zu dem, in dem ich mich vorher bewegt hatte. Omar und seine Freunde gingen keiner geregelten Arbeit nach, und so fiel es auch mir immer schwerer, regelmäßig morgens aufzustehen und zur Schule zu gehen. Häufig schwänzte ich, schließlich setzte mir das Wildermuth-Gymnasium in Tübingen ein Ultimatum: Wegen häufigen Fehlens würde man mich zwei Wochen vom Unterricht ausschließen. Was war das denn für eine Strafe? Eigentlich war es ja das, was ich die ganze Zeit sowieso schon tat. Ich beschloss daraufhin, der Schule ganz und gar den Rücken zu kehren. Trotzdem hielt ich an meinem Lebenstraum fest, Ärztin zu werden. In diesem Moment war mir aber alles egal. Milan war mein Freund, mit ihm wollte ich zusammenbleiben, so wie ich es vorgelebt bekommen hatte. Mich von ihm zu trennen kam mir nicht in den

Sinn. Dass ich so tief in den Traditionen verhaftet war, wollte oder konnte ich nicht wahrnehmen.

Einerseits hatte ich ein schlechtes Gewissen gegenüber meiner Mutter, auch Sehnsucht nach meinen Brüdern. Andererseits fühlte ich mich wie befreit, als hätte ich endlich die Fesseln lösen können, die mich so lange gebunden hatten – und zugleich völlig verlassen, war nicht vorbereitet auf ein Leben in dieser Clique, in der die meisten keine wirklichen Ziele hatten. Hatten sie einmal welche gehabt, dann hatten sie sich längst in den Rauchschwaden der vielen »Tüten« aufgelöst. Mir wurde klar, dass die Leute, die Milan und mich umgaben, nicht gut für mich waren und es mit diesem ziellosen Leben nicht weitergehen durfte. Aber wie konnte ich die Situation ändern?

Unerwartet ergab sich die Möglichkeit, nach Starnberg zu gehen, wo Milan und ich bei einem Bekannten von ihm unterkamen. Mit kleinen Jobs hielten wir uns über Wasser. Endlich konnten Milan und ich zusammenleben, so wie es sich für Mann und Frau gehörte. Außerdem waren wir weg von der Clique, die mir immer unheimlicher wurde.

Aus Bayern rief ich meine Mutter an: »Es geht mir gut, du musst dir keine Sorgen machen.«

»Wo bist du, Lisa, wo wohnst du?«, wollte sie wissen.

»Es ist besser, ich sage es dir nicht«, antwortete ich.

Das Glück mit Milan in Starnberg wurde getrübt, als mir jeden Morgen nach dem Aufwachen speiübel war. Ich musste mich zur Arbeit zwingen. Erst dachte ich, es läge am Essen, denn wir besorgten uns nur die billigsten Lebensmittel, bis ich mit Schrecken erkennen musste, dass ich aller Wahrscheinlichkeit nach schwanger war. Aber wie war das möglich? Ich war doch noch keine sechs Monate mit Milan zusammen – das mit dem Schwangerwerden hatte ich immer noch nicht verstanden. Erst viel später sollte eine Frauenärztin meine Vermutung bestätigen, da war ich bereits am Beginn des sechsten

Monats. Ein Jahr später wurde auch meine Freundin Maria schwanger.

Bevor ich meine Gefühle sortieren konnte, überschlugen sich die Ereignisse. Eines Tages klingelte es frühmorgens an der Tür unserer Unterkunft. Vor mir standen zwei Polizisten in Uniform. »Wir haben einen Haftbefehl gegen Sie«, sagte der größere der beiden, dessen Haare unter der Mütze verschwanden, so kurz geschnitten waren sie.

»Haftbefehl? Was soll ich denn getan haben?«, fragte ich mehr erstaunt und verwirrt denn erschrocken. Ich hatte mir nichts vorzuwerfen, dass musste ein Irrtum sein.

»Das können wir Ihnen hier nicht erklären, wir müssen Sie mit zur Wache nehmen, Sie werden per Interpol gesucht. Bitte, machen Sie keine Umstände.« Der kleinere Beamte hatte einen mitfühlenden Ton, wahrscheinlich hatte er bemerkt, dass mir das Blut aus dem Gesicht gewichen war.

Auf der Polizeidienststelle erklärte mir der Beamte mit den kurzen Haaren, dass meine Mutter zusammen mit einem Richter meine Festnahme erwirkt hätte. Ich sei noch nicht volljährig, ich hätte nach Hause zu gehen, außerdem bestünde der Verdacht, dass ich Drogen konsumieren würde.

»Ihre Mutter macht sich große Sorgen«, beschwichtigte mich der kleinere Polizist.

Ich musste erst einmal nach Luft schnappen, als ich das hörte. Dann erzählte ich den Beamten von dem Rauswurf, auch davon, dass ich ein Kind erwarte, was mittlerweile auch deutlich zu sehen war. Mitleidig sahen sie mich an, denn in meinem langen weiten Kleid wirkte ich selbst noch wie ein Kind, so harmlos und naiv.

»Es tut uns wirklich leid, wir können da nichts machen. Aber wenn Sie nachher unten auf der Treppe abhauen, haben wir unsere Pflicht erfüllt.« Die Polizisten sahen sich grinsend an und nickten einhellig. Dann riefen sie meine Mutter an, um ihr mitzuteilen, dass ich abgeholt werden könne. Aber statt ihrer kam mein Onkel, nachdem ich stundenlang in der relativ dunklen Zelle gesessen hatte und immer panischer geworden war, und tatsächlich nutzten Milan und ich dann die Gelegenheit zur Flucht.

Zwei Wochen lang lebten wir unser Leben weiter. Dann kam ein Anruf von dem netten kleineren Polizisten: »Ich denke, Sie kehren am besten sofort nach Tübingen zurück. Sie sind noch nicht volljährig, wir müssten Sie erneut festnehmen und wieder in eine Zelle stecken. Wenn es auch bis zur Überführung nur ein paar Stunden sind, ist das keine schöne Sache. Und für eine werdende Mutter sowieso nicht.«

»Danke für den Tipp«, sagte ich. »Ich werde Ihren Rat befolgen und mich in meiner Heimatstadt melden.«

In Windeseile packten Milan und ich unsere wenigen Habseligkeiten zusammen und fuhren nach Tübingen, um auf der dortigen Wache vorstellig zu werden. Dort gaben wir die Adresse eines Bekannten von Milan an, dann konnten wir gehen. Mehr passierte nicht. Die ganze Angelegenheit fand ich reichlich mysteriös.

Kurz darauf setzte sich das Jugendamt mit mir in Verbindung und machte einen Termin mit mir aus. Pünktlich tauchte ich im Amt auf, wo mich die für mich zuständige Sachbearbeiterin knapp begrüßte. Dann bat sie mich, auf einem hölzernen Stuhl Platz zu nehmen. Sie war Mitte fünfzig, das Haar ergraut, die Augen blassblau, die Lippen schmal, fast ein wenig verkniffen. Sie hätte gut in einen pietistischen Zirkel gepasst.

»Ich möchte Ihnen nahelegen, Ihr ungeborenes Kind zur Adoption freizugeben«, fing sie unverblümt an, wobei sie mich bei diesen Worten streng über ihre dunkel gerahmte Brille hinweg ansah.

»Das kommt nicht infrage«, erklärte ich. »Mein Kind gebe ich nicht her.«

Die Frau seufzte. »Wie Sie meinen. Aber es wäre besser für Ihr Baby. Sie sind noch viel zu jung, um Mutter zu werden, außerdem leben Sie in ungeordneten Verhältnissen.« Die ungeordneten Verhältnisse gefielen ihr am wenigsten, dachte ich, bevor die Sachbearbeiterin fortfuhr und erneut versuchte, mich zur Adoption zu überreden. Doch ich wollte nicht, ich wollte mein Kind unter gar keinen Umständen hergeben, niemals, und brachte das auch so zum Ausdruck.

Nun blickte sie mich regelrecht missmutig an. Milan schien so gar nicht ihr Fall zu sein.

4
Eine schockierende Erkenntnis

Ich wurde nun Mutter. Mit gerade mal achtzehn. Hätte mich jemand gefragt, so wäre das bestimmt nicht meine Absicht gewesen. Aber wo das Baby nun mal unterwegs war, sollte es auch bei mir bleiben. Keineswegs wollte ich es hergeben, weder eine Abtreibung noch eine Adoption wären für mich denkbare Alternativen gewesen. Es sollte von mir das bekommen, wonach ich mich als Kind gesehnt hatte, eine Familie, die dem Kind Halt gab und einfühlsam und verständnisvoll mit ihm umging. Überrascht stellte ich fest, wie wichtig es mir war, das umzusetzen, was ich unter Familie verstand. Ebenso wunderte ich mich über mich selbst, dass ich anscheinend in der Lage war, bestimmte Dinge, die nicht zu ändern waren, in die Hand zu nehmen, um aus den gegebenen Umständen das Beste zu machen. Ich hätte auch tagelang darüber grübeln können, ob die ungewollte Schwangerschaft mein Leben ruinieren würde, aber das ließ ich gar nicht erst zu. Etwaige Zweifel wurden ignoriert, und wenn ich mir ausmalte, dass Gleichaltrige in die Disco gehen würden, während ich zu Hause stillte und Windeln wechselte, gab es mir kurz einen Stich, aber gleichzeitig war ich glücklich, bald eine richtige kleine Familie zu haben – und ich würde mit allen Mitteln für sie kämpfen.

In Starnberg hatte es mit Milan und mir einigermaßen geklappt, aber nur, weil er nicht in der Nähe seiner Freunde war. Abends hatten wir uns viel erzählt. Er war im Kofferraum eines Autos aus Jugoslawien geflohen, weil er nicht unter Tito leben wollte, nicht unter den Kommunisten, er wünschte sich Freiheit. In der Jugendnationalmannschaft galt er als guter Skiläufer, aber jetzt durfte er das Land nicht mehr betreten. Ich erzählte vom Tod meines Vaters und dem schwäbischen Pietismus.

Überhaupt sprachen wir viel über Freiheit. Mich interessierte daran das Psychologische, denn ich hatte intensiv verfolgt, was im letzten Jahr, 1977, passiert war, als der Terror der Roten Armee Fraktion ihren Höhepunkt erreichte. Im April hatte die RAF einen Mordanschlag auf Generalbundesanwalt Siegfried Buback verübt. Im Mai wurde Günter Sonnenberg in Singen zusammen mit Verena Becker einer Personenkontrolle unterzogen, bei der sie sich nicht ausweisen konnten. Bei der Flucht wurde Sonnenberg von einem Polizisten in den Kopf geschossen. Er kam in die Universitätsklinik Tübingen, wurde zweimal operiert und noch auf der Intensivstation vernommen. Er stand unter dem Verdacht, an dem Attentat auf Buback beteiligt gewesen zu sein. Bei einem misslungenen Entführungsversuch im Juli erschossen Mitglieder der Baader-Meinhof-Gruppe den Dresdner-Bank-Chef Jürgen Ponto, und Anfang September entführten sie den Arbeitgeberpräsidenten Hanns-Martin Schleyer.

Wie kamen Menschen wie Ulrike Meinhof, Gudrun Ensslin oder Andreas Baader dazu, so fragte ich mich, so fragte ich Milan, ihr eigenes Leben zu opfern, um für die vermeintliche Freiheit zu kämpfen und dafür andere zu töten. Ich hatte Gewalt immer abgelehnt, hatte aber direkt mitbekommen, was für einen Schrecken die RAF verbreitete. In unserer Nachbarschaft auf dem Denzenberg hatte ein Richter gewohnt, der in die Prozesse gegen die RAF involviert war. Vor seinem Haus fuhr alle zehn Minuten die Polizei vorbei, ebenso vor dem Haus des damaligen Oberbürgermeisters von Tübingen.

Gudrun Ensslin war eine Pastorentochter, kam aus einer bürgerlichen Familie, so wie ich. Sie hatte eigentlich alles gehabt, warum setzte sie ihr Leben aufs Spiel? Warum tötete sie? Eine Antwort habe ich nicht wirklich gefunden. Ich hatte nur gedacht, ich würde das nie tun, nie könnte ich in eine solche

Situation geraten, nie so fanatisch werden, um so extrem zu handeln. Doch um das mit letzter Endgültigkeit ausschließen zu können, hätte ich wissen müssen, wie man so extrem wird. Milan konnte mir zustimmen, meinte, dass man in Teilen die politische Meinung der RAF nachvollziehen könne, nur eben nicht solche Gewalt.

In diesen vertrauten, innigen Momenten hatte ich das Gefühl, keinen Weltenwechsel vollzogen zu haben, was sich allerdings als Trugschluss entpuppte. Das Gemeinsame funktionierte nur, weil wir in einer Art Blase lebten.

Zurück in Tübingen, schien Milan unsere schönen Abende vergessen zu haben. Trotz unserer kleinen Einzimmerwohnung, die bald gefunden war, war er kaum noch zu Hause. Er traf sich mit seinen Leuten. Ich hörte, dass dabei viel getrunken und regelmäßig gekifft wurde. Wenn er nach Hause kam, konnte ihn die geringste Kleinigkeit wütend machen. Seine Wut ließ er dann auch an mir aus.

»Milan, warum tust du das? Wir bekommen ein Baby!«, schrie ich ihn dann an, drang jedoch nicht zu ihm durch. Ich hatte in solchen Momenten große Angst um mein Kind. Es durfte ihm nichts passieren, es durfte keine Schäden davontragen. Ich überlegte, was ich tun konnte, um das Baby und mich zu schützen, aber ich fühlte mich hilflos. Noch immer geisterte durch meinen Kopf, dass ich für immer mit Milan zusammenbleiben musste, und war gefangen in diesem Denken. Ich kam gar nicht auf die Idee, mich zu wehren. Oder zu meiner Mutter zurückzukehren. Ich glaubte nicht daran, dass sie mir ein uneheliches Kind, diese Sünde, jemals verzeihen würde, und hatte Angst, dass man mir das Kind wegnehmen würde.

Mein Bauch wuchs, und als ich eines Nachmittags mit Milan in der Tangente Jour saß, verspürte ich ein Ziehen im Bauch. Es wurde von Minute zu Minute stärker.

»Was ist los mit dir?«, fragte Milan, als er sah, wie ich mich vor Schmerzen krümmte.

»Vielleicht habe ich eine Blinddarmentzündung«, überlegte ich.

Mein Freund schüttelte den Kopf. »Ich glaub, du kriegst das Kind.«

Vierzehn Stunden später war Benjamin auf der Welt. Es war der schönste Moment in meinem bisherigen Leben, als ich dieses kleine Wesen in meinen Armen hielt. So süß, mit pechschwarzen Haaren, wunderschön. Ich war Mama geworden, sehr früh zwar, mit gerade mal achtzehn, aber um nichts in der Welt wollte ich auf dieses Kind verzichten, das ich geboren hatte. Nicht einen Augenblick dachte ich: Mein Gott, was kommt da auf mich zu. Ich war einfach nur überglücklich. Doch schon im nächsten Moment sah alles ganz anders aus. Man nahm mir Benjamin weg, kaum dass ich mich an seinem Gesichtchen, seinen Füßchen und Händchen hatte sattsehen können.

»Wieso darf ich Beni nicht mehr haben?«, fragte ich irritiert, noch sehr geschwächt von der Geburt, sonst hätte ich vehementer protestiert.

»Er ist krank«, sagte die Schwester auf der Geburtsstation. »Wir müssen ihn in die Kinderklinik verlegen.«

Wieso war Benjamin krank? Ich hatte nicht bemerkt, dass es ihm schlecht ging. Hatte er etwa doch unter Milans Schlägen Schaden genommen? War bei der Geburt etwas schiefgelaufen? Oder nahm man ihn mir womöglich ganz weg? Immer wieder fragte ich nach meinem Sohn, bekam aber keine Auskunft. Zwei Tage hatte ich panische Angst, konnte nicht schlafen, stellte mir die schrecklichsten Szenarien auf der Kinderklinikstation vor. Aus welchem Grund war mir mein Baby weggenommen worden?

Ich bat Milan, bei den Schwestern nachzufragen, aber auch er konnte nichts ausrichten, obwohl ich insgeheim vermutete, dass er gar nicht nachgefragt hatte, weil es ihn nicht wirklich interessierte. Desillusioniert lehnte ich mich in mein Kissen zurück. Milan war nicht gerade das, was man unter einem Familienmenschen verstand, und Vater sein war nicht die Rolle, die er übernehmen wollte. Er wollte, das hatte ich inzwischen begriffen, am liebsten keine Verantwortung tragen, hatte nicht die geringste Idee, wofür er sich anstrengen sollte, und seine Hauptbeschäftigung bestand darin, täglich an Gras oder Ähnliches heranzukommen und gemeinsam mit seinen Freunden über den Staat und die Politik zu schimpfen. Unsere Liebe, die ich in meiner Naivität angenommen hatte, gab es in Wirklichkeit nicht. Auf Milan konnte ich nicht zählen, ich fühlte mich total allein und verlassen.

Endlich brachte man mir Benjamin zurück.

»Was war denn mit ihm?«, wollte ich wissen.

»Ihr Sohn hatte Fieber«, erwiderte die Schwester.

Auf meine Frage nach der Ursache winkte die Schwester nur ab, sie hielt eine weitere Erklärung wohl für unnötig. Ich hatte das Gefühl, dass ich als so junge Mutter nicht ernst genommen wurde, aber da ich von der Geburt noch ziemlich mitgenommen war, hatte ich nicht die Kraft, aufzubegehren. Aber vielleicht war es damals auch üblich, so mit Patienten umzugehen. Ich habe diese Geschichte jedenfalls nie vergessen und mir damals geschworen, sollte sich mein Traum, Ärztin zu werden, jemals erfüllen, würde ich meinen Patienten mit Respekt begegnen.

Als ich nach fast einer Woche mit Beni das Krankenhaus verlassen durfte, nahm ich mir vor, eine gute Mutter zu sein. Ich wollte eine enge Beziehung zu meinem Kind haben, für es da sein und zuhören, wenn es Probleme hatte, es lieben. Milan änderte sein Verhalten mir gegenüber nicht. Oft wartete ich in unserer kleinen Wohnung vergeblich auf ihn. Nun spürte ich den Weltenwechsel stärker denn je, vermisste schmerzhafter als je zuvor die heile Welt, in der ich früher gelebt hatte. Alles erschien so schwierig, ich hatte einen mehr oder weniger vorbestimmten Lebensweg in einer bürgerlichen Familie verlassen – und war nun in Einsamkeit, Angst und Unsicherheit gelandet.

Sie konnten mich in die Tiefe reißen, in einen emotional gefährlichen Strudel. Irgendetwas musste ich dagegen unternehmen. Mir wurde immer klarer, dass ich nicht in Milans Milieu versumpfen wollte. Das war Milans Welt und sein Weg. Wenn er sich damit zufriedengab, war das seine Entscheidung, ich aber wollte mir einen neuen Lebensweg bahnen, mein Leben in den Griff bekommen.

Erneut rief ich mir meinen Traum in Erinnerung. Hatte ich nicht einmal Ärztin werden wollen? War das nicht mein Ziel gewesen? Dazu brauchte ich das Abitur. Da ich zweimal sitzen geblieben und dann gar nicht mehr zur Schule gegangen war, hatte ich jedoch gerade mal die neunte Klasse bis zur Hälfte geschafft und nicht einmal einen Hauptschulabschluss. Ich musste ganz von vorn starten, aber ich wünschte es mir von Herzen. So entschied ich, mich an der Volkshochschule in Tübingen anzumelden, um erst einmal meinen Hauptschulabschluss nachzuholen. Ich freute mich, dass ich endlich einen Weg für mich gefunden hatte. Hieß es nicht immer, dass in jeder Krise die Möglichkeit einer positiven Entwicklung stecke? Ich jedenfalls wollte meine Chance nutzen.

Der Kurs sollte ein Jahr dauern. Doch wo sollte ich während der Stunden Beni unterbringen? Milan brauchte ich gar nicht erst zu fragen, ob er auf seinen Sohn aufpassen würde, auf ihn war kein Verlass. Ohnehin wollte ich das Kind auf gar keinen Fall mit ihm allein lassen. Als ich das Problem ansprach, sagte mir die Kursleiterin, es gäbe die Möglichkeit, zu Hause nach Unterlagen zu lernen. Da ich zuvor ein Gymnasium besucht hatte, war sie überzeugt, dass ich auch auf diesem Weg die Prüfung schaffen würde. Und ich selbst war meiner Sache sicher, sehr sicher, da ich den Abschluss unbedingt wollte.

Das Lernen fiel mir leicht und brachte Spaß. Wieso nur hatte ich früher so eine Abscheu vor der Schule und dem Lernen gehabt? Vermutlich lag es an den Umständen. In der Schule hatte ich wenig Freude empfunden, nun war ich dankbar und wusste es zu schätzen, lernen zu dürfen. Offenbar machte das auf einmal alles so leicht. Ich begann mich sogar auf die Prüfungen zu freuen. Die konnte ich natürlich nicht zu Hause ablegen, sondern musste dafür in der Volkshochschule anwesend sein. Zum Glück fand sich eine Bekannte, die Beni für drei Stunden hütete. Ich bestand problemlos, was mich vor Stolz fast platzen ließ, und war überglücklich, meinem Ziel einen kleinen Schritt näher gekommen zu sein.

Am liebsten hätte ich gleich noch das Abi nachgeholt, aber dazu hätte ich die Abendschule besuchen müssen, und ich hatte weder Geld noch einen Babysitter. Da warf eine erneute Schwangerschaft meine Pläne über den Haufen. Diesmal begriff ich schnell, warum mir so übel war. Dabei hatte ich verhütet und es keineswegs darauf angelegt, ein zweites Kind zu bekommen. Benjamin war gerade erst ein halbes Jahr und ich achtzehn Jahre alt, mit einem Partner, der weder zuverlässig noch besonders liebevoll war.

Milan wollte das Kind nicht. Ich hatte geahnt, dass er so reagieren würde, und mich innerlich gewappnet. »Ich werde es auch mit zwei Kindern hinkriegen.« Ob ein oder zwei Kinder, so einen großen Unterschied macht das nicht, dachte ich mir. Dass ich mit dieser Einschätzung völlig falsch lag, sollte sich bald herausstellen.

»Du spinnst. Was weißt du schon vom Leben?« Mit diesen Worten verschwand Milan in die Nacht und kehrte erst einige Tage später zurück.

Ja, was wusste ich schon vom Leben? Immerhin war ich bereit, mich der Herausforderung zu stellen und nicht einfach abzutauchen, wenn es schwierig wurde. Es war müßig, darüber nachzudenken, dass ich mit neunzehn keine zwei Kinder hätte haben müssen und jetzt vielleicht studieren könnte. Ebenso hätte ich meinen Kopf in den Sand stecken und abstürzen oder mich voll und ganz dem Schmerz hingeben können. Letzteres hatte ich eine Zeit lang getan, als mein Vater gestorben war, aber nun hatte ich Beni und erwartete ein weiteres Kind. Sie wollte ich nicht im Stich lassen, für sie und auch für mich selbst wollte ich mich nicht der Selbsttäuschung hingeben, wie es Milan tat. Er verhielt sich in meinen Augen, als fühlte sich vom Leben betrogen, und glaubte wohl, durch seine Kindheit in Jugoslawien um etwas beraubt worden zu sein, das ihm niemand zurückgeben konnte. Doch statt etwas daran ändern zu wollen, ließ er sich gehen. Ich konnte das nicht länger beschönigen. In letzter Konsequenz hatte ich damals aber noch nicht begriffen, was Milans Umgang für ihn und für mich bedeutete.

Eines Nachmittags kam ich mit Beni, der friedlich im Kinderwagen schlief, vom Einkaufen nach Hause. Ich war im dritten Monat schwanger, schaffte die Sprudelkiste in die Wohnung, trug zwei volle Einkaufstüten hoch und legte Beni in sein Kinderbettchen. Ich sah Milan auf unserem durchgewetzten braunen Sofa liegen, sein Gesicht wirkte blass, fast durchsichtig, gleichzeitig hart und kantig. Er schien zu schlafen, komplett angezogen, noch in seinen Schuhen. Als hätte er sich in diesem Aufzug auf die Couch gesetzt und wäre dann einfach umgekippt. Ich ging davon aus, dass er betrunken war und fasste ihn an der Schulter, rüttelte ihn, rief mehrmals »Milan, wach auf!«, aber er rührte sich nicht. Er atmete, also lebte er, dennoch war etwas anders als sonst. Irgendetwas stimmte nicht mit ihm, aus seinem Mund roch ich auch keinen Alkohol. Doch wieso wurde er nicht wach? War er krank, hatte er Fieber? Die Stirn fühlte sich schwitzig und zugleich merkwürdig kalt an. Er schien tatsächlich nicht gesund zu sein.

Wenn es ihm nicht gut ging, dann wollte ich wenigstens, dass er sich auskurierte. Als ich ihm die Schuhe auszog, damit er es bequemer hatte, sah ich etwas, das mir den Boden unter meinen Füßen wegzog. Erst dachte ich, dass ich meiner Wahrnehmung nicht trauen konnte – aber es war keine Sinnestäuschung, da war eine Spritze. Im linken Strumpf. Benutzt. Blut klebte daran. Als ich den Strumpf entfernte, sah ich auf dem

Fußrücken vereinzelt Einstichstellen, manche wirkten, als hätten sie sich entzündet. Hatte sich Milan Heroin gespritzt?

Viel wusste ich nicht über Heroin, nur dass es ein weißes Pulver war, das man erhitzte, wodurch es flüssig wurde, dann die Flüssigkeit auf eine Spritze zog und sich in eine Vene drückte, sich einen »Schuss« gab. So hatte ich es in dem Buch *Wir Kinder vom Bahnhof Zoo* gelesen – durch die Bücherwelt erweiterte sich zusehends auch meine eigene Welt. Ich wusste auch, dass man sehr schnell von dem Zeug abhängig wurde und ständig Geld brauchte, um sich weiteren Stoff zu besorgen. Doch woher sollte Milan das Geld dafür haben? Wir lebten vom Kindergeld und dem, was Milan durch Gelegenheitsjobs verdiente, aber das reichte kaum für Essen. Manchmal brachte er mir eine Hose oder einen Pulli mit, den andere nicht mehr tragen wollten – wahrscheinlich aus der Kleidersammlung. Besonders freute ich mich, wenn auch mal eine Tischdecke oder Ähnliches dabei war. Dann richtete ich unser Zimmer gemütlich her und freute mich darüber. So kamen wir einigermaßen über die Runden.

In meinem Kopf drehte es sich, eine Frage reihte sich an die nächste, ohne dass ich sie hätte beantworten können. Das ganze Ausmaß meiner Vermutung war mir in diesem Moment noch nicht bewusst, aber ich hatte nun eine Erklärung, warum Milan oft tagelang nicht heimkehrte und warum er immer wieder diesen irren Blick hatte und ausrastete – möglicherweise war er dann auf Entzug. Ich hatte geglaubt, ich würde etwas falsch machen, und die Schuld bei mir gesucht. Jetzt fiel es mir wie Schuppen von den Augen, und mir wurde klar, dass ich keine Chance hätte, wenn die Drogen ihn tatsächlich im Griff hatten. Ich holte mir ein Erlebnis ins Gedächtnis, noch ganz frisch, erst wenige Tage alt: Milan hatte nach Benjamin getreten, ich hatte es nicht mehr geschafft, mich zwischen die beiden zu drängeln. Es war einer der vielen Momente, in denen ich Angst vor Milan gehabt hatte. Doch da war auch immer die Angst vor einer Trennung gewesen, davor, mit einem nicht mal einjährigen Kind und dazu schwanger allein dazustehen. Jetzt gab es keine Alternative mehr: Ich musste gehen. Es gab keine Zukunft mehr mit Milan. Viel zu lange hatte ich geglaubt, dass ich bei ihm bleiben müsse, weil er der Vater der Kinder war. Damit war nun Schluss, zu meiner Sicherheit, zu der Benjamins und des ungeborenen Kindes.

Da Milan immer noch zugedröhnt auf dem Sofa lag, packte ich leise die wichtigsten Sachen zusammen, so viel, wie ich mit Benjamin auf dem Arm gerade noch tragen konnte. Viel war es nicht, viel hatte ich auch nicht.

5
Allein mit zwei Kindern

In was war ich da hineingeraten? Ich konnte nur den Kopf über mich schütteln. Wahrscheinlich ganz so wie mein Vater, sollte er mich von irgendeiner höheren Warte aus im Auge haben. Manchmal wünschte ich mir, er würde mir von oben helfen und mich aus meinem Elend herausholen. Da saß ich bei Dorothea, einer Freundin, in ihrem kleinen Zimmer ohne Küche und Bad. Obwohl sie in so beengten Verhältnissen lebte, hatte sie Benjamin und mich sofort aufgenommen, als ich ihr erzählte, was ich in Milans Strumpf entdeckt hatte. Zusammen bereiteten wir auf einem Camping-Gaskocher unsere Mahlzeiten zu, fanden das fast romantisch, als würden wir zusammen zelten. Benjamin fand das riesig, aus Kissen und Decken bauten wir ihm sein ganz persönliches Zelt.

Ich war froh, dass ich Milan hinter mir gelassen hatte. Noch besser hätte ich mich gefühlt, wenn der Vater meiner Kinder nicht in derselben Stadt gelebt hätte. Ich traute mich kaum noch hinaus auf die Straße, aus Furcht, Milan könnte mir über den Weg laufen. Er würde nicht zulassen, dass ich so einfach davonkam. Ich redete mir ein, dass ich ihn in seiner männlichen Eitelkeit gekränkt hatte, und er kaum akzeptieren konnte, von einer Frau verlassen zu werden. Hinzu kam, dass ich das Kindergeld erhielt, nicht er. Heute sage ich mir, dass es für ihn bequem gewesen war, eine Bleibe zu haben und seine Familie nur notdürftig ernähren zu müssen, ohne ernsthafte Verpflichtung. Jedenfalls sah ich mich in jenen Wochen genau um, wenn ich einkaufen ging oder mit Benjamin auf den Spielplatz. Doch von Milan keine Spur. Vielleicht war er so sehr auf seinen Drogenkonsum konzentriert, dass ihn alles andere nicht mehr interessierte?

Sechzehn Monate nach der Geburt von Benjamin kam Simone zur Welt. Sie war ein besonders entzückendes Baby. Kerngesund, hungrig und krähend lag sie in meinen Armen, umklammerte meinen Finger, wenn ich ihn in ihr Händchen legte. Ich hatte ihr ein blau-weißes Kleidchen gehäkelt und mehrere Sachen zum Anziehen gestrickt. Kaufen konnte ich ihr kaum etwas, trotz Wohn- und Kindergeld stand mir nur wenig Geld zur Verfügung. Ab und zu konnte ich durch Hilfsjobs etwas verdienen, dennoch herrschte in unserem Kühlschrank oft gähnende Leere.

Als die Misere besonders groß war, wusste ich mir in meiner Verzweiflung nicht anders zu helfen, als im Morgengrauen mit den Kindern zu einem Supermarkt zu marschieren. Ich hatte gehört, dass dort lange vor der Öffnungszeit Kartons mit Lebensmitteln abgeladen wurden. Ich war keine Diebin, aber an jenem Tag sah ich keinen anderen Ausweg. Ich musste an Essen kommen, alles andere war mir in dem Moment egal.

Vor dem Supermarkt lagen die Waren ordentlich gestapelt vor der Tür. Mir war mulmig zumute, und ich hatte Angst. Als plötzlich das Licht der Morgensonne durch die dicke Wolkendecke brach, fühlte es sich an, als würde ich auf einer Bühne stehen, beleuchtet von einem Scheinwerfer. Damit alle zuschauen konnten, doch es war weit und breit niemand zu sehen. Ich musste entscheiden, was ich am besten mitnahm, und das möglichst schnell. Noch einmal sah ich in alle Richtungen – noch immer kein Mensch in der Nähe. Ich nahm einen ganzen Karton mit Schwarzbrot an mich und einen mit Exquisa-Käse, verstaute alles rasch unter der Decke, unter der Simone friedlich und warm im Kinderwagen schlief. Obendrauf setzte ich Benjamin und machte, dass ich fortkam.

Schweißnass kam ich in unserer Wohnung an. In den nächsten drei Wochen gab es nur abgepacktes Brot und Frischkäse – worauf ich seit dieser Zeit nie wieder Appetit verspürte. Unser »Spaziergang« zur frühmorgendlichen Stunde hatte mich derart mitgenommen, dass ich es nie wieder wagte, zu diesem Supermarkt zu gehen, geschweige denn Nahrungsmittel zu entwenden.

Noch eine zweite Missetat gilt es zu gestehen. Es war Weihnachten, und wenn es schon keine großen Geschenke für die Kinder geben konnte, wollte ich ihnen das Fest wenigstens mit einem kleinen Christbaum verschönern. Ich konnte mir Weihnachten für meine Kinder ohne Baum einfach nicht vorstellen. Doch woher nehmen, wenn nicht stehlen? So ist es denn auch geschehen. Mit einem kleinen Beil unter dem Mantel marschierte ich in aller Frühe zum Schlossberg. Es war noch dunkel, ziemlich neblig und sehr kalt. Den Bismarckturm konnte man nur schemenhaft erkennen, doch ein Bäumchen unweit des Weges war seltsamerweise klar und deutlich zu sehen, fast so, als ob es leuchtete. In diesem Moment fühlte ich mich ein bisschen wie in einem Weihnachtsfilm. Für Sentimentalitäten blieb jedoch keine Zeit. Ich hackte die kleine Fichte entschlossen mit vier Schlägen ab, verstaute sie in einem blauen Müllsack und eilte im Schutz der Dunkelheit zurück nach Hause. Und wir feierten mit einfachsten Mitteln ein schönes Weihnachtsfest.

Die finanziellen Sorgen waren erdrückend. Die Stadtwerke mahnten, sie würden mir den Strom abschalten, ich konnte nachts kaum noch schlafen, lag wach, und es setzte sich ein unschönes Gedankenkarussell in Bewegung. Wenn mich die Einsamkeit zu übermannen drohte, dachte ich an das Paket Waschpulver, das mir Dorothea geschenkt hatte. Es war so gut, Freunde zu haben, und ich nahm mir vor, sollte es mir mal besser gehen, anderen Menschen in Not zu helfen und diese Zeiten niemals zu vergessen.

Eines Nachts donnerte es heftig an der Haustür.

Milans durchdringende Stimme war unverkennbar. Ich sollte ihn in die Wohnung lassen. Doch ich reagierte nicht, selbst als ich hörte, dass er es nun auf die Fenster der ebenerdigen Wohnung abgesehen hatte.

Die Panik, die ich in diesem Moment verspürte, war noch beängstigender als der ständige und immer größer werdende Hunger, als die Rechnungen und Mahnbriefe, die schier unentwegt ins Haus flatterten. Ich dachte an Flucht, aber mit zwei kleinen Kindern war das unmöglich, Milan würde uns sofort einholen, und ich wusste, er war unberechenbar. In meiner Verzweiflung tat ich etwas, was ich nie für möglich gehalten hätte: Ich rief meine Mutter an. Aber sie konnte mir auch nicht helfen. Ihre Stimme zu hören wühlte mich auf, zumal sie mir nicht gleich mit Schuld und Sünde kam. Warum ich nicht die Polizei kontaktierte, bleibt mir bis heute ein Rätsel. Wahrscheinlich konnte ich es nicht über mich bringen, Milan anzuzeigen – immerhin war er der Vater von Benjamin und Simone. Zum Glück wurde ein Nachbar durch den Lärm geweckt. Er drohte durch das Fenster mit der Polizei, womit der Spuk beendet war für diese Nacht.

Noch lange saß ich auf meiner Bettdecke und konnte das Erlebte kaum einordnen. Ich dachte daran, dass Milan jederzeit wieder auftauchen konnte, aber auch daran, dass ich zum ersten Mal seit meinem Rauswurf von zu Hause mit meiner Mutter telefoniert hatte – familiären Kontakt hatte ich in den vergangenen Jahren nur sporadisch zu meiner Großmutter gehabt. Beide Überlegungen beschäftigten mich. Der Kindsvater hat sich so lange nicht blicken lassen, beruhigte ich mich, er wird wohl auf Entzug gewesen sein. Außerdem konnte ich offensichtlich auf meine Nachbarn zählen. Ich beschloss, keine Angst mehr vor Milan zu haben. Nein, er konnte mir nichts antun, mir und den Kindern. Unser Leben zu dritt durfte nicht von ihm bestimmt werden. Ich hatte es geschafft, mich trotz widrigster Umstände von ihm zu trennen, und ich würde es auch schaffen, meine kleine Familie zu beschützen.

Um mich von nichts und niemandem unterkriegen zu lassen, brauchte ich ein wenig mehr Selbstwertgefühl, mehr Selbstbewusstsein. In dieser Nacht entschied ich, dass ich unbedingt mehr arbeiten musste, damit ich nicht ständig Angst haben musste, Rechnungen nicht bezahlen zu können. Meine Freiheit, so zeigte sich für mich immer deutlicher, bestand darin, mich von diesen Zwängen und Ängsten zu befreien. Mit diesem Gedanken schlief ich dann endlich ein.

Als ich am nächsten Morgen aufwachte, hatte sich der Gedanke, mit dem ich zu Bett gegangen war, über Nacht verstärkt: Ich musste aus meiner Abhängigkeit heraus und in die Eigenverantwortung kommen. Mit dem Nachholen des Hauptschulabschlusses hatte ich bereits einen ersten Schritt in diese Richtung getan, war dann aber durch die zweite Schwangerschaft sozusagen zum Stillstand gekommen. Nun musste endlich der nächste Schritt folgen. Diese Erkenntnis sollte einen Wendepunkt in meinem Leben einläuten. Ich spürte, es war einer dieser wichtigen Momente, in dem alles einen neuen Anfang nimmt.

Nun musste ich also einen Job finden. Einer alleinerziehenden Mutter ohne Ausbildung und ohne die heute üblichen Betreuungsmöglichkeiten für Kleinkinder blieb im Grunde nur eine Option: abends in einer Gaststätte oder Kneipe zu bedienen. Da ich selbst fast noch ein Kind war, wurde ich meistens für die Schwester meiner Kinder gehalten. Und obwohl ich meine Kinder über alles liebte, ließ ich die Leute in dem Glauben, denn ich hatte sehr früh festgestellt, wie schwierig es war, als alleinerziehende Mutter in der Gesellschaft zu bestehen. Bei einem Spaziergang mit dem Kinderwagen durch die Altstadt entdeckte ich vor dem Hades eine Tafel, auf der nach einer Bedienung gesucht wurde. Vor einer Bewerbung musste ich jedoch erst klären, ob eine gute Nachbarin bereit wäre, auf die Kinder aufzupassen, während ich arbeitete. Zum Glück erklärte sie sich einverstanden. Ihre Bezahlung würde zwar sicher die Hälfte meines Lohns verschlingen, aber immerhin würde ich mit dem Rest nun Strom und Lebensmittel bezahlen können. Mit großer Vorfreude begab ich mich am nächsten Tag in den

Hades, und der Wirt akzeptierte mich sofort als neue Mitarbeiterin. Zu meiner Überraschung konnte ich vor Arbeitsbeginn kostenlos essen. Auf seiner Karte standen unter anderem Maultaschen und Flammkuchen, manchmal auch Wurstsalat – die Frischkäsezeit war endlich vorbei.

An vielen Abenden arbeitete ich bis spät in die Nacht. Nicht selten kam ich erst um zwei, drei Uhr morgens nach Hause, manchmal sogar erst um vier. Und oft schon um sechs Uhr weckten mich die Kinder. Einmal ließen sie mich schlafen, und als ich aufwachte, sah ich, wie sie meine wenigen Schallplatten mit Marmelade bestrichen. Ich traute meinen Augen nicht.

»Was macht ihr denn da?«, fragte ich.

»Butterbrote schmieren!«, krähte Beni vor Vergnügen.

»Aha. Und findet ihr nicht, wir sollten uns jetzt ein richtiges Butterbrot zum Frühstück machen?«

Mein Sohn nickte, sprang sofort begeistert auf und ließ die klebrige Scheibe auf den Teppich fallen.

Es machte mir großen Spaß, im Hades unter Menschen zu sein, lange hatte ich das entbehrt. Ich hörte ihren Geschichten zu, und ihre Nöte und Sorgen ließen meine eigenen Probleme viel kleiner erscheinen, und manchmal dachte ich, dass ich es trotz allem gut hatte. Ich war glücklich, einen Weg gefunden zu haben. Aber das Glück sollte nicht lange anhalten.

Eines Morgens wachte ich mit hohem Fieber auf, das Fieberthermometer zeigte gefährliche vierzig Grad an. Irgendetwas war ganz und gar nicht in Ordnung. Ich fror, alles tat mir weh. Am liebsten wäre ich im Bett geblieben, hätte mich eingerollt und geschlafen, bis die Schwere und die Schmerzen vorbei wären. Aber ich musste mich um die Kinder kümmern. Und ich musste zur Arbeit gehen, denn da ich nicht fest angestellt war, erhielt ich nur einen Lohn, wenn ich auch tatsächlich arbeitete. Ein paar Tage schleppte ich mich abends in den Hades, versuchte zu lächeln, wenn ich den Gästen ihr Essen oder ihre Getränke servierte, versuchte meine fiebrige Erschöpfung zu überspielen und vergaß sie zwischendurch tatsächlich. Aber das Fieber tat mir nicht den Gefallen, sich zu verziehen, und bald war ich kaum noch in der Lage zu bedienen. Es half nichts, ich musste einen Arzt aufsuchen. Nachdem dieser mich gründlich untersucht hatte, sprach er ein ernstes Wort: »Sie müssen in ein Krankenhaus, es sieht nicht besonders gut aus, Sie haben eine Lungenentzündung.«

»Nein«, protestierte ich vehement. »Das geht nicht, ich muss arbeiten, ich muss für meine Kinder sorgen, ich bin alleinerziehend.«

»Das alles ist nur zu verständlich, aber Sie müssen wirklich behandelt werden. Wenn Sie sich weigern, muss ich Sie zwingen, denn sonst werden Sie sterben. Verstehen Sie, Sie werden sterben.«

Ich wollte das nicht hören, griff meine Sachen und rannte aus der Praxis. Ich war zwanzig, wieso sollte ich sterben? Welcher Mensch starb schon mit zwanzig? Ich war Mutter, hatte Verantwortung für zwei Kinder. Ein Arzt sollte mich von meinen Beschwerden befreien und mir nicht solche Angst machen, das half mir nicht.

Keuchend und völlig außer Atem klingelte ich bei Gudrun, die während meines Arztbesuchs auf Benjamin und Simone aufgepasst hatte.

»Komm rein«, sagte sie. »Ich muss dir was sagen.« Simone war gerade ein Jahr alt und hatte zu laufen begonnen, und meine Nachbarin erklärte nun, es sei ihr zu viel, auf zwei so lebhafte Kinder aufzupassen. Ein Kind sei okay, Benjamin würde sie schaffen, aber nicht noch Simone. Ich saß da wie ein Häufchen Elend, wusste nicht, wie ich reagieren sollte. Ich bat sie, ihre Entscheidung zu überdenken, aber sie hielt an ihrem Entschluss fest: Benjamin ja, Simone nein. Für meine Tochter müsse ich eine andere Lösung finden, bis dahin würde sie noch auf beide Kinder aufpassen.

Abends stand ich wieder hinter dem Tresen vom Hades. Was

sollte ich tun? Was konnte ich tun? Es schien, als würden mich Fragen dieser Art nicht mehr loslassen.

Nach langem Überlegen sah ich nur eine Möglichkeit: Ich musste Simone Milans Eltern anvertrauen, die in der Nähe von Maribor lebten. Einige Male hatte ich sie getroffen, ich wusste, dass sie für ihre Enkelkinder alles tun würden. Schweren Herzens entschloss ich mich, sie anzurufen und zu fragen, ob sie die Kleine zu sich holen könnten. »Es ist nur vorübergehend. Simone und Benjamin sollen nur so lange getrennt bleiben, bis ich eine andere Möglichkeit gefunden habe.« Es war ein schmerzvoller Abschied, der meinen gesundheitlichen Zustand nicht gerade begünstigte.

Immer häufiger bemerkte ich ein ungewöhnliches Stolpern in meiner Brust. Anfangs versuchte ich es zu verdrängen, bis mir eines Nachts schwarz vor Augen wurde und ich ohnmächtig wurde. Als ich wieder zu mir kam, wusste ich, dass ich nicht weiter so tun konnte, als wäre alles in Ordnung mit mir.

Am nächsten Tag ging ich abermals zum Arzt, aber nicht zu demselben. Ich hätte es nicht ertragen, wenn er mir Vorhaltungen gemacht hätte. Dass ich unvernünftig gewesen war, wusste ich selbst. Ich schilderte dem Arzt meine Symptome – zumindest hatte ich inzwischen kein Fieber mehr – und war auf das Schlimmste gefasst, aber er meinte lapidar: »Bei jungen Frauen kommt so etwas häufig vor, bei Ihnen ist alles in Ordnung. Ich verschreibe Ihnen ein Beruhigungsmittel, mit der Zeit wird Ihr Herzstolpern von allein weggehen.«

Ich nahm die Tabletten, aber das Herzstolpern blieb. Was soll's, dachte ich, mach dir keine Sorgen, der Arzt hat gesagt, dass es irgendwann aufhören wird. Eines Mittags stand ich am Herd und wendete Bratkartoffeln, als mein Herz wieder zu stolpern anfing. Mit jeder Minute schlug es arhythmischer, vor lauter Angst schnürte es mir die Kehle zu. Ich dachte: Jetzt ist alles vorbei, jetzt musst du sterben, so wie es der erste Arzt vorausgesagt hat. Im nächsten Moment klappte ich bewusstlos zusammen.

Als ich wieder richtig zu mir kam, lag ich in einem Krankenhausbett, neben mir auf einem Stuhl saß meine Freundin Maria. Sie schien real zu sein, das hier war kein Zusammentreffen in der Hölle. Ich war nicht tot, ich war offenbar noch am Leben.

»Was ist los?«, fragte ich, die Worte kamen nur langsam über die Lippen. »Was ist geschehen?«

»Gudrun, deine Nachbarin, hat bei mir angerufen«, antwortete Maria, »weil du die Tür nicht aufgemacht hast. Zusammen haben wir die Tür aufgeschlossen und dann einen Rettungswagen angerufen, als wir dich am Boden gefunden haben.«

Die Diagnose: Herzmuskelentzündung. Eine meiner beiden Herzklappen war betroffen, das Resultat der Lungenentzündung. Es war ein schwerer Fehler gewesen, dass ich nicht auf den ersten Arzt gehört hatte. Ich hatte durchhalten wollen, so wie ich es immer getan hatte. Ich hatte keine Schwäche zugeben wollen, nun fühlte ich mich schwächer als je zuvor in meinem Leben.

6
Einmal Wirtin, aber nicht immer Wirtin

Nach vier Wochen wurde ich als geheilt aus dem Krankenhaus entlassen. Man hatte mir allerdings zu verstehen gegeben, dass ich keine großen Anstrengungen unternehmen dürfe, vor allem kein Tennis oder Ähnliches spielen. Als ob ich dafür Geld und Zeit gehabt hätte.

Aber war ich wirklich gesund? Vielleicht körperlich, aber litt nicht immer noch meine Seele? So viele tiefe Narben waren in ihr eingegraben, der frühe Tod meines Vaters, die pietistische Erziehung meiner Mutter, Milans aggressive Ausbrüche. Diese heftigen Belastungen hatten tiefe Spuren in meiner Psyche hinterlassen. Mehr und mehr verstand ich, dass die Seele sich durch das entwickelte, was ein Mensch an Liebesbeweisen und Zurückweisungen, an Gewalt und Ruhe, an Enttäuschungen und Glücksmomenten in seinem Leben erfuhr. Und weil meine Seele schon eine Menge erfahren hatte, reagierte sie regelmäßig. Immer wieder stolperte mein Herz, hinzu gesellten sich Angstzustände. Zur Beruhigung schluckte ich weiterhin die Tabletten, die mir der zweite Arzt verschrieben hatte. Bald ging ich nirgendwo mehr ohne sie hin.

Ich wollte mich nicht abfinden mit der Angst, sondern ihr auf die Spur kommen. Einmal mehr halfen mir dabei Bücher. Zuerst nahm ich mir eines von Sigmund Freud vor, *Hemmung, Symptom und Angst*. Dadurch begriff ich, dass Angst ein Teil unseres Menschseins ist, es niemanden gibt, der keine Angst hat. Freud beschrieb Angstsymptome wie Schwitzen, Zittern, Enge in der Brust, Kloßgefühl im Hals oder Herzrasen, ordnete sie als Resultat von Verdrängung und Unterdrückung ein, wenn der Abwehrmechanismus versagte.

Am besten gefiel mir die Geschichte, dass Freuds Kollege Alfred Adler schon in jungen Jahren eine so ausgeprägte Angst vor dem Tod hatte, dass er entschied, später Arzt zu werden, um sich im Notfall selbst heilen zu können. Aber das half ihm nichts, denn eines Tages brach er mit einem Herzanfall auf der Straße zusammen. Hatte ich mit meinem Wunsch, Ärztin zu werden, einen ähnlichen Grund gehabt? Nein, ich wollte allgemein helfen, nicht nur mir selbst. So schlau war ich schon, dass ich mir nicht selbst würde helfen können, wenn ich umfiel. Aber durch meinen Zusammenbruch konnte ich Adlers Motivation, Medizin zu studieren, besser nachvollziehen: Man könnte manche Erkrankungen besser einordnen und beschäftigte sich mit dem Thema Tod, ohne ständig Panik davor zu haben, der Tod gehörte zum Leben, und das Leben bekam dadurch eine andere Qualität.

Angst ist eingebettet in einen größeren Zusammenhang mit Depressionen, Erschöpfung und Energielosigkeit. Zu meinem Lesestoff gehörten auch Bücher wie *Jokastes Kinder. Die Psyche der Frau im Schatten der Mutter* von Christiane Olivier. Die französische Psychoanalytikerin ergänzte das, was Sigmund Freud mit seinem Ödipuskomplex nicht in Angriff genommen hatte, nämlich den Anteil des »Mütterlichen«, wenn man als weiblicher Teenager ohne Vater heranwuchs. Ich verschlang Hannah Greenes Roman *Ich hab dir nie einen Rosengarten versprochen*, in dem die Protagonistin Deborah Blau, eingewiesen in eine psychiatrische Klinik, die Ursachen ihrer Verstörungen begreift, die Isolation innerhalb der Familie, die Außenseiterrolle – und so Heilung erfährt.

Meine eigene Angst stufte ich nie so schlimm und schwer ein wie die in all diesen Büchern beschriebene. Aber die Bücher machten mir bewusst, dass ich einen extremen Weltenwechsel vollzogen hatte, erst von einer behüteten Welt in das eher abgründige Milieu Milans und dann in eine Welt, in der ich Verantwortung tragen musste für meine kleine Familie und mich.

Die Bücher machten mir klar, dass man sich aus diesem Dilemma befreien konnte, dass sich etwas vermeintlich Schlechtes in etwas Positives verwandeln konnte. Es gab einen Weg aus dieser Angst, aus den Depressionen, niemand musste in diesem Land der langen Schatten bleiben. Das war eine große Hoffnung und Motivation. Es gab also eine Möglichkeit, sich selbst beim Schopf zu packen. Die Bücher gaben mir die Kraft. Angst muss man nicht still erdulden, wir können gegen sie kämpfen, sie abtrainieren, man kann sich ihr stellen, und irgendwann verschwindet sie. Dadurch hat man die Chance, ein vielfältigeres, reicheres und bewussteres Leben zu führen – das war die Botschaft, die ich mitnahm. Noch etwas lernte ich, was ich aber erst mit der Zeit erfasste: Durch den Weg über die Bücher konnte ich Menschen besser verstehen, denen es schlecht ging, und mich besser in sie hineinversetzen.

Fast jeden Abend arbeitete ich wieder im Hades. Wenn ich dann endlich im Bett lag, musste ich an Simone denken; ich vermisste sie sehr. Der Boulanger war eine Art Wohnzimmerkneipe, beheimatet in einem schönen alten Fachwerkhaus, das mindestens fünfhundert Jahre auf dem Buckel hatte. Schon der große Philosoph Georg Wilhelm Friedrich Hegel soll sich hier den Kopf heiß geredet und getrunken haben. Gern wird er auf Stadtführungen mit dem Satz zitiert: »Lieber im Boulanger sitzen und trinken, als im Stift beten.« Mit Stift war das Evangelische Stift in Tübingen nahe am Hölderlinturm gemeint.

Einige Male war ich selbst im Boulanger gewesen, das dafür bekannt war, dass man sich sein eigenes Essen mitbringen konnte. Die beliebte Studentenkneipe war mit dunklem Holz getäfelt. Hinter sechs alten großen schlichten Tischen zogen sich ebenfalls dunkelbraune Bänke durchgängig die Wände entlang, vor den Tischen standen hellbraune Stühle. An kalten Tagen und im Winter sorgte ein gusseiserner uralter Ofen für wohlige Wärme in dem gemütlichen Gastraum. In einem Regal lag eine Sammlung von Brettspielen, natürlich fehlten auch

Binokel- und Skatkarten nicht. Zerfleddert lagen das *Schwäbische Tagblatt* und die *Frankfurter Rundschau* auf einem der Regalbretter. Oft hingen dichte Zigarettenschwaden in der Luft und hüllten die Stube wie in Nebel. An der Wand hing ein Bild von Karl Marx, und lange Zeit gab es eine Bedienung, die diesem Porträt sehr ähnlich sah: der Weizensepp. Er hatte einen stattlichen Umfang und trug seinen Spitznamen, da man ihm nachsagte, dass er dreizehn Weizen auf einem Barhocker sitzend trinken könne. Ich bezweifle, dass seine Blase das verkraftet hat, ohne sich vehement zu melden.

Durch die schummrigen gelblich gefärbten Fenster konnte man nach draußen auf die Collegiumsgasse sehen. Noch wichtiger: Man wurde auch gesehen von den Passanten, die neugierig hereinschauten. Meist um zu prüfen, ob es noch Platz gab, bisweilen auch, um nach potenziellen Flirtmöglichkeiten Ausschau zu halten. Gleich rechts neben der Eingangstür befand sich der Tisch für die Stammgäste. Ein Reserviert-Schild brauchte hier allerdings keiner, das hätte ohnehin niemand beachtet. Wer sitzt, der sitzt, lautete das Motto. Deshalb konnte vorab nicht reserviert werden, sehr zum Ärger der Touristen, die gern jene typische Studentenkneipe besucht hätten, von der ihnen der Stadtguide vorschwärmt hatte. Wo einst nicht nur Hegel, sondern auch Hölderlin und Uhland becherten, schmeckte das Bier sicher gleich doppelt so gut. Und leisten konnte man es sich auch, denn bei den Preisen war der Boulanger traditionell günstig.

Ich kannte die Kneipe auch deshalb, weil dort Otto der Lumpensammler, wie ihn jeder nannte, tageweise Leute rekrutierte, um Zettel und Tüten in Briefkästen zu werfen, die zur Altkleidersammlung aufforderten. Milan hatte häufiger für ihn gearbeitet. Die Leute wurden samstags im Boulanger ausgezahlt, lebten also im wahrsten Sinn des Wortes von der Hand in den Mund. Ich selbst habe ebenfalls etliche Zeit für Otto gearbeitet, für einen ganzen Tag sechzig Mark bekommen, wovon ich vierzig an den Babysitter zahlen musste; übrig blieb da nicht mehr viel.

Einer der Stammgäste im Hades war Paul. Er schwärmte für mich – was umgekehrt genauso galt. Paul war ganz anders als Milan. Zum ersten Mal nach dem Tod meines Vaters hatte ich das Gefühl, wirklich geliebt zu werden, und hoffte, dass es kein Traum war, aus dem ich eines Tages herausgerissen würde. Durch Paul fand ich die Kraft, Simone zurückzuholen. Mir fiel ein, dass mein Vater mir Geld für meine Ausbildung hinterlassen hatte. Der Weg dazu führte über meine Mutter, doch inzwischen hatte ich so viel an Stärke gewonnen, dass ich mir diesen Schritt zutraute. Und es ging schließlich um Simone, und sie war mir neben Benjamin wichtiger als alles andere.

Es war eines der ersten Male seit meinem Rauswurf, dass ich mein Elternhaus aufsuchte. Es war ein seltsames, lähmendes Gefühl, als ich über die Türschwelle trat, alles war so vertraut, die Möbel, der Geruch, und doch war mir die Umgebung fremd geworden. Inzwischen waren Jahre vergangen, in denen ich mich an so vielen unterschiedlichen Orten hatte zurechtfinden müssen. Meine Mutter hatte sich wenig verändert, ein paar Falten mehr um die Augen und die Mundwinkel, ihr Gang war zügig, der Rücken straff. Sie trug weiterhin ihren hochgesteckten Zopf, weite lange Röcke und hochgeschlossene Kaschmirpullover. Es schien, als hätte sie sich in ihr Dasein als Witwe gefügt, es war kein neuer Mann in ihr Leben getreten. Obwohl es durchaus den einen oder anderen Kandidaten aus ihren christlichen Kreisen gegeben hatte, der nicht abgeneigt gewesen wäre. Dass meine Oma uns immer vor ewigen Junggesellen gewarnt hatte, hatte meine Mutter vermutlich abgeschreckt. Außerdem ging sie davon aus, dass es nie geschehen würde, dass sie einen anderen Mann lieben würde, ihre Treue zu meinem Vater sollte bestehen bleiben, solange sie lebte. Wir Kinder waren jedenfalls froh, dass sie sich nicht für irgendeinen schrulligen Professor entschied.

Sie überreichte mir dreihundert Mark in einem Umschlag, und ich unterschrieb, dass damit das Erbe meines Vaters abgegolten sei, denn das war die Bedingung. Sie fragte nach den Kindern, und ich erklärte, dass ich mit dem Geld Simone von Milans Eltern zurückholen wolle. Danach verabschiedete ich mich von ihr, ich war lange genug bei ihr geblieben. Meine Mutter umfasste meine Hand, einen Augenblick länger, als nötig gewesen wäre. War es denkbar, dass wir uns wieder annähern konnten? Es musste ja keine große Aussöhnung sein, kein allumfassendes Verständnis, eine gewisse Akzeptanz von beiden Seiten würde reichen. Immerhin hatte sie zwei Enkelkinder, und die waren ihr vielleicht nicht ganz gleichgültig. Und für die Kinder wäre es gut, ihre Großmutter kennenzulernen.

Paul, der mir immer mehr ans Herz wuchs, schlug vor, sich um die Kinder zu kümmern, wenn ich arbeitete – und zwar im Boulanger. Ich wechselte nicht nur meine Arbeitsstätte, sondern auch die Wohnung, denn ich zog zu Paul, der auch eine Kneipe hatte. Weil Pauls Partner aufhören musste und die Brauerei den neuen Vertrag nur unter der Bedingung abschloss, dass ein zweiter Partner mit im Boot saß, wurde ich 1982, mit 21 Jahren, auf einmal Wirtin.

Im Boulanger wurde viel getrunken und mindestens ebenso viel politisiert, unter Insidern galt das Lokal als Kommunistenkneipe. Ein häufiger Gast war Anton, der einst Deutsch und Gemeinschaftskunde an einem Gymnasium unterrichtet hatte, ein feinsinniger, kluger Kopf mit dunklen Haaren und roten Backen, groß gewachsen. Als Mitglied der DKP fiel er unter den sogenannten Radikalenerlass, durch den seit 1972 sichergestellt werden sollte, dass keine »Verfassungsfeinde« im öffentlichen Dienst tätig waren, und war mit einem Berufsverbot belegt worden. Daraufhin hatte er angefangen, Wein anzubauen, und machte eine Druckerei auf. Ich bewunderte ihn dafür, dass er für seinen Idealismus alles aufgegeben hatte. Und er war nicht der Einzige, der mit einem solchen Hintergrund ein Zuhause im Boulanger fand. Viele Jahre später sollte ich gemeinsam mit Anton im Kreistag sitzen, er für die Linke, ich für die CDU.

Menschen wie Anton brachten mich zum Nachdenken. Ich besorgte mir Bücher wie *Ihr da oben – wir da unten* von Bernt Engelmann und Günter Wallraff, um mehr über die bundesdeutsche Gesellschaft zu erfahren. Die Autoren schildern in ihrem Werk die beiden Perspektiven. Engelmann besuchte »die da oben«, die Reichen der Republik, und enthüllte, wie wenig glamourös deren Hintergrund meist war. Wallraff war bei denen »da unten«, verdingte sich unter anderem als Hausbote und Arbeiter und berichtete von den oft unerträglichen Arbeitsbedingungen. Ihre gemeinsame Erkenntnis: In den Händen der wenigen Reichen konzentrierte sich nicht nur das Geld, sondern ebenso Macht – auch politische Macht, die durch kein Gesetz begrenzt werden konnte. Eine Tatsache, die sich knapp vierzig Jahre später kaum verändert hat, höchstens verstärkt.

Mir gefielen die politischen Gespräche. Mit neunzehn Jahren war ich in die SPD eingetreten, mir hatte deren Sozialpolitik gefallen, aber insbesondere Willy Brandt, ein charismatischer Mann und ein großes Vorbild. Brandts Kniefall in Polen am Ehrenmal für die Toten des Warschauer Ghettos 1970 – die Geste, mit der er um Vergebung für die Verbrechen der Deutschen während des Zweiten Weltkriegs bat – hatte mich als junges Mädchen beeindruckt. Willy Brandt war für mich der Politiker, der auf die drängenden Fragen der Zeit die richtigen Antworten wusste, der, wie Peter Merseburger 2002 in seiner Brandt-Biografie schrieb, »die Bundesrepublik mit seiner Ost- und Entspannungspolitik vor drohender Isolation bewahrte und mit dem Abbau der Feindbilder im Osten eine wichtige Grundlage für die spätere Einheit schuf«. Gern hätte ich mich bei den Sozialdemokraten auch engagiert, aber die wenige freie Zeit, die ich hatte, verbrachte ich mit meinen Kindern, sie hatten höchste Priorität in meinem Leben.

Im Boulanger trafen sich auch Mitglieder einer schlagenden Verbindung, die sogar in der Kneipe gegründet worden war. Werner und Renate waren ebenfalls häufig dort Gäste. Werner arbeitete auch für Otto, Renate als Journalistin. Sie berichtete später oft über den Kreistag, und so kreuzten sich unsere Wege noch nach zwanzig Jahren immer mal wieder. Großes kleines Tübingen eben.

Ein Großteil unserer Gäste hatte insgesamt keine guten Ausgangsbedingungen gehabt, hatte Probleme, sodass ich mit vielen Schicksalen konfrontiert wurde. Sie kamen, um zu trinken und sich ihren Kummer von der Seele zu reden. Manche mussten Trennungen vom Partner überstehen, den Tod von nahen Verwandten, Freunden oder Arbeitskollegen verarbeiten. Andere hatten so wenig Geld, dass sie zum Ende des Monats ein oder zwei Bier kostenlos bekamen und einen Teller mit Eintopf dazu. Olaf war ein Metzger, der kein Metzger sein wollte, lieber Gedichte las und gern Literatur studiert hätte. Aber der Vater hatte nicht die geringste Einsicht gezeigt, dass seinem Sohn das Töten und Zerkleinern von Tieren, das Wurstmachen überhaupt nicht lag, und darauf beharrt, dass Olaf den Betrieb übernehmen sollte.

Eines Abends war ganz offensichtlich, dass ein Mann mit der Absicht, sich zu betrinken, in die Kneipe gekommen war, wobei er da nicht der Einzige war. Er saß still auf seinem Platz, redete mit niemandem, schaute nur starr in sein Glas. Ich hatte ihn im Blick, wenn ich ihm ein neues Bier hinstellte. Zwar konnte ich ihm das Trinken nicht verbieten oder ihn der Kneipe verweisen, aber besinnungslos vom Stuhl fallen sollte er auch nicht.

»Da ... da ist ein Kind«, stammelte er, als er bei der achten Halben angelangt war.

»Wo ist ein Kind?«, hakte ich nach.

»In mei'm Auto?«

Ich zuckte zusammen. Der Mann saß schon seit Stunden in

der Kneipe – was, wenn er keines der Fenster einen Spalt offen gelassen hatte?

»Kannst du mir vielleicht den Schlüssel geben, dann kann ich mal nach dem Kind sehen.«

»Is offen.«

Ich konnte kaum fassen, was ich da hörte. Da ließ jemand, womöglich der Vater, sein Kind in einem Auto zurück, noch dazu einem unverschlossenen, während er sich volllaufen ließ. War dieser Mann noch bei Sinnen?

Sofort lief ich aus der Kneipe, sah in jeden Wagen, der in unmittelbarer Nähe stand. Schließlich entdeckte ich in einem blauen VW-Bus nicht weit vom Boulanger entfernt ein kleines Mädchen, vielleicht eineinhalb Jahre alt. Zusammengerollt wie eine kleine Katze lag es auf einem der Sitze und schlief. Wahrscheinlich hatte es sich in den Schlaf geweint, denn die blonden Haare klebten ihm im Gesicht. Mehrere Tüten Gummibärchen lagen verstreut um das Kind herum. Vorsichtig nahm ich das Mädchen hoch. Ich trug es jedoch nicht in die Kneipe, sondern in Pauls und meine Wohnung, die über dem Boulanger lag, und legte es zu Simone ins Bett. Zurück im Boulanger, sah ich, dass der Mann seinen Kopf auf den Tresen gelegt hatte und schlief. Paul und ich schleppten ihn zu seinem VW-Bus und legten ihn auf eine Sitzbank, damit er dort seinen Rausch ausschlafen konnte. Wirklich wach wurde er bei unserer Aktion nicht, stöhnte nur hin und wieder auf und brabbelte irgendetwas, das wir nicht verstanden – nach dem kleinen Mädchen fragte er nicht.

»Wo ist meine Tochter?«, fragte er mit schreckgeweiteten Augen, als er am nächsten Morgen gegen zehn Uhr bei uns klingelte.

Aha, du bist also der Vater, dachte ich. »Komm rein. Sie spielt mit meiner Tochter«, beruhigte ich ihn. »Aber was ist überhaupt passiert?«

Der Mann, der sich als Mario vorstellte, hatte ein eingefallenes, blasses Gesicht und verfilzte blonde Haare. Auf seiner Nase saß eine verzogene goldfarbene Brille mit dreckigen Gläsern. Nachdem er sich vergewissert hatte, dass seine Tochter vergnügt und quicklebendig mit Simone spielte, druckste er eine Weile herum. Schließlich sagte er: »Mein Leben ist gerade etwas durcheinander, alles läuft schief, alles ist aus den Fugen geraten … Kann Julia vielleicht bei dir bleiben?«

»Wo ist denn Julias Mutter?«, wollte ich wissen, bevor eine mögliche Vereinbarung überhaupt denkbar war. Mario konnte alles Mögliche behaupten.

»Die hat das Kind nie gewollt, es ist ihr völlig egal.« Der Vater schaute betrübt seine Tochter an. »Ich habe meinen Job verloren und muss mir dringend einen neuen suchen. Ich weiß nicht mehr, was ich tun soll.« Tränen rannen über sein Gesicht, er war mit der Situation völlig überfordert.

»Das wird schon«, tröstete ich ihn. »Es findet sich immer ein Weg, ich weiß das nur zu gut aus eigener Erfahrung. Aber um auf Julias Mutter zurückzukommen. Ich möchte sie trotzdem sehen, egal wie sie zu ihrem Kind steht.«

Ein paar Tage später erschien Mario zusammen mit der Mutter des Mädchens. Sie war perfekt gestylt, die langen Fingernägel rot lackiert und umhüllt von einer Wolke süßlichen Parfüms. Sie machte den Eindruck, als hätte sie eher Lust auf eine Modelkarriere als auf ihre Tochter. Julia tapste strahlend auf sie zu, mit einer Banane in der Hand. Sie streckte sie der Mutter hin, damit diese davon abbiss. Doch die Frau stieß das Kind von sich und schrie es an: »Mach mich bloß nicht schmutzig!« Ich beobachtete das Ganze fassungslos. Das war eine der Szenen, die ich nie in meinem Leben vergessen habe.

»Mögen Sie Ihr Kind nicht?«, fragte ich, nachdem ich tief durchgeatmet hatte.

Angewidert schüttelte sie den Kopf. »Wenn es nach mir ginge, würde ich Julia sofort zur Adoption freigeben, nur will das Mario nicht, der hängt an der Kleinen.« Sie nickte ihrem

Ex-Partner hoheitsvoll zu. Mario hatte still zugehört, aber man sah ihm an, dass sein Herz fast zersprang, so sehr schmerzte ihn das Gehörte.

Ein weiteres Mal atmete ich tief durch, als die Mutter in ihren Pumps die Treppe hinunterstieg, wahrscheinlich genauso froh wie ich, der Situation entkommen zu sein, nur aus anderen Gründen. Ich musste an meine eigene Mutter denken – und seltsamerweise war ich erleichtert, dass sie so war, wie sie war. Es war nicht einfach mit ihr gewesen, aber sie hatte uns Kinder auf ihre Weise geliebt.

»Du verstehst …?«, sagte Mario, als wir wieder allein waren.

»Ich verstehe.«

Aber ich sah auch, dass Mario mit Julia völlig überfordert war. Ihm stand der Sinn mehr nach Kneipe, Bier trinken und Gitarre spielen. Am zweiten Tag packte er im Boulanger sein Instrument aus und begann zu spielen. Es kam öfter vor, dass Musiker bei uns spielten. Sie erhielten dann immer einen mit Münzen gefüllten Hut sowie Freigetränke.

Paul und ich boten Mario an, dass Julia bei uns bleiben konnte, bis sich seine Angelegenheiten geklärt und sein Leben wieder etwas normalisiert hätte. Doch das tat es nicht. Alles wurde immer unerträglicher, nicht nur für ihn, sondern auch für uns. Bald klingelte er fast jede Nacht in betrunkenem Zustand bei uns Sturm, wollte seine Tochter sehen und mit ihr kuscheln. In der Zwischenzeit war ich mit Julia beim Arzt gewesen, denn sie hatte sich immer wieder Haare ausgerissen, sodass sie bereits deutliche Haarlücken hatte. Außerdem war sie sichtlich unterernährt. Mit ihrem dicken Bauch und den dünnen Beinchen erinnerte sie mich an die hungernden Kinder in Afrika, die ich auf Bildern gesehen hatte. Da Mario nicht damit aufhöre, uns und die Kinder nachts aus dem Schlaf zu läuten, schaltete ich das Jugendamt ein. Sosehr wir Julia lieb gewonnen hatten, es blieb uns keine andere Wahl. Wir konnten sie nicht bei uns behalten, sie musste irgendwohin, wo nicht dauernd ihr Vater betrunken auftauchte. Julia kam zu einer Familie im Schwarzwald, deren Wohnort Mario nicht erfuhr. Inzwischen ist sie Ärztin und hat ihren Weg gefunden.

Matthew war ein weiterer Stammgast im Boulanger, ein schmächtiger Engländer mit grauem Wuschelkopf, gelblich verfärbten Fingerkuppen vom vielen Rauchen und mit zahlreichen Furchen im Gesicht. Nachdem er seine Ehefrau mit seinem besten Freund im eigenen Schlafzimmer entdeckt hatte, hatte er über Nacht die Insel verlassen, um sich in Deutschland eine neue Existenz aufzubauen. Er war Lackierer gewesen, hatte aber seine Arbeit aufgeben müssen, als er zunehmend Lungenprobleme bekam und unter Asthmaanfällen litt. Ich fragte mich, ob nicht nur die selbst gedrehten Zigaretten, sondern auch die giftigen Dämpfe vom Lack seine Gesundheit geschädigt hatten, versuchte dennoch immer wieder, ihn zu überreden, das Rauchen sein zu lassen. Weil seine Rente so gering war, da ihm einige Arbeitsjahre fehlten, gehörte er zu jenen, denen wir öfter ein Bier und etwas zu essen spendierten. Irgendwie war die Kneipe wie eine Großfamilie. In der Vorweihnachtszeit bastelten Gäste zusammen einen Adventskalender und hängten ihn ins Fenster. Man kümmerte sich umeinander, hatte ein sehr persönliches Verhältnis.

Irgendwann gehörte Matthew auch zur Wirtsfamilie, wohnte bei uns, weil sein dunkles Zimmer nicht gut für seine Seele war. Eines Morgens war Matthew tot. Er war allein in der Wohnung, als er einen schweren Asthmaanfall bekam. Offenbar hatte er noch versucht, sich an ein Fenster zu retten, um auf sich aufmerksam zu machen, es aber nicht geschafft. Da Matthew in Deutschland keine Angehörigen hatte und ich nicht wollte, dass er anonym beerdigt wurde, übernahmen wir die Kosten. Erst nach zwanzig Jahren ließ ich sein Grab auflösen.

7
Dunkle Tage

Das Herzstolpern war mittlerweile fast Routine, dennoch stieg jedes Mal eine schreckliche Angst hoch. Um nicht in Panik zu geraten, nahm ich noch immer Beruhigungstabletten. Sie waren grün, und ich musste sie vierteln. Irgendwann verspürte ich regelrechten Widerwillen gegen die Tabletten und beschloss, sie abzusetzen.

Am nächsten Tag wurde mir plötzlich siedend heiß, ich dachte, mein Kopf würde explodieren. Meine Hände begannen zu zittern, und ich fühlte mich wie betäubt. Als ich über den Marktplatz lief, hatte ich das Gefühl, die Pflastersteine würden auf mich zurollen, die Stimmen um mich herum hörten sich metallen und völlig verzerrt an. Ich hatte Panik, verrückt zu werden. Plötzlich dämmerte es mir: Ich war von den Tabletten abhängig geworden und kämpfte jetzt mit Entzugserscheinungen. Mir war klar, dass ich Hilfe brauchte, professionelle Hilfe, Bücher allein reichten da nicht mehr. Ich wandte mich an den Psychiater Dr. Rietzler, den ich flüchtig aus Jugendzeiten kannte, da er ebenfalls christlich war.

»Wie fühlen Sie sich?«, fragte er, ein großer sportlicher Mann Ende vierzig, bei unserem ersten Treffen. Seine Stimme klang sehr angenehm und einfühlsam. »Können Sie das beschreiben?«

»Manchmal ist alles dunkel in mir drin und um mich herum.« Ich suchte nach Worten. »Ich habe das Gefühl, das Leben hätte wie ein riesiges Tier seinen Schlund aufgemacht, um mich in einen finsteren Abgrund zu reißen.«

In einer unserer Sitzungen, durch die ich nach und nach von den Tabletten loskam, fragte er mich, wie mein Verhältnis zu meinem Vater gewesen war. Ich schwieg, versuchte meine Tränen zu unterdrücken, wandte mich von ihm ab.

»Ihnen fehlt der Vater«, sagte er. »Sie hätten gern, dass er Sie in den Arm nimmt. Sie dürfen ruhig weinen.«

Ich hatte viele Jahre mit keinem Menschen über den Tod meines Vaters gesprochen, hatte mir wie auf der Beerdigung ein Weinen vor anderen nicht zugestanden. Nun flossen die Tränen, und ich begriff ein weiteres Mal, dass in den vergangenen Jahren etwas in mir passiert war, das immer wieder an die Oberfläche wollte und sich nicht weiter verdrängen ließ.

Eines Nachts wachte ich mit rasendem Puls auf. Ich musste auf die Toilette, aber aus irgendeinem Grund traute ich mich nicht. Ich weckte Paul.

»Was ist?«, fragte er schlaftrunken.

»Ich muss aufs Klo«, erklärte ich.

»Deswegen weckst du mich?«

»Ich weiß, es sind nur ein paar Schritte, aber ich kann nicht allein dorthin.« Ich hatte das Gefühl, neben mir zu stehen, war nicht mehr ich selbst. Alles war so unwirklich und fremd, ich konnte mich nicht mehr fühlen. Ein Gefühl von Entsetzen, von Ausweglosigkeit, eine namenlose Angst, der ich nichts entgegenzusetzen hatte. Ich wusste ja nicht einmal, woher sie kam.

Paul hatte sich umgedreht und war wieder eingeschlafen. Nur unter größten Mühen schaffte ich es auf die Toilette, wo ich eine Stunde verbrachte. Diese Panikattacken raubten mir zunehmend meine Lebensfreude. Trotz der Therapie erschien alles immer aussichtsloser. Ich hatte Angst, vollständig die Kontrolle über mich und mein Leben zu verlieren.

In der nächsten Sitzung bei Dr. Rietzler schilderte ich ihm den letzten Panikanfall.

»Sie haben lange Zeit diese Tabletten genommen, es dauert, bis Sie wieder das Gefühl haben, dass es vorangeht.«

Und es ging voran, einmal mehr durch meine alte Leidenschaft, das Lesen. Ich verschlang *Schattenmund*. Der autobiografische Roman der französischen Autorin Marie Cardinal handelt von der Analyse, die Cardinal mit dreißig begonnen hatte, weil sie ähnlich wie ich Angst vor dem Verrücktwerden hatte und unter Depressionen litt. Langsam, aber sicher reifte in mir der Entschluss, dass ich etwas an meinem Leben ändern musste. Ich musste das Medizinstudium angehen, das war meine gerade Linie in einem ansonsten ziemlich chronischen Chaos. Und langsam ging ich auf Mitte zwanzig zu, viel Zeit hatte ich nicht mehr, um Ärztin zu werden. Psychiaterin, dieser Wunsch begann sich immer mehr herauszukristallisieren – nach all den menschlichen Schicksalen, von denen ich im Boulanger erfuhr, und der Erfahrung, dass andere offensichtlich noch schwächer waren als ich und in mir eine starke Frau sahen, die helfen konnte.

Doch vorher wollte ich herausfinden, ob mein Wunsch aus Kindertagen überhaupt noch Bestand hatte und ich nicht irgendeiner Fantasie hinterherrannte. Schon so mancher Traum scheiterte an der Wirklichkeit. Sich um Kranke und Hilfsbedürftige kümmern zu wollen hieß noch lange nicht, Blut, Eiter, Urin aushalten zu können.

Im Boulanger hatte ich einen Medizinstudenten kennengelernt, der neben seinem Studium Nachtwachen in der Urologie hielt.

»Kannst du mir dort ein Praktikum verschaffen?«, fragte ich ihn.

»Warum gerade in der Urologie?«, wollte er wissen.

»Warum nicht? Irgendwo muss man anfangen, wenn man einen Entschluss gefasst hat.«

So kam es, dass ich neben meiner Arbeit im Boulanger damit begann, nachts Sitzwachen in der Urologie der Uniklinik Tübingen zu machen. Obwohl ich noch nicht einmal Medizinstudentin war, wurde ich voll in die Verantwortung genommen. Schon nach den ersten Diensten wusste ich absolut sicher: Es war genau das, was ich wollte. Ich hatte mich nicht getäuscht, mein Traum war keine Kindheitsfantasie.

Bald interessierten mich die Beweggründe für eine Geschlechtsumwandlung, denn in der Urologie wurden auch sogenannte geschlechtsangleichende Operationen vorgenommen. Wenn ich nachts Zeit hatte, las ich all die Gutachten, die notwendig gewesen waren, damit eine Frau zu einem Mann oder ein Mann zu einer Frau werden konnte. Was war die Motivation für einen solch einschneidenden Eingriff? In einem Gutachten hatte eine Patientin zu verstehen gegeben, dass ihr Vater kein Mädchen hatte haben wollen. Schon mit zwei Jahren war ihr wieder und wieder gesagt worden, sie sei als Mädchen nicht zu gebrauchen. Der Vater war Bäcker und hatte sich einen Jungen gewünscht, der später einmal seine Bäckerei übernehmen würde. Die Geschichte berührte mich sehr. Was für ein Druck, der auf dieser Frau lastete. Als Frau hätte sie doch genauso die Bäckerei stemmen können, dachte ich. Auch konnte ich mir nicht vorstellen, dass sie als Mann glücklicher werden würde. Selbst die Eltern hatten laut dem Gutachten eine Geschlechtsangleichung befürwortet. Hoffentlich war es die richtige Entscheidung, und die Patientin bereute es nicht irgendwann.

Besonders in Erinnerung geblieben ist mir ein älterer Patient, der total unruhig war. Die Nachtschwester, der ich assistierte, hatte das dermaßen gestört, dass sie den Mann mitsamt seinem Bett ins Bad sperrte, einen abgelegenen Raum, der nach einer Mischung aus abgestandener Luft und Desinfektionsmittel roch. Als ich wissen wollte, warum sie das tat, meinte sie entnervt: »Bevor er noch zwanzigmal klingelt und damit auch die anderen Patienten stört, lassen wir ihn am besten da drin.« *Wir?* Nein, ich hätte ihn nicht in dieses unwirtliche Badezimmer weggesperrt. Ich empfand das als unmenschlich, aber meine Meinung zählte nicht. Am nächsten Tag war der Patient tot – in dem Bad gab es keine Klingel, und die Bettgitter waren oben gewesen. Ich war völlig schockiert. So etwas durfte nicht passieren, und ich hoffte, dass ich, sollte ich einmal Ärztin sein, solche Situationen nie wieder würde erleben müssen – zumindest hätte ich dann bessere Möglichkeiten, gegen ein solches Verhalten vorzugehen.

Ich merkte, dass die Nachtwachen mir guttaten, es machte mir Spaß, mit den Patienten zu reden, ihre Geschichten zu erfahren, sie zu trösten, und als ich das erste Mal Heparin, ein Blutverdünnungsmittel, spritzen durfte, war ich ungemein stolz. Es wird zwar nur unter die Haut in die Bauchdecke gespritzt, aber es war mein erstes Mal, und ich hatte kein Problem damit. Ich hatte die richtige Entscheidung getroffen, zunehmend ging es bergauf, es gab immer seltener Situationen, in denen Panik in mir aufstieg, die traurigen Gedanken waren fast verschwunden. Ich hatte wieder Träume und Pläne und war in der Lage, die schönen Momente des Lebens zu genießen.

Ich wusste nun, was ich wollte, war mir da ganz sicher, und ich begann es mir zuzutrauen. Da Paul sich hervorragend mit den Kindern verstand und ich mittlerweile eine Hilfsoma gefunden hatte, die gegen Bezahlung bereit war, abends die Kinder ins Bett zu bringen, meldete ich mich für das Abendgymnasium Reutlingen an – und Benjamin in Tübingen für die erste Klasse. Beide hatten wir zu diesem schönen Anlass eine Schultüte, wobei seine natürlich sehr viel größer ausfiel als meine.

Wieder zur Schule gehen – ein ungutes Gefühl beschlich mich bei dem Gedanken an meine Sechs in Mathe, ein ewiger Makel. Am ersten Abend bekamen wir unseren Stundenplan ausgehändigt. Fortan hatte ich von Montag bis Freitag von 17 Uhr 30 bis 22 Uhr Unterricht, insgesamt zweieinhalb Jahre. Danach sollten noch eineinhalb Jahre folgen, dann mit Ganztagsunterricht. Insgesamt musste ich also vier Jahre lang die Schulbank drücken.

Mit mir hatten sich dreißig Schüler und Schülerinnen angemeldet, einige davon schon deutlich über vierzig (mit 26 gehörte ich eher zum Durchschnitt). Nach der ersten Woche erschienen nur noch zwanzig zum Unterricht. Der enorme Zeitaufwand und die Fülle des Stoffs hatten die anderen wohl abgeschreckt. Meist hielten diejenigen durch, die nie von ihren Eltern gefördert worden waren, die das Abendgymnasium besuchten, weil sie wie ich ein anderes Lebensziel hatten. Sie wollten nicht ewig Fliesenleger sein oder Krankenpflegerin, selbst wenn sie ihren Job mochten, so wie ich gern hinter dem Tresen stand und Gäste bewirtete. Aber es war nicht das, was uns auf Dauer genügte und erfüllte.

Die Eingangsrede unseres Rektors sollte ich nie vergessen. Er warnte uns davor, dass nicht alle durchhalten würden, aber diejenigen, die es täten, hinterher problemlos einen Arbeitsplatz finden würden. Menschen, die so hart für ihren Abschluss gekämpft, sich durch Fleiß und Durchhaltevermögen ausgezeichnet hätten, würden von Arbeitgebern bevorzugt werden. Das war für mich ein großer Ansporn und machte mir enorm viel Mut. Medizin wollten ja viele studieren, weshalb es eine Zulassungsbeschränkung gab, den Numerus clausus. Diese Hürde war nicht einfach zu überwinden. Um mich davon nicht ins Bockshorn jagen zu lassen, ignorierte ich diese Tatsache einfach.

Zu meiner großen Überraschung begeisterte mich nun besonders die einst so verhasste Mathematik. Stundenlang löste ich Aufgaben, so leicht und begeistert, wie ich Kreuzworträtsel löste. Deutsch gefiel mir ebenfalls zusehends. Ich liebte Goethes *Werther*, all meine Erfahrungen der letzten Jahre, die dunklen Zeiten, die Ängste und Sehnsüchte, konnte ich in einer Interpretation des Romans wieder aufleben lassen und gleichzeitig in schriftlicher Form bändigen. Für Französisch und Englisch hatte ich allerdings nicht viel übrig.

Das Abendgymnasium war nicht nur Paukerei, wir Schüler hatten auch allerlei Spaß zusammen. Ich weiß noch, wie ich mit Anna, die ich immer mitnahm, im Auto Richtung Reutlingen fuhr. Plötzlich kam die Idee auf, ob man nicht lieber ein Guinness trinken sollte? Wir waren uns sofort einig, bogen von der Hauptstraße ab und landeten in einem urigen Lokal in Reutlingen. Nach monatelangem Schulbankdrücken war das eine willkommene Abwechslung, und wir genossen den Abend in vollen Zügen. Schwänzen gehört zur Schule dazu, sagten wir uns. Dass direkt hinter uns unsere Englischlehrerin gefahren war, die mein Auto erkannt hatte und ziemlich ungehalten war, dass wir nicht zu ihrem Unterricht auftauchten, konnten wir ja nicht ahnen. Kleine Sünden bestraft der liebe Gott bekanntlich sofort: Tags darauf wurden wir von ihr wie kleine Schulmädchen ermahnt. Mit einer Ausrede versuchten wir es erst gar nicht. Der Abend war es wert gewesen.

Manchmal ging ich nach dem Unterricht und nachdem ich nach den Kindern geschaut hatte, noch in die Kneipe, half dort mit oder sinnierte über das Leben. Ich betrachtete die Holzvertäfelung, den gusseisernen Ofen, der im Winter wohlige Wärme abgab, lauschte den Klängen von Eric Clapton und beobachtete die Menschen. Im Boulanger fühlte man sich wie in eine andere Welt versetzt. Je später die Stunde, desto heiterer und angetrunken war ein großer Teil der Gäste. Aber das war nur das äußere Bild. Auf einem der Stühle am Tresen sah ich oft Friederike sitzen, die ich aus der Szene von früher kannte. Sie war drogensüchtig gewesen, hatte eine Therapie gemacht, bei der Post gearbeitet und zusammen mit ihrem Freund ein Kind bekommen. Nur: Der Freund trank viel zu viel, und je betrunkener er wurde, umso aggressiver wurde er, verlor die Kontrolle über sich, nahm sich andere Frauen und ließ seine Wut darüber an Friederike aus, schlug sie. Seit Milan hatte mich niemand mehr geschlagen, und es würde mich auch nie wieder einer verprügeln. Ich hatte Friederike angeboten, zu mir zu kommen, sollte sie Hilfe brauchen. Wenn ich sie dann im Boulanger sitzen sah, überfiel mich Trauer, denn ich begriff, dass ich einen Weg eingeschlagen hatte, der mich womöglich immer weiter von Menschen wie Friederike entfernen würde. Doch unsere Freundschaft hat bis heute gehalten.

Zu Paul war ich nach und nach auf Distanz gegangen. Es war für mich schwierig, mit ihm gemeinsame Pläne für unsere Zukunft zu schmieden. Unsere einstige Leidenschaft füreinander war längst einer innigen Freundschaft gewichen. Vielleicht lag es an unseren unterschiedlichen Tagesrhythmen und verschiedenen Lebensperspektiven. Zudem geriet sein Alkoholkonsum zu einem Stör- und Streitfaktor.

Wenngleich Paul sich nach außen hin nichts anmerken ließ, musste er gespürt haben, dass etwas nicht stimmte. Schließlich beschlossen wir, als Familie zusammenzubleiben. Zwar teilten wir schon lange kein gemeinsames Bett mehr, aber die Zweckgemeinschaft würde den Kindern Rückhalt geben. Eine Dauerlösung konnte das allerdings nicht sein, dazu fühlte ich mich zu jung und zu neugierig auf das Leben, und das sagte ich Paul auch.

Als Matthias die Kneipe betrat, fiel er mir sofort auf, ungemein sportliche Figur, braun gebrannt, sehr gut aussehend, dunkelbraune Augen mit langen Wimpern. Damals gefielen mir Männer mit diesem Aussehen, vielleicht, weil sie Ähnlichkeit mit meinem Vater hatten. Matthias setzte sich an den Tisch, an dem ich mit anderen Gästen gerade Skat spielte. Als einer der Spieler keine Lust mehr hatte, übernahm Matthias seinen Part – er war ein guter Stratege, der gekonnt reizte und ehrgeizig beim Spiel war. Nach diesem vielversprechenden Auftakt kam Matthias öfter ins Boulanger. Ich erfuhr, dass er kurz vor dem Abschluss seines Medizinstudiums stand, aber noch keine Stellenzusage hatte.

»Lisa, kannst du mir helfen?«, fragte er eines Tages unvermittelt. »Kann ich vielleicht bei euch in der Kneipe arbeiten, bis ich einen Job habe?«

Wir hatten zwar schon vier Aushilfskräfte, aber eine fünfte konnte nie schaden, und da ich für Personalentscheidungen zuständig war, kam es, dass Matthias im Boulanger anfing. Es blieb ihm nicht verborgen, dass Paul und ich kein Paar mehr waren, und auch sonst fielen ihm Dinge auf, bei denen ich es nicht für möglich gehalten hatte, dass ein Mann sie bemerkte. Nach und nach fasste ich Vertrauen zu Matthias, erzählte ihm, dass ich Herzrhythmusstörungen hatte, körperlich nur begrenzt belastbar war. Was ihn verwunderte, denn trotz Abendgymnasium arbeitete ich am Wochenende und in den Ferien stets im Boulanger, war schnell und flink.

Eines Abends zogen Matthias und ich los, um eine andere Altstadtkneipe aufzusuchen, wir wollten nicht immer unter den Augen von Paul und den Gästen sein. Wir redeten und lachten viel. Immer wieder berührten sich unsere Hände, wie zufällig, aber selbstverständlich hatten wir den Wunsch, dass sie sich berührten, denn wir beide spürten eine intensive Nähe zueinander. Insgeheim wusste ich, dass ich meine große Liebe gefunden hatte, jedenfalls glaubte ich das.

Nicht ohne größere Bedenken ließ ich mich auf Matthias ein. Immer wieder stellte ich Vergleiche zwischen den beiden Männern an, überlegte, ob Matthias, der inzwischen eine Stelle als Arzt gefunden hatte und nur noch gelegentlich im Boulanger jobbte, ein ähnlich liebevoller Vater für meine Kinder sein könnte wie Paul, und zögerte, meiner großen Liebe endgültig nachzugeben. Ich ahnte, wusste vielleicht sogar, dass er kein Familienmensch war. Offensichtlich mochte er Kinder, aber der wirkliche Bezug fehlte manchmal. Außerdem hatte er nie längere Zeit mit einer Frau zusammengelebt – erst recht nicht mit einer, die eine Familie hatte. Für Benjamin und Simone war nach den schwierigen vergangenen Jahren ein geordnetes Leben wichtig, so wie ich es mit Paul führte, mit sonntäglichen Familienausflügen und gemeinsamen Ferien in einem Campingbus. So kam ich zu dem Entschluss, trotz allem bei Paul zu bleiben. Meine Gefühle für Matthias ließen sich jedoch nicht auf Befehl verbannen. Immer wieder trafen wir uns, hatten etwas, was man vielleicht Beziehung nennen konnte. Paul wusste Bescheid und war einverstanden. So ging das zwei Jahre, und Matthias und ich waren an einem Punkt angelangt, wo man den anderen nicht so einfach aufgeben konnte.

Eines Tages konnte ich noch etwas anderes nicht ignorieren. Ich war nicht in der Lage, mich zu konzentrieren, ständig war mir übel, jede Person, die ein Parfüm trug, war mir zuwider. War ich etwa schwanger? Die Anzeichen kamen mir nicht ganz unbekannt vor. Doch nein, das konnte nicht sein. Über Jahre hatte ich die Spirale getragen, erst vor einem Monat war sie entfernt worden. Der Arzt hatte mir geraten, vier Wochen zu warten, bevor eine neue eingesetzt würde. Vorsichtshalber kaufte ich mir in der Apotheke einen Schwangerschaftstest, ich wollte es definitiv wissen.

Morgens um sechs schlich ich mich auf die Toilette, die Kinder und Paul schliefen noch. Ich fürchtete mich vor dem Ergebnis. Weil ich noch nie einen solchen Test gemacht hatte, las ich gründlich die Gebrauchsanweisung. Zeit schinden, so kam es mir vor, als ob ich ahnte, wie das Resultat ausfallen würde. Als ich den Beipackzettel ein drittes Mal zu studieren anfing, stoppte ich mich selbst. Es war sinnlos, sich noch länger vor der Wahrheit zu drücken. In den endlos langen Minuten, in denen ich auf das Ergebnis warten musste, wäre ich vor Ungeduld fast durchgedreht. Als die vorgeschriebene Wartezeit aber endlich vorbei war, wollte ich am liebsten gar nicht auf den Teststreifen schauen. Dann riskierte ich einen Blick, und der Streifen schrie mich geradezu an: »Du bist schwanger!«

Als Paul ziemlich verkatert am Küchentisch saß und Kaffee trank, sagte ich etwas kleinlaut: »Ich weiß nicht, was ich tun soll, aber ich erwarte ein Kind.«

»Und das Kind ist von Matthias, klar, von wem sonst.« Fragend und zugleich wissend sah er mich an, bevor er fortfuhr: »Und was wird aus uns? Wirst du dich nun doch von mir trennen? Ohne dich kann ich nicht leben, nicht ohne die Kinder, und wir haben uns ein Versprechen gegeben, was du hoffentlich nicht vergessen hast.«

»Nein, ich habe dieses Versprechen keineswegs vergessen.«
Alles drehte sich in mir, und das kam nicht nur von der morgendlichen Übelkeit. Abermals hatte ich das Gefühl, in einer Sackgasse zu stecken.

»Ich werde für das Kind sorgen, als wäre es meins«, fuhr Paul ernst, aber bestimmt fort. »Falls du es behältst. Ich werde es so lieben, wie ich Beni und Simone liebe.«

Dann erhob er sich von seinem Stuhl und nahm mich in den Arm. Sein Verständnis, seine Liebe rührten mich.

»Ich werde dich nicht verlassen«, erklärte ich, nicht ganz so bestimmt wie Paul, aber dennoch überzeugt. »Aber ich muss auch mit Matthias sprechen.«

Abends kam Matthias ins Boulanger, gesellte sich zu den anderen am Stammtisch, in weißen Jeans, einem hellblauen Hemd und Mokassins. Ungemein attraktiv, wie immer. Unsere Blicke kreuzten sich, als ich den Raum betrat.

»Lass uns woanders hingehen«, flüsterte ich ihm zu. »Ich muss mit dir reden.«

Wir verließen die Kneipe, draußen versagten mir fast die Knie.

»Was ist los?«, fragte Matthias, als wir durch die Neckargasse hinunter zur Platanenallee spazierten. »Du wirkst heute so ernst, so kenne ich dich kaum.«

»Matthias, ich bin schwanger.« Die Worte überschlugen sich fast. »Ich erwarte ein Kind. Mit Paul habe ich schon gesprochen, er weiß Bescheid.«

»Was wirst du tun?«

»Wie, was meinst du damit, was ich tun werde?«

»Na ja, ob du es behalten willst.«

»Selbstverständlich werde ich es behalten, so wie ich meine beiden anderen Kinder behalten habe.«

»Wie du meinst, es ist deine Entscheidung. Denk daran, du gehst noch aufs Abendgymnasium, du willst studieren. Ein Kind könnte dir da im Weg stehen.«

»Da hast du völlig recht, aber Abtreibung kommt für mich nicht infrage.« Ich schaute Matthias an. Ich hatte erwartet, dass es für ihn ebenfalls ein Schreck sein würde und er die Situation erst mal begreifen müsse.

Matthias schwieg, schien mit sich zu ringen. Von der Platanenallee aus sieht man die Universitätsstadt von ihrer besten Seite: den gelben Hölderlin-Turm, das himbeerrote Institut der Philosophen, das berühmte evangelische Stift, die herausgeputzten Fachwerkhäuser, deren Giebel schier bis zum imposanten Schloss hinaufreichen. Wer würde ahnen, dass diese zauberhafte Allee vom letzten Henker des Landes geplant worden war? Matthias hatte für die malerische Kulisse keine Augen, noch viel weniger Sinn für romantische Gefühle in dem Moment.

Matthias konnte sich ein Leben mit Kindern zu diesem Zeitpunkt offenbar nicht vorstellen. Aus seiner Reaktion schloss ich, dass er sich überfordert fühlte. Meine Einschätzung, dass er kein Familienmensch war, wie ich ihn mir vorstellte, schien sich zu bestätigen, als er erklärte, wir sollten doch einfach alles so lassen, wie es ist.

»Wie meinst du das?«, fragte ich.

Matthias schlug vor, dass sich Paul auch um ein drittes Kind kümmern könnte, wo es doch mit Benjamin und Simone schon so gut klappt. Hatten sich die beiden Männer etwa ohne mein Wissen abgesprochen? Ich war verletzt, enttäuscht, fand dieses Gespräch etwas absurd. Aber in Matthias' Brust, so mein Eindruck, schlugen eben auch zwei Herzen, genau wie in meinem. Ich wusste, er liebte mich, aber Familie war nicht so seine Sache. Und ich wollte nach wie vor Paul nicht einfach im Stich lassen.

Also blieb ich bei Paul, ihm zuliebe ließ ich alle in dem Glauben, das Kind wäre von ihm. Nur unsere besten Freunde kannten die wahre Geschichte. Trotz der Umstände begann ich mich zunehmend auf das Kind zu freuen – es wurde ein hübscher Junge, zu dem der Name David sehr gut passte. Das halbe Boulanger kam ins Krankenhaus, um mich zu besuchen, ich hatte fast keine Zeit für mein Kind und mich. Und in dem Moment, als Matthias kam und sich gerade vorsichtig über das Bettchen des Säuglings beugte, kam schon der nächste Besuch. Wir hatten also keine Möglichkeit, über die Geburt und das Kind zu reden. Es schien Matthias aber ein Bedürfnis, denn er kam abermals in die Klinik, und wir schafften es, uns kurz zu unterhalten. Es blieb bei unserer Abmachung, und wir versuchten so normal wie möglich weiterzuleben.

8
Ärztin – weil es mir um die Menschen geht

Das Abitur bestand ich trotz dreifacher Mutterpflichten problemlos, mit guten Noten in fast allen Fächern außer in Englisch, da ich wenig Zeit zum Lernen hatte und Sprachen mir keinen großen Spaß machten. Nun musste der nächste Schritt in Angriff genommen werden: die Bewerbung für das Medizinstudium. Für das Abendgymnasium gab es zusätzliche Punkte im Vergabeverfahren, die Chancen für einen Studienplatz standen dadurch gar nicht so schlecht.

Während ich auf meinen Zulassungsbescheid wartete, übernahm ich wieder einige Nachtwachen in der Urologie, was während der Schwangerschaft nicht erlaubt gewesen war. Je näher der Termin für die Zustellung der Bescheide rückte, desto größer wurde meine Ungeduld, jeden Morgen gegen halb zehn rannte ich zum Briefkasten. Eines Tages kam endlich der ersehnte Brief. Ich war aufgeregt, zögerte aber, ihn zu öffnen. Der Inhalt dieses Schreibens würde mein ganzes Leben verändern, ob so oder so. Zu gern hätte ich ihn wie ein Blumenorakel zerpflückt: Er liebt mich, er liebt mich nicht … Ich habe eine Zulassung, ich habe keine Zulassung … Schließlich hielt ich es nicht länger aus und riss den Umschlag auf. Und: Wahnsinn – ich hatte einen positiven Bescheid, ich durfte an der Eberhard Karls Universität in Tübingen Medizin studieren! Unglaublich, nach so vielen Jahren ging ein lang ersehnter Wunsch, mein großer Traum nun in Erfüllung.

Ich hätte es einfacher haben können, so wie meine Brüder, hätte in gerade verlaufender Richtung dieses Ziel erreichen können, ohne Umwege und Hindernisse. Ich musste an Odysseus denken, den sagenhaften Helden aus Homers *Odyssee*.

Zehn Jahre irrte er nach dem Sieg über Troja auf hoher See umher, immer wieder verschiedenen unglückseligen Schicksalsschlägen ausgesetzt, bis er es schaffte, endgültig seine Heimreise anzutreten. Ein bisschen wie diese Gestalt aus der Mythologie war auch ich Jahre durchs Leben geschlingert, habe statt den Meeresgott Poseidon meine Mutter erzürnt, war statt mit menschenfressenden mit drogensüchtigen Wesen konfrontiert gewesen und musste manche Sirene umschiffen. Aber so wie Odysseus nach seiner Rückkehr wieder den Thron besteigen und über Ithaka herrschen konnte, so war es mir gelungen, mich auf meine Sehnsucht zu konzentrieren, einmal als Medizinerin zu arbeiten.

Nun saß ich als Dreißigjährige und dreifache Mutter unter Studenten, die gerade mal doppelt so alt waren wie mein ältester Sohn Benjamin. Nicht alle Vorlesungen gefielen mir. In Physik verstand ich anfangs nichts. Ein grauhaariger Professor, der aussah, als würde er nie etwas anderes tun, und in meinen Augen der Welt entrückt zu sein schien, malte eine Art Hieroglyphen an die Tafel, die offenbar etwas mit Materie und Energie zu tun hatten. Doch welche Bedeutung hatten sie für Mediziner? Dieses Problem hatte ich ausschließlich bei Physik, und um nicht zu verzagen, überlegte ich, was ich tun konnte, um meine Freude am Lernen nicht zu verlieren. Fortan wollte ich mich auf das konzentrieren, was für mich machbar war. Vorlesungen, die ich ohnehin nicht verstehen würde, waren gestrichen. Systematisch siebte ich meinen Studienplan aus, und die Erfolge bestätigten meinen Plan. Im Unterschied zu den meisten meiner Kommilitonen hatte ich wenig Zeit für das Studium. Bis zum Physikum arbeitete ich als Wirtin im Boulanger und hielt auch immer wieder Nachtwachen in der Klinik. Zudem hielten mich meine drei Kinder ständig auf Trab.

Mein Vorteil war, dass ich so etwas wie ein fotografisches Gedächtnis besitze. Ich konnte stets sagen, in welchem Buch wo was stand, beispielsweise auf der rechten Seite mit einer roten Überschrift das, was ich im Bereich Anatomie über den Aufbau eines Gelenks wissen musste. Oft reichte es, wenn ich einen Text nur einmal las. Und je ungewöhnlicher eine Krankheit war, umso besser konnte ich sie mir merken. Sieben Jahre später, pünktlich mit dem medizinischen Abschluss, sollte ich meine Promotion bestehen. Auf den Einser war ich nach all den Mühen ziemlich stolz.

In der Zwischenzeit veränderte sich viel. Matthias und ich waren irgendwann bereit, das Wagnis Familie einzugehen, mit einer gemeinsamen Wohnung und allem, was dazugehörte. Mit Jonathan bekamen wir bald unseren zweiten Sohn. Nach der Heirat adoptierte Matthias Benjamin und Simone. Milan hatte längst in eine Adoption eingewilligt. Seither hatte ich nichts mehr von ihm gehört, Unterhalt zahlte er auch nicht. Ich wusste nicht einmal, ob er noch am Leben war, hatte mich auch nie darum gekümmert, da Benjamin und Simone nie nach ihrem Vater fragten und nichts hören wollten, wenn ich über ihn sprechen wollte. Die Kinder fanden es jedenfalls nur großartig, dass unsere Familie noch etwas größer wurde, ohne Eifersucht hießen sie den Zuwachs willkommen. Die Geschwister verbrachten viel Zeit miteinander, und bis heute sind sie immer füreinander da, und wir treffen uns alle regelmäßig.

Matthias machte Urlaub am liebsten in fernen Ländern, ganz besonders hatte es ihm Costa Rica angetan. Flugreisen waren mir jedoch ein Gräuel, da ich unter großer Flugangst litt. Um diese Angst zu überwinden und endlich gemeinsam reisen zu können, meldete ich mich am Flughafen Stuttgart bei der Lufthansa zu einem Kurs an. Die 25 Teilnehmer waren allesamt Leidensgenossen und wahre Angsthasen, wenn es um das Fliegen ging. Wir bildeten einen Stuhlkreis, und nachdem sich alle vorgestellt hatten, mussten wir von unseren Erlebnissen beim Fliegen berichten. Bis zu diesem Zeitpunkt hatte ich noch keine dramatischen Vorfälle zu erzählen. Hätte ich damals geahnt, was mir viele Jahre später mal passieren sollte, hätte ich wohl nie wieder ein Flugzeug bestiegen und die gesamte Gruppe auch nicht. Eine Frau um die vierzig im beigen Kostüm erzählte von einer geplanten Reise nach Amerika. Als die Stewardess mit ihren Sicherheitsanweisungen gerade begonnen hatte, bekam unsere Teilnehmerin plötzlich panische Angst und begann unaufhörlich zu schreien. Die Reise war für sie damit zu Ende, das Verlassen des Fliegers geriet zum Spießrutenlauf. Mit versteinerten Gesichtern blickten ihr die anderen Passagiere nach. Von der einstündigen Verspätung, die durch das Ausladen des Koffers entstehen würde, ahnte zu diesem Zeitpunkt noch keiner der Reisenden etwas. Zum Glück war mir Ähnliches noch nicht widerfahren, ich wäre vor Scham im Boden versunken. Im Unterschied zu den anderen Teilnehmern, die beruflich viele Flugreisen absolvieren mussten und deshalb an diesem Kurs teilnahmen, war meine Motivation lediglich ein Gefallen für Matthias, um gemeinsame Reisen unternehmen zu können.

Als wichtiger Tipp gegen die Flugangst empfahlen die Experten die Muskelrelaxion nach Jacobson, eine Technik, mit der man schnell entspannen kann. Nun folgte der praktische Teil. Wir machten uns auf den Weg zum Abfertigungsgebäude. Die Dame mit dem verhinderten USA-Flug überlegte es sich auf dem Weg kurzfristig anders, ebenso ein junger Mann, den vor der Sicherheitskontrolle plötzlich der Mut verließ. Alles Bemühen half nichts, beide hatten panische Angst. Wir anderen fühlten uns gleichfalls unwohl, als wir die Passagierbrücke hinunter zum Flieger liefen. »Hamburg« stand am Eingang des Airbus. Eine Stewardess begrüßte uns freundlich. 14 B stand auf meinem Ticket. Es wird schon seinen Grund haben, weshalb es eine Reihe 13 in Flugzeugen nicht gibt, dachte ich mir, als ich mich auf meinen Platz setzte. Frau Weber, eine Leidensgenossin aus dem Seminar, saß bereits am Fenster und strahlte mich an. Bei mir fühle sie sich sicherer, da ich ja medizinisches Wissen hätte. Frau Häfele, die links von mir Platz genommen hatte, freute sich gleichermaßen. Beide glaubten offensichtlich, ich könne ihnen helfen, falls irgendwas passierte, sie durchdrehten, ohnmächtig würden oder wir abstürzten.

Die Sicherheitserklärung der Stewardess überstanden alle ohne Zwischenfälle. Beim Weg zur Startbahn war mir ein bisschen mulmig, der Blick aus dem Fenster war immerhin ein kleiner Trost. Der Fahrer des Schleppers, der den Airbus auf seine Position schob, machte mit seinem Daumen ein Okay-Zeichen und winkte freundlich den Piloten zum Abschied. Kaum war der Flieger auf die Startbahn eingebogen, gab der Kapitän schon Vollgas. Rechts krallte sich eine Hand in meinen Arm, die Reisende auf der linken Seite verdrehte die Augen, als würde sie gleich bewusstlos werden. Den gesamten Flug von Stuttgart nach Berlin war ich damit beschäftigt, die beiden zu beruhigen. Eigentlich nicht das Schlechteste, denn ich vergaß darüber glatt meine eigene Angst.

Nach der Landung in Berlin-Tegel gönnten wir uns im Flughafen-Bistro gemeinsam einen Kaffee, dann ging es mit derselben Maschine auch schon wieder zurück in die Heimat. Es war sicher der teuerste Kaffee meines Lebens, aber er hat sich gelohnt. Durch dieses Seminar war ich zuversichtlich, fortan fliegen zu können, ohne in Panik zu geraten. Stolz überraschte ich Matthias zu seinem Geburtstag mit einem Flug nach London, um dort im Wembley-Stadion die drei Tenöre auftreten zu sehen. Ich wusste, dass es ein Traum von ihm war, und freute mich, dass mir diese Überraschung gelang.

Es war nicht immer einfach, als zuerst drei-, dann vierfache Mutter Medizin zu studieren, besonders wenn Prüfungen anstanden. Beim zweiten Staatsexamen war Jonathan noch kein Jahr alt und wachte nachts mindestens dreimal auf. Vor dem ersten Prüfungstag bat ich Matthias, nachts nach Jonathan zu sehen, doch leider hörte er ihn kein einziges Mal. Und ausgerechnet in dieser Nacht wachte das Kind nicht nur dreimal auf, sondern hielt mich fast die ganze Nacht auf Trab. Mit jedem

Mal Aufstehen wurde ich unruhiger. Als ich das letzte Mal auf die Uhr schaute, hatte ich noch kein einziges Mal ein Auge zugemacht und gerade noch eineinhalb Stunden möglichen Schlaf vor mir.

Völlig übernächtigt schleppte ich mich zur Prüfung. An drei Tagen hintereinander wurden insgesamt 26 Fächer über Multiple-Choice-Verfahren abgeprüft. Es gab ein Heft mit den Fragen, das man behalten durfte, und einige Blätter, auf denen man die Antworten ankreuzte. Ich übertrug meine Antworten in das Heft. Eigentlich war ich gut vorbereitet gewesen, aber als ich nach vier Stunden den Saal verließ, konnte ich mich an keine einzige Frage mehr erinnern und war völlig fertig. Ich war mir sicher, dass ich es verbockt hatte, und wollte mir keinen weiteren Prüfungstag antun. Ich war so verzweifelt, dass Matthias Mitleid mit mir bekam, vielleicht plagte ihn auch ein bisschen das schlechte Gewissen, weil er sich in der Nacht nicht wie vereinbart um Jonathan gekümmert und ich deshalb viel zu wenig Schlaf bekommen hatte. Jedenfalls nahm er das Heft und machte sich auf den Weg zu meinem jüngsten Bruder Frieder, der ebenfalls Medizin studierte, seine eigene Prüfung allerdings verschoben hatte. Die beiden versuchten die Prüfungsaufgaben zu lösen und kamen am späten Abend zu dem Ergebnis, dass ich mindestens siebzig Prozent richtig hätte und damit problemlos bestehen würde.

In der folgenden Nacht schlief ich etwas besser, bekam immerhin vier Stunden Schlaf. Trotz dieser Widrigkeiten bestand ich das Staatsexamen und war überglücklich. Matthias hatte als Anästhesist inzwischen ein eigenes ambulantes OP-Zentrum aufgebaut. Ich überlegte, dass ich, wenn ich mich wie er für das Fach Anästhesie entschied, später halbtags in dem OP-Zentrum tätig sein könnte, sodass mir genügend Zeit für die Kinder bliebe. Schweren Herzens gab ich meine Pläne auf, Psychiaterin zu werden, aber für die Familie war es eindeutig die bessere Lösung. Ich bewarb mich an der Uniklinik und bekam eine

Stelle als Assistenzärztin für Anästhesie. Als Anästhesist ist man vorwiegend im OP tätig, bedient und kontrolliert Maschinen, hat mit den Patienten nur wenig Kontakt, höchstens bis zur Narkose. Immerhin muss man einen Patienten ganzheitlich im Blick haben, benötigt Kenntnisse in Kinderheilkunde, Chirurgie, Gynäkologie oder Innerer Medizin. In der Klinik wurden Narkoseärzte als »Allgemeinmediziner des Krankenhauses« bezeichnet. Das tröstete mich, ebenso die Tatsache, dass man als Anästhesist vor einem chirurgischen Eingriff Aufklärungsgespräche mit den Patienten führt. Mein Ziel, nahe mit Menschen zu arbeiten, war immerhin zum Teil erfüllt.

Während der fünfjährigen Facharztausbildung arbeitete ich ein Jahr lang in der Gynäkologie. Das machte mir besonders viel Spaß, da der Kontakt zu gebärenden Frauen länger und intensiver war als auf anderen Stationen. Hier ging es um Kaiserschnitte, Notsektionen, das Legen eines PDA-Katheders, eine Periduralanästhesie mit schmerzstillenden Mitteln. Die Hebammen freuten sich, wenn ich Dienst hatte. Da ich ja selbst vier Kinder zur Welt gebracht hatte, konnte ich die Schmerzen nachempfinden und gut auf die werdenden Mütter eingehen. Manchmal hatte ich einen wehmütigen Moment und dachte, dass es vielleicht interessanter wäre, als Gynäkologin zu arbeiten. Aber dieser Augenblick währte nicht lange, denn ich wusste: Einen Halbtagsjob bekäme ich nur bei meinem Mann, als Gynäkologin müsste ich in der Universitätsklinik oder einem anderen Krankenhaus arbeiten, und das hieße Nacht- und 24-Stunden-Dienste sowie jede Menge Überstunden, die damals weder bezahlt noch in Freizeit ausgeglichen wurden.

Mein Leben schien endlich in geordnete Bahnen geraten zu sein, doch dann endete mein Traum von der perfekten Familie ziemlich abrupt. Ich hatte das Gefühl, ich muss mich von Matthias trennen. Nicht weil sich in unserer Ehe Langeweile breitgemacht hätte oder wir uns nicht mehr liebten, sondern weil es immer mehr zu Problemen zwischen meinem Mann und den Kindern kam. Eigentlich kamen sie nicht plötzlich, ich hatte es nur nicht wahrhaben wollen. War er am Anfang freundlich und anteilnehmend gewesen, wurde er zunehmend strenger und ungeduldiger mit den Kleinen. Dabei ging es für meine Begriffe um Kleinigkeiten. In welcher Familie musste man anklopfen, wenn man das Wohnzimmer betreten wollte? Wieso sollte man bei den Mahlzeiten nicht reden dürfen? Für mich waren Mahlzeiten ein kommunikatives und fröhliches Miteinander mit spannenden, lustigen oder wichtigen Unterhaltungen, bei denen es auch mal lauter zuging. Bestimmt hatte Matthias in seinem Beruf viel Anstrengendes zu leisten – aber die Kinder sollten nicht darunter leiden.

Oft genug ging ich einem Krach aus dem Weg, vielleicht aus Harmoniesucht, vielleicht aus Unfähigkeit, mich der Situation zu stellen, weil sie so unbegreiflich war und ich sie nicht akzeptieren wollte. Weil ich Matthias liebte und nicht wahrhaben wollte, wie unser Zusammenleben zunehmend schwieriger wurde. Matthias' Verhalten den Kindern gegenüber wurde schließlich derart unberechenbar, dass ich es als Grenzüberschreitung empfand und Sorge hatte, die Kinder würden so früh wie möglich das Haus verlassen.

Das konnte ich nicht hinnehmen. Meinen Kindern sollte es gut gehen, ich wollte ihnen eine schöne Jugend bieten. Und einen guten Start ins Leben. Sie sollten es nicht so schwer haben wie ich. Und sie sollten spüren, dass ich immer für sie da wäre. Wenngleich ich mir nicht vorstellen konnte, jemals wieder einen anderen Mann so zu lieben wie Matthias und wir beide meist keine Schwierigkeiten miteinander hatten, konnte ich nicht länger verantworten, dass wir zusammenblieben. Jonathan litt am meisten, denn er war gerade erst elf Jahre alt, als unsere bunt zusammengewürfelte Familie zerbrach. Als kleinen Trost besorgten wir ihm eine Katze aus dem Tierheim.

Wieder einmal befand ich mich in einer Ausnahmesituation.

Doch jetzt konnte ich mich mehr auf mich verlassen, ich hatte Selbstständigkeit durch meinen Beruf erlangt, war inzwischen physisch robust und hatte zu seelischer Widerstandsfähigkeit gefunden. Durch mein Studium hatte ich erfahren, dass Menschen aus evolutionsbiologischen Gründen ihr Gehirn nur ungern Veränderungen aussetzen. Routinen sind schön bequem, eingespielte Muster und Wege können ohne größeres Nachdenken bewältigt werden, neue Wege erscheinen dagegen als schwierig und angsttreibend. Deshalb hatte ich mich in meiner Jugend so überfordert gefühlt – und mich auch selbst überfordert, weil ich nicht klar denken und auf mich selbst vertrauen konnte.

Inzwischen waren einige Jahre ins Land gegangen, ich hatte mir meinen Traum erfüllt und war Ärztin geworden, hatte Freunde, auf die ich mich verlassen konnte. Ich hatte mehrere Wendepunkte überstanden und gerade in den schwierigen Zeiten viel gelernt, auch über mich, etwa, dass ich jemand bin, der Ausdauer hat und nicht so schnell aufgibt. Mir war bewusst, dass Lebenskrisen unvermeidbarer Bestandteil des Lebens sind, mal größer, mal kleiner, und entscheidende Phasen zur Neuorientierung sein können und dass manche anfänglich schwierige Situation auch etwas Gutes mit sich bringt.

Nun stand ich wieder vor einer solchen Neuorientierung. Ich wollte weiter als Ärztin arbeiten, aber nicht in der Klinik, es musste eine Tätigkeit sein, die mir ermöglichte, mich um meine Kinder zu kümmern.

»Wir möchten Sie aber nicht verlieren«, sagte mein Chef, als ich ihm eröffnete, dass ich nicht länger in der Klinik arbeiten könne.

»Ich sehe aber keine andere Möglichkeit«, erwiderte ich. »Ich muss das Gefühl haben, dass ich jederzeit nach Hause kann, falls etwas mit den Kindern ist. Bei den Diensten hier sehe ich dafür keine Chance. Ich kann nicht mehr 24 Stunden von zu Hause wegbleiben, nicht in dieser Situation.«

»Da muss ich Ihnen recht geben.« Mein Chef legte die Stirn in Falten. »Aber es wäre dennoch schade, wenn wir Sie verlieren würden. Haben Sie sich denn schon etwas überlegt, was Sie machen könnten?«

Ich nickte. »Ich dachte, ich könnte im kassenärztlichen Notdienst arbeiten. Das ginge von zu Hause aus.« Der kassenärztliche Notdienst – er wird auch ärztlicher Not- oder ärztlicher Bereitschaftsdienst genannt – vertritt die niedergelassenen Ärzte außerhalb der regulären Öffnungszeiten von Arztpraxen. Er ist für Fälle zuständig, die so dringlich sind, dass der Patient nicht bis zur nächsten Sprechstunde eines Arztes warten will oder kann, zum Beispiel bei einer schmerzhaften Blasenentzündung oder einer Erkältung mit Fieber, aber nicht dringlich genug, als dass der Notarzt gerufen werden müsste. Das bedeutete, dass ich, wenn ein Anruf eingänge, während ich zum Beispiel gerade mit den Kindern beim Abendessen saß, nicht in der nächsten Sekunde los müsste, sondern in Ruhe das Essen beenden könnte.

»Wissen Sie was?«, sagte mein Chef nach einer Weile des Nachdenkens. »Nehmen Sie Ihre Kündigung zurück. Es ist zwar unüblich, aber wir könnten Ihnen anbieten, Ihren Arbeitsvertrag auf dreißig Prozent zu reduzieren. In der dann übrigen Zeit könnten Sie als Notarzt fahren, da können Sie zwischendurch zu Hause vorbeischauen.«

Das vergaß ich ihm nie! Es kam nicht oft vor, dass jemand so viel Verständnis an den Tag legte. Glücklich sagte ich zu. Ich hatte die Sicherheit eines festen Arbeitsplatzes und konnte weiterhin meine geliebten Notarztdienste machen. Das war eine ganz neue Perspektive.

9
»Frau Federle, Sie hätte ich gern als Tochter gehabt«

Notdienst bedeutete, dass ich von neunzehn Uhr bis zum nächsten Morgen um sieben Bereitschaftsdienst hatte. Häufig hatte ich bis zu 28 Dienste im Monat, also praktisch jede Nacht einschließlich Wochenende und Feiertage. Und die Hausärzte im Kreis Tübingen waren froh, dass sie nachts durchschlafen konnten, weil ich sie meistens vertrat. Nur an Heiligabend machte ich immer frei, denn der ist in unserer Familie heilig und etwas ganz Besonderes.

Die Patienten riefen bei der Leitstelle an und schilderten ihre Symptome. Daraufhin wurde ich kontaktiert und machte mich mit meinem eigenen Auto auf den Weg. Später bekam ich für Notfälle eigens ein Blaulicht auf den Wagen montiert – ein bisschen erinnerte diese etwas unkonventionelle Erscheinung an *Columbo*. Mit der Zeit gehörte das Zivilfahrzeug zum Stadtbild und entwickelte sich geradezu zu einem Markenzeichen: Lisa immer im Einsatz. Im Einsatz war ich viel in solchen Bereitschaftsnächten. Wenn ich Glück hatte, wurde ich nur zwei Mal in der Nacht gerufen. Es konnten aber auch gut zehn Notrufe werden, in solchen Nächten war an Schlaf nicht zu denken. Das typische Berufsproblem von Medizinern traf mich ganz besonders: eine große Belastung und dabei wenig Schlaf. Glücklicherweise gehöre ich zu jenen Menschen, die mit vier bis fünf Stunden Schlaf auskommen. Andere Frauen regierten mit dieser Dosis bekanntlich ein ganzes Land.

Die Arbeit war für mich sehr erfüllend und machte mir große Freude. Natürlich gab es immer wieder erschütternde Situationen, vor allem wenn es um die Schicksale von Kindern ging. In den meisten Fällen konnte ich jedoch den Patienten helfen. Für mich ging mein so lange gehegter Traum in Erfüllung: Ich konnte für andere Menschen da sein, so wie ich es mir immer vorgestellt hatte. Anders als in der Klinik, wo viel Technik zum Einsatz kommt, hatte ich nun ganz unmittelbaren Kontakt zu den Patienten. Ein ganz besonderes Ereignis war für mich jedes Mal eine Geburt, wobei es manche Babys ziemlich eilig hatten.

Im kassenärztlichen Notdienst wurde ich mit allen erdenklichen Krankheiten konfrontiert, mit Läusen, Malaria, Keuchhusten, Magen-Darm-Infektionen, Stürzen, Panikattacken und manchmal einfach nur purer Einsamkeit. In den vielen Nächten im Einsatz erlebte ich das Leben in all seinen Facetten: vom faszinierenden Wunder einer Geburt bis zu den schrecklichen Abgründen seelischer Natur.

Eines Abends schickte mich die Leitstelle zu einem Mann. Mir wurde nur gesagt, es gehe ihm nicht gut, es sei wohl was Psychisches. Bei meiner Ankunft fand ich einen Patienten um die vierzig von breiter Statur und mit schütterem Haar vor. Mit seiner schmutzigen Jogginghose und dem zerlöcherten Hemd machte er einen ungepflegten Eindruck. Er blickte mich mit durchdringender Miene an und bat mich mit unbeholfenen Gesten in die kleine Wohnküche seiner dunklen Wohnung.

»Wollen wir uns nicht setzen«, meinte ich vorsichtig, denn offensichtlich bedrückte ihn einiges. Ich hielt es für angebracht, nicht gleich mit der Tür ins Haus zu fallen und auf den Grund seines Anrufs zu sprechen zu kommen, sondern fragte ihn erst einmal, was er auf dem Herzen habe. Der Mann bedeutete mir, Platz zu nehmen, und setzte sich auf die Couch mit abgeschabtem gräulich kariertem Stoff, die nahe beim Küchentresen stand. Auf dem Tresen konnte ich einen Brotkasten erkennen, ansonsten wirkte alles leer, als würde hier niemand wirklich wohnen. Ein paar ausgebleichte Vorhänge an den Fenstern verliehen dem Raum ein noch tristeres Aussehen. Ich ließ mich ungefähr zwei Meter von ihm entfernt auf einem Stuhl nieder. Instinktiv bevorzugte ich einen sicheren Abstand.

»Was ist denn passiert«, fragte ich nach einer Weile, nachdem er sich ein wenig an mich gewöhnt hatte. »Warum haben Sie den Notdienst angerufen? Wie kann ich Ihnen helfen?«

Der Mann, der vorher so schweigsam gewesen war, fing nun an zu erzählen wie ein Wasserfall. Er sei völlig fertig, seine Frau habe ihn verlassen, er käme mit dieser Situation nicht zurecht. Eigentlich konnte ich ganz gut auf Menschen eingehen, die psychische Probleme hatten, und konnte nachvollziehen, wenn jemand Angst oder eine Depression hatte. Als Wirtin einer Kneipe machte man zwangsläufig einige Erfahrung mit allerlei Problemen. Ich hörte dem plötzlich so redseligen Josef aufmerksam zu und versuchte ihm klarzumachen, dass Beziehungsprobleme oder eine unglückliche Liebe keineswegs das Ende der Welt bedeuteten, sondern es erfahrungsgemäß immer ein Licht am Ende des Tunnels gebe.

Aber das wollte er nicht hören. Er steigerte sich immer mehr in sein Elend hinein, gab mir zu verstehen, dass es so schlimm in ihm aussehen würde, dass er nicht mehr leben wolle. Ich musste schlucken, denn auch solche Worte hatte ich in der Kneipe mehrmals gehört. Immer hatte ich sie ernst genommen, hatte aber auch gesehen, dass diese Phasen vorübergingen, und festgestellt, dass Selbstmorddrohungen nicht selten ausgesprochen wurden, um den Partner zu manipulieren. Es war für denjenigen, der emotional erpresste, eine Überlebensstrategie, und für denjenigen, der dem ausgesetzt war, konnte es zu einer immensen Belastung und Bedrohung werden. Aber was traf auf diesen Mann zu? War er ernsthaft gefährdet? War es ein Hilfeschrei, oder wollte er mir etwas vollkommen anderes signalisieren? Ich konnte ihn schwer einschätzen.

Zwanzig, dreißig Minuten redete ich mit ihm, erklärte wiederholt, dass es immer eine Lösung gebe, dass man diese aber manchmal nicht sehen könne, weil die Last, die man trage, gerade sehr groß sei. Dass man dadurch überfordert sei, es zu Gefühlen wie Wut und Sinnlosigkeit komme, es einem an Energie fehle, den Alltag zu bewältigen. Noch während ich sprach, schaute er mich plötzlich merkwürdig an, wie durch mich hindurch. Dieser stiere Blick erinnerte mich schlagartig an Milan. Er hatte mich immer so angesehen, bevor er ausrastete. Ein mulmiges Gefühl stieg in mir hoch.

Da sagte der Mann: »Und Sie verlassen mich auch, Sie werden es genauso tun, wie es meine Frau getan hat, wie alle Frauen es tun.« Im nächsten Moment öffnete er den Brotkasten, holte ein Messer daraus hervor und machte Anstalten, auf mich zuzugehen. Zum Glück saß ich zwei Meter von ihm entfernt.

»Legen Sie sofort das Messer weg, hören Sie damit auf!«, brüllte ich ihn an, während ich gleichzeitig mein Handy aus der Hosentasche zog und den Notruf der Polizei wählte. Im Arztkoffer, der offen vor mir stand, hätte ich notfalls ein Pfefferspray parat, das mir ein besorgter Polizist vor Monaten geschenkt hatte, weil er wusste, dass ich oft nachts allein unterwegs war. Seine Kollegen erschienen schon wenige Minuten nach meinem Notruf an der offenen Tür. Die Situation hatte sich mittlerweile etwas beruhigt. Hatte Josef mein lautes und entschlossenes Schreien abgeschreckt? Jedenfalls war er nicht weiter auf mich zugekommen und hatte das Messer weggelegt. Die Polizisten brachten ihn in die psychiatrische Klinik. Ich setzte mich in meinen *Columbo*-Wagen und sortierte erst einmal meine Gedanken.

Es war eine außerordentlich bedrohliche Lage gewesen. Der Mann hatte in diesem Moment nicht mich gesehen, sondern die Frau, die ihn verlassen hatte. Das machte ihn so gefährlich. Er hielt mich in seiner Wahnvorstellung für seine verhasste und gleichzeitig geliebte Partnerin und nicht für eine Ärztin, die ihm helfen wollte. Wäre der Mann auf mich losgegangen, wenn ich ihn nicht angeschrien hätte? Ich konnte es nicht sagen, nur mutmaßen. Er hatte die Kontrolle über sich verloren, denkbar war alles. Ich atmete tief durch, froh darüber, dass alles gut ausgegangen war und ich vermutlich dank meiner Vorerfahrungen mit Gewalt instinktiv richtig gehandelt hatte. Der Schock saß mir aber ganz schön in den Gliedern.

Ethisch war es sicher unumstritten, jemandem, der unter einer unheilbaren Krankheit leidet und im Vollbesitz seiner geistigen Kräfte ist, zu verwehren, freiwillig aus dem Leben zu scheiden. Denn die meisten Suizidgedanken und -versuche sind die Folge einer großen emotionalen Krise, von Depressionen, die sich vielfach therapieren lassen. Mit diesen Gedanken startete ich den Motor und fuhr zum nächsten Patienten, denn die Leitstelle hatte bereits die nächsten Aufträge für mich.

Viele der Patientinnen und Patienten waren dankbar, weil ich sie persönlich aufsuchte, statt sie nur am Telefon zu beraten, wie sie es sonst oft erlebten. »Dr. Federle hat wohl in fast jedem Tübinger Haushalt schon einmal einer Person den Puls gefühlt«, schrieb eine Zeitung einmal in einer launigen Reportage, als ich mich als Landtagskandidatin zur Wahl stellte.

Im Luise-Wetzel-Stift, einem evangelischen Seniorenheim in Tübingen, sagte mir vor Kurzem eine ältere Dame: »Frau Federle, Sie waren vor Jahren schon mal bei mir gewesen, da wohnte ich noch zu Hause, nicht in diesem Heim.«

»Oh, daran kann ich mich gar nicht mehr erinnern«, erklärte ich. »Das tut mir wirklich leid.« Das tat es tatsächlich.

»Das ist doch verständlich, wie sollen Sie sich an alle Patienten entsinnen können, Sie waren ja auch nur einmal bei mir. Aber als ich den Notdienst anrief, kamen Sie. In dieser Nacht ging es mir sehr schlecht, ich hatte starke Schmerzen. Eine Blasenentzündung.«

»Sie brauchten ein Antibiotikum, nehme ich mal an.« Ich versuchte, mein Vorgehen zu rekapitulieren, als kleine Gegenleistung für meine Gedächtnislücke, aber die Dame hatte natürlich recht: Bei den unendlich vielen Hausbesuchen in all den Jahren konnte ich mich nicht an jeden einzelnen Fall erinnern.

»Genau. Sie hatten in dieser Nacht aber keines in Ihrer Arzttasche, obwohl Sie, wie Sie sagten, sonst immer eines dabeihätten, weil Kranke nicht unbedingt nachts in die Apotheke können.«

»Ja, das kann passieren. Nach mehreren Einsätzen kann einem manchmal ein Teil der Medikamente ausgehen.« Dabei wusste ich von einem Kollegen, der seine Notdienste grundsätzlich nur mit Stethoskop und Rezeptblock verrichtete.

»So war es. Aber Sie haben alles getan, damit ich das Medikament bekam. Sie haben in der Apotheke angerufen, die Notdienst hatte, danach ein Taxi zu mir nach Hause bestellt, dem Taxifahrer das Rezept in die Hand gedrückt und ihm gesagt, dass er das Antibiotikum holen soll. Bis zu seiner Rückkehr erklärten Sie mir, wie ich das Mittel einnehmen muss. Wie Sie reagiert haben, hat mich damals so berührt. So eine Frau wie Sie, Frau Federle, hätte ich mir als Tochter gewünscht.«

Ihre Erzählung ging mir nahe. Da hatte ich etwas bewirkt, ohne dass ich davon gewusst hatte oder mich daran erinnern konnte, denn es war für mich selbstverständlich gewesen. Es verstand sich für mich von selbst, dass ich ganzheitlich half, und ab und zu ging ich auch mal unkonventionell vor.

Zu meinem Notdienst am Wochenende gehörten zwei Stunden Sprechstunde in einer Praxis, die ich für diesen Zweck anmietete. Da ich keine Arzthelferin hatte, sprangen meine Kinder regelmäßig ein und spielten »Sprechstundenhilfe«. Sie schrieben die Daten auf, die ich ihnen diktierte, brachten den Patienten ein Glas Wasser. Manchmal begleiteten sie mich zu den Notdiensteinsätzen und schleppten den schweren Arztkoffer bis zur Haustür. Für einen Mann im Rollstuhl, der nicht mehr selbstständig einkaufen konnte, besorgten wir etwas zu essen, und die Kinder brachten es ihm. Für andere Patienten holten die Kinder die Medikamente aus der Apotheke. So lernten sie früh, dass mehr zum Beruf einer Ärztin gehörte als das bloße Behandeln und Verschreiben von Tabletten. Ich nahm meine Kinder auch regelmäßig zu Hausbesuchen ins Altersheim mit. Jonathan weigerte sich anfangs, um hinterher zu sagen: »Mama, wenn du mal alt bist, möchte ich dich nicht in ein Altersheim geben. Ich werde alles dafür tun, dass du da nicht rein musst.«

Was passierte, wenn Menschen nicht aufeinander achteten, erlebte ich, als ich in ein Haus mit zehn Wohneinheiten gerufen wurde. In einer der Wohnungen hatte ein älteres Ehepaar gelebt. Die Frau war schwer krank gewesen, geistig und körperlich behindert, bettlägerig, ihr Mann hatte sie gepflegt und war täglich zum Einkaufen gegangen. Eines Tages registrierten die direkten Nachbarn, dass es aus der Wohnung merkwürdig roch. Schließlich stank es so sehr, dass sie beim ärztlichen Notdienst anriefen. Als auf mein Klopfen und Klingeln niemand öffnete, riefen wir die Feuerwehr. Ich ahnte, was uns erwarten würde. Während wir auf die Feuerwehr warteten, unterhielt ich mich mit den Nachbarn.

»Die Frau haben Sie also nie gesehen. Und wann haben Sie das letzte Mal den Mann gesehen?«, fragte ich.

»Den haben wir schon seit ein paar Tagen nicht gesehen«, erwiderte der Nachbar, ein korpulenter Mann in offenem Hemd, und fuhr sich mit der Hand durchs Haar.

»Hat Sie das denn nicht gewundert? Sie erzählten mir doch gerade, dass er jeden Tag das Haus zum Einkaufen verließ.«

»Doch, irgendwie schon.«

»Haben Sie außer dem Geruch noch etwas anderes wahrgenommen?«

»Meine Frau und ich haben ein merkwürdiges Klopfen an der Decke gehört, konnten aber nicht einordnen, was es zu bedeuten hatte. Sonst aber nichts.«

»Wann war das gewesen?«

»Auch vor einigen Tagen.«

Die Feuerwehr öffnete die Wohnungstür gewaltsam, der Gestank war so bestialisch, dass wir uns ein Taschentuch vors Gesicht pressen mussten. Ich konnte dann nur den Tod der beiden Ehepartner feststellen. Es war davon auszugehen, dass der Mann zuerst gestorben war, vermutlich an einem Herzinfarkt. Die Frau hatte sich durch das Klopfen bemerkbar machen wollen, ihre einzige Möglichkeit, Hilfe zu holen. Weil niemand darauf reagiert hatte, war sie verdurstet und verhungert.

Die Hilflosigkeit der Frau sowie die große Gleichgültigkeit der Nachbarn entsetzten mich, und ich hatte lange damit zu kämpfen. Ich wusste aus eigener Erfahrung, dass Menschen, die einsam sind, nicht gern darüber sprechen. In unserer Gesellschaft wird zwar viel über Armut und Krankheit im Alter diskutiert, Einsamkeit im Alter scheint dagegen häufig ein Tabuthema zu sein. In Deutschland wird mehr Wert auf das körperliche als auf das seelische Wohl gelegt. Dabei wird Einsamkeit gerade im Alter zu einem Problem. Viele ältere Menschen können nicht mehr am Sozialleben teilnehmen, weil sie mehr und mehr unter körperlichen Einschränkungen leiden. Bei dem älteren Ehepaar musste die Abschottung schon vor Längerem stattgefunden haben, denn keiner der Nachbarn hatte engeren Kontakt gehabt, keiner je die Wohnung des Paares betreten oder Hilfe angeboten. Der Verstorbene war nie unfreundlich gewesen, nichts, was einen dazu hätte bewegen können, einen großen Bogen um ihn und seine Frau zu machen. Ich fand dieses Desinteresse an den Betagten furchtbar. Man muss was für diese Menschen tun, überlegte ich, sie haben so viel für uns getan, für unsere Generation, und jetzt sitzen sie einsam in ihren Wohnungen, und niemand kümmert sich um sie. (Zu Anfang der COVID-19-Pandemie zeigte sich auf furchtbarste Weise, dass die Generation, die Deutschland aufgebaut hat, unglaublich vernachlässigt wurde. Die Politik begriff nur langsam, was für Katastrophen sich in Senioreneinrichtungen zutrugen.) Das konnte und durfte nicht sein.

Eine andere Geschichte machte mich ähnlich betroffen. Einer alten kranken und gebrechlichen Frau wurde die Pflegestufe verwehrt, und aus eigenen Mitteln konnte sie sich den Hausnotruf, der ihr vermutlich das Leben gerettet hätte, nicht leisten. Nach einem von vielen Stürzen lag die Dame völlig hilflos am Boden und verblutete. Vor dem Sturz hatte sie in einem Akt der Verzweiflung einen Brief geschrieben, der auf dem Tisch lag. »Wenn Sie diesen Brief lesen, dann bin ich tot. Ich bin gestorben, weil mich das System nicht gehört hat.« Es waren harte Worte, der Situation durchaus angemessen. Dieses Schicksal fand ich derart bewegend, dass ich die Journalistin Renate anrief, die ich aus alten Zeiten im Boulanger kannte, und die Medien berichteten über den tragischen Fall weit über Tübingen hinaus. Zum Glück gab es später eine Reform der Pflegestufen ... Für mich als Ärztin war es nicht das erste Mal, dass ich mit einem Schicksal konfrontiert wurde, das mit einer fürsorglichen Politik hätte verhindert werden können.

Ich dachte: Wir leben in einem Land, das sehr reich ist, medizinisch bestens ausgestattet, und trotzdem überlebt nur der, der stark ist und kämpfen kann oder Geld hat. Viele haben keine Stimme mehr, allen voran Menschen, die alt, schwach sind, die es nicht schaffen, um eine Pflegestufe zu kämpfen. Wenn sich nicht Kinder oder Enkelkinder darum kümmern, bekommen sie einfach nichts. Ein Mitarbeiter des Medizinischen Dienstes einer Krankenkasse, der ältere Menschen begutachtet, von denen bekannt ist, dass sie seit Jahren dement sind, sollte wissen, dass auch Demente sich kurzfristig zusammenreißen können. Sie ziehen für den Besuch des Gutachters ihr bestes Jackett, ihr schönstes Kleid an und sagen: »Natürlich kann ich mir einen Kaffee machen, natürlich kann ich selbst duschen«, und für einen Moment kann dieser ältere Mensch den Eindruck erwecken, dass er tatsächlich dazu in der Lage ist. Nur wenn man sich Mühe gibt und Zeit nimmt, merkt man, dass dem ganz und gar nicht so ist. Man kann zum Beispiel um eine

Tasse Kaffee bitten, dann würde sich schnell klären, ob der Betreffende es noch zuwege bringt, Kaffee zu kochen. Wenn ein vermeintlich guter, nur oberflächlicher Eindruck die Zusage einer notwendigen Pflegestufe verhindert, stimmt etwas nicht mit dem System. Nur selten wird Widerspruch gegen einen solchen Entscheid eingelegt, denn nur wenige ältere Menschen trauen sich ein solches bürokratisches Verfahren zu, und wenn, dann haben sie meistens keinen Erfolg.

Kaum wehren können sich auch Menschen, die missbraucht oder vergewaltigt wurden. Einmal wurde ich abends zu einer Patientin mit Rückenschmerzen gerufen. Als ich bei der Familie eintraf, führte mich die Mutter ins Wohnzimmer, wo ihre siebzehnjährige Tochter auf dem Sofa lag und sich vor Schmerzen krümmte.

»Wegen der Rückenschmerzen waren wir vor zwei Tagen schon beim Hausarzt, der hat ihr eine Spritze gegeben, aber es wird und wird nicht besser«, erklärte die Mutter, während mein Blick den stark gewölbten Bauch der jungen Frau streifte.

Rückenschmerzen? Mir kam das seltsam vor. Die Tochter war nicht gerade schlank, aber vom Essen allein kam die Wölbung sicher nicht. Ich tastete ihren Bauch ab und fragte dann: »Kann es sein, dass Sie schwanger sind?«

»Nein«, erwiderte sie vehement. »Das ist absolut unmöglich.«

Auch die Mutter widersprach energisch und baute sich entrüstet vor mir auf. »Meine Tochter hat keinen Freund, wie soll sie denn ein Kind bekommen? Und wo bitte schön sehen Sie Anzeichen einer Schwangerschaft?«

Ich ließ mich nicht beirren, sondern bestand auf einer Untersuchung. Schnell wurde klar, dass nicht einmal mehr Zeit blieb, um auf eine Hebamme zu warten, und ich bat das Mädchen, sich auf den Boden zu legen. Ich rief einen Krankenwagen, und als er eintraf, hielt ich bereits ein kleines, klebriges Baby in den Armen.

»Ich bin sehr glücklich, dass Ihr Kind ohne Komplikationen auf die Welt gekommen ist, alles ist so weit in Ordnung.« Mit diesen Worten legte ich das Baby in den Arm der jungen Mutter.

Die beiden Frauen schauten mich fassungslos an. »Das kann doch gar nicht sein«, sagte die nunmehrige Großmutter ungläubig.

Später erfuhr ich, dass ihr Freund der Erzeuger des Kindes war. Das war wohl der Grund, warum sowohl sie als auch ihre Tochter die Schwangerschaft komplett verdrängt hatten. Anders war es nicht zu erklären.

10
Notärztin – zwischen Hoffnung und Wirklichkeit

Wie ich bereits berichtet habe, machte ich den Notarztschein bereits früh in meiner Ausbildung, wenige Jahre später folgte die Ausbildung zur leitenden Notärztin. Für mich ist es eine spannende Herausforderung, Situationen schnell einzuschätzen und vorausschauend zu handeln. Genau diese Qualitäten verlangt der Einsatz im Notfall, bei dem das Überleben oft von Minuten abhängt. Zu Beginn meiner Karriere waren die Rettungsassistenten meist männlich, mittlerweile hat sich auch dort die Gleichberechtigung durchgesetzt. Parallel zum Notarztwagen fährt immer auch ein Rettungswagen zum Einsatzort. Der duale Einsatz ermöglicht es, dass der Notarzt bereits zu einem zweiten Patienten fahren kann, während der erste, gut versorgt durch die Notfallsanitäter, ins Krankenhaus gebracht wird.

Nach Abschluss der zusätzlichen Qualifikation arbeitete ich zuerst von der Tübinger Universitätsklinik aus. Später wechselte der Notarztstandort zum Roten Kreuz. Im Notarztdienst hatte ich es oft mit schwierigen Situationen zu tun, mit Herzinfarkten, Asthmaanfällen, schweren Autounfällen, bei denen es um Leben oder Tod ging. Die besondere Aufgabe leitender Notärzte besteht darin, bei sogenannten Großschadenseinsätzen die Abläufe vor Ort zu koordinieren und den Überblick in einer vielfach chaotisch anmutenden Situation zu behalten. Zu den Fällen, die die Leitstelle mit dem Zusatz »leitender Notarzt geht raus« versieht, gehören große Brände, Zugunglücke oder Massenkarambolagen. Auch beim Verdacht auf mehrere Verletzte bei Unfällen, bei Schießereien oder Amokläufen werden die spezialisierten Mediziner gerufen.

Die Mehrzahl der Einsätze spielt sich freilich weniger dramatisch ab. Ich erinnere mich noch, wie über den Melder die Durchsage »Bewusstlose Person am Bahnhof« kam. Diese Nachricht bedeutet fast immer, dass man es mit einem Betrunkenen oder einem Drogensüchtigen zu tun hat. Auf der Beliebtheitsskala stehen solche Einsätze nicht weit oben, denn nicht selten sträuben sich die oft unzurechnungsfähigen Patienten mit Händen und Füßen gegen die Hilfe. Wie üblich verbrachte ich die Zeit der Bereitschaft in einem kleinen Zimmer in der Tübinger Wache des Roten Kreuzes. Die dortige Unterkunft ist eher schlicht als gemütlich und versprüht den Charme einer Jugendherberge. Aber wer braucht schon das bequeme Bett eines Fünfsternehotels, wenn er ständig aus dem Schlaf gerissen wird? So wie ich für diesen Einsatz am Bahnhof.

Noch schlaftrunken stürzte ich in meine Notarztklamotten und klatschte mir eine Handvoll kaltes Wasser ins Gesicht. Fürs Kämmen reicht die Zeit nicht, wenn jede Minute lebenswichtig sein kann. Vor der Tür wartete bereits Valentin, mit dem ich in dieser Nacht Bereitschaft hatte. Der stets braun gebrannte, durchtrainierte Rettungsassistent war nachts nicht immer bester Laune, aber einer der erfahrensten Kollegen und geradezu perfekt für diesen Job. Er hatte Nerven wie Drahtseile und ließ sich nicht so schnell aus der Ruhe bringen. Genau diese Eigenschaften braucht es, um im Chaos den Überblick zu behalten und konzentriert zu arbeiten.

»Los geht's«, sagte Valentin. Seine kastanienbraunen Locken standen ihm wirr um den Kopf, doch die dunklen Augen in seinem schmalen Gesicht blickten wach und ganz bei der Sache.

»Klar«, erwiderte ich noch etwas müde, vor zwei Minuten war ich noch im Traumland gewesen. Aber jetzt musste ich schlagartig einsatzfähig und fit sein. Es war unser dritter Einsatz in dieser Nacht, und als Notärztin trug ich die Verantwortung. Einen Fehler durfte ich mir nicht erlauben, ganz gleich, was uns erwartete.

Das Blaulicht ließ die Schneeflocken irreal leuchten, eigentlich sah die Nacht aus wie eine riesige Diskothek, die in reflektierendes blaues Licht gehüllt war, und meine Augen schauten wie gebannt auf dieses tanzende Spektakel. Das Martinshorn ließ auch meine Ohren aufwachen.

»Was uns diesmal wohl erwartet?«, fragte Valentin.

»Ich habe manchmal Angst, dass ich die Leute kenne, wenn wir zum Einsatz fahren.« Valentin kannte einen Teil meines Vorlebens. Ich hatte mit ihm nach Einsätzen schon viele gute Gespräche geführt.

Am Bahnhof angekommen, liefen wir mit schnellen Schritten durch die Unterführung und suchten auf dem verschneiten Bahnsteig von Gleis 3 nach einer bewusstlosen Person. Zusammengesackt vor einer Reklametafel für »Brot für die Welt« kauerte eine junge Frau auf dem eiskalten Boden. Es dauerte nicht lange, bis ich erkannte, wen ich vor mir hatte.

»Das ist die Jenny«, sagte ich zu Valentin. Sie war eine Klassenkameradin meiner Freundin Maria an der Gesamtschule gewesen und schon viele Jahre drogensüchtig. Ich hatte sie als Notärztin bereits einige Male in die Klinik gebracht.

Mit gewohnter Routine und großer Ruhe begann Valentin die Vitalwerte zu überprüfen. Jenny war bereits blau angelaufen und atmete kaum noch. In der wartenden Regionalbahn nach Reutlingen auf Gleis 1 wurden die wenigen Reisenden, die so spät noch im Zug saßen, auf den Zwischenfall aufmerksam.

»Jetzt kannst du warten, bis die ersten Handys gezückt werden«, klagte Valentin, während ich mir die Patientin genauer anschaute. Die engen Pupillen deuteten auf eine Überdosis Heroin. Hinter einer Überdosis steckt nicht automatisch ein Selbstmordversuch, häufig war das Heroin einfach reiner, als der Junkie dachte. Wenn reiner Stoff im Umlauf war, hatten wir einen Fall von Überdosis nach dem anderen.

Rasch legte ich Jenny trotz schwieriger Venenverhältnisse,

wie sie bei Drogensüchtigen üblich sind, einen Zugang und spritzte Naloxon, ein Gegenmittel bei einer Überdosis Opioiden, während Valentin sie mit einem Ambubeutel beatmete. Sekunden später erwachte Jenny und fauchte mich im nächsten Moment aggressiv an. Wir hatten sie mit dem Naloxon aus ihrem Rausch geholt und in die knallharte Entzugsphase katapultiert, für Süchtige eine Katastrophe. Noch hatte sie nicht realisiert, dass sie ein paar Minuten später gestorben wäre, bei einer Überdosis ganz klassisch an einem Atemstillstand.

»Was ist bloß im Leben dieser Frau falsch gelaufen?«, fragte mich Valentin, als wir Jenny in den Rettungswagen transportierten und in die Klinik begleiteten. In dieser Phase des Entzugs wäre es nicht verantwortbar gewesen, sie allein zu lassen, denn das Antidot konnte kürzer wirken als das Heroin, das sie sich gespritzt hatte. Es war das letzte Mal, dass ich Jenny gesehen habe, die nächste Überdosis hat sie nicht überlebt.

»Manchmal fängt es ohne einen größeren Grund an«, erwiderte ich. »Man will dazugehören, nicht außen vor stehen. Man ist jung und will sich nichts verbieten lassen, weder die Freunde noch Sex, noch Drogen, oder man gerät einfach an die falschen Leute. Langzeitfolgen werden im Gehirn nicht abgespeichert, es will einfach nur den nächsten Kick, den nächsten Schuss – bis die Nadel des Todes zusticht.«

»Hast du eigentlich gewusst, als du bei Milan die Nadel im Strumpf gefunden hast, was die Droge bei einem Menschen bewirkt, wie sie ihn verändert?«

»Ich hatte null Ahnung, ich hatte immer gedacht, dass Milan nur trinkt oder vielleicht mal einen Joint raucht. Aber das war ein Irrtum.«

Oft erlebte ich als Notärztin, dass drogensüchtige oder alkoholkranke Elternteile ihre Kinder vernachlässigten und das Jugendamt eingeschaltet werden musste. Ein anderes Mal hatte ich Dienst mit Willy, einem ebenfalls sehr erfahrenen Rettungsassistenten. Er hatte die Statur eines Bären, war gutmütig und bei allen beliebt, ein Typ, dem jeder ohne Zögern sofort vertraute. Mit ihm machte der Dienst immer Spaß. Wir wurden zu einem Einsatz in ein Problemviertel gerufen, auch solche gibt es in der sonst so adrett wirkenden Universitätsstadt. Die grauen Fassaden der Hochhäuser sahen wenig einladend aus, der Aufzug war übersät mit Graffiti. Im achten Stock gingen wir über einen langen, fast fensterlosen Flur. Wir klingelten vergeblich, bevor wir entdeckten, dass die Wohnungstür nur angelehnt war.

Im Wohnungsflur stolperten wir fast über eine große schwarze Spielzeugmaschinenpistole, die achtlos hingeworfen zwischen etlichen leeren Weinflaschen lag. In der Küche war niemand, also schauten wir im nächsten Zimmer nach. Es war das Wohnzimmer. Dort herrschte ein einziges Chaos. Überall lagen leere Weinflaschen, dazwischen umgekippte Coladosen, überquellende Aschenbecher und ein halbes Dutzend Pizzaschachteln. Es roch nach kaltem abgestandenem Rauch, Schweiß und extrem muffig.

Auf einem abgenutzten grauen Sofa saß eine Frau mit langen ungewaschenen Haaren, die ihr wirr vom Kopf abstanden. Ich schätzte sie auf Anfang vierzig. Zwischen ihren Lippen hing eine selbst gedrehte Zigarette, die ihr immer wieder durch die gelb gefärbten Fingerkuppen entglitt. Sie lallte vor sich hin, als sie uns bemerkte, deutete auf eine leere Whiskeyflasche, dann auf eine Packung Tabletten und sackte zwischendurch immer wieder zusammen. War es ein Suizidversuch?

»Ist nur ein pflanzliches Mittel, harmlos, damit kann man sich nicht umbringen«, sagte ich zu Willy, nachdem ich mir die Tabletten genauer angeschaut hatte.

»Dann ist sie wohl in erster Linie betrunken, oder?«, fragte er.

»Anzunehmen.« Unsere Vermutung stellte sich als richtig heraus, nachdem wir die Frau untersucht hatten. »Sonst kann ich keine Auffälligkeiten entdecken«, fügte ich hinzu. »Ihr

Kreislauf ist völlig stabil, Reflexe sind vorhanden, und auf Schmerzreize reagiert sie auch sofort.«

Plötzlich hörten wir aus einem Nebenzimmer ein Geräusch. Es war, wie sich herausstellte, das Kinderzimmer. Dort herrschte eine ähnliche Unordnung, nur fehlten die Aschenbecher und Weinflaschen. In einem Bett lag ein etwa elfjähriger Junge in einem abgewetzten Schlafanzug, der äußerst unangenehm roch.

»Bist du krank?«, fragte ich den Jungen, nachdem ich mich zu ihm aufs Bett gesetzt hatte.

Er schüttelte den Kopf.

»Musst du nicht zur Schule, es sind doch gerade keine Ferien?«

Lange schaute er an mir vorbei, zuckte mit den Achseln, dann sagte er: »Ich gehe häufig nicht in die Schule.«

»Und warum nicht?«

»Die Mama wacht oft vor zwölf nicht auf, und dann verschlafe ich immer. Ich bin eben abends lange wach, da passiert das dann schon mal.«

»Was machst du abends denn so lange?«

Er deutete mit dem Finger auf einen Computer, der auf einem Schreibtisch stand. »Ich spiele.«

»Und was spielst du da?«

»Die tollsten Spiele, ich kann so viele Außerirdische erschießen wie kein anderer aus meiner Klasse. Sonst lachen die mich immer aus, aber nicht beim Erschießen von Außerirdischen.«

»Und warum lachen die dich aus?«, wollte ich nun wissen.

»Weil ich oft schmutzige Sachen anhabe.«

Dann kam er auf die Computerspiele zurück und war kaum zu stoppen bei seinen Beschreibungen. Einigermaßen entsetzt hörte ich zu, ließ mir aber nichts anmerken. Offenbar war das die einzige Sache, für die der Junge Anerkennung erfuhr.

Irgendwann sagte ich: »Deine Mutter muss ins Krankenhaus. Da wird sie erst einmal bleiben müssen. Für dich finden wir eine andere Bleibe.«

»Das ist nicht notwendig«, erklärte er. »Die Mama kommt öfter nachts nicht nach Hause, ich bin immer wieder mal allein. Die Nummer vom Pizzaservice kenne ich inzwischen auswendig.«

»Fürchtest du dich denn gar nicht allein in der Wohnung?«

»Mmh, nein, nicht mehr. Anfangs habe ich noch Angst gehabt, aber das ist vorbei. Bricht jemand ein, nehme ich ein Messer und ersteche ihn, wenn er es wagt, mir was anzutun.«

Wieder war ich über die Worte des Jungen bestürzt. Ich ging zurück ins Wohnzimmer, wo Willy bei der Mutter geblieben war und deren Krankenhausunterbringung veranlasst hatte. Inzwischen war sie etwas wacher, brachte aber noch immer keinen verständlichen Ton heraus. In diesem Moment betrat der Hausmeister die Wohnung. Er erzählte, dass er es gewesen sei, der die Leitstelle alarmiert und die Wohnungstür aufgeschlossen habe, zudem murmelte er etwas von Zwangsräumung.

Nachdem ich von dem Jungen erfahren hatte, auf welche Schule er ging, rief ich dort an. Der Rektor bestätigte das häufige Fehlen des Jungen, meinte aber, dass jedes Mal eine schriftliche Entschuldigung der Mutter vorgelegen habe. Als ich daraufhin dem Jugendamt die Situation schilderte, versicherte mir eine Mitarbeiterin, dass sie sofort kommen werde, schließlich könne man den Jungen nicht allein lassen.

Nachdem ich diese Gespräche getätigt hatte, erklärte ich dem Jungen nochmals und ausführlicher die Situation. Er hatte sich inzwischen angezogen, trug ein viel zu großes zerknittertes T-Shirt, während die Hosen durchaus ein paar Zentimeter länger hätten sein können. Stoisch hörte er sich alles an, wie ein alter Mann, der resigniert hatte und nur noch hinnahm, was auf ihn zukam.

Als die Jugendamtsmitarbeiterin erschien und ich ihr den Jungen übergab, dachte ich und das nicht zum ersten Mal: Diese Kinder haben einen schlechten Start, haben unfassbares

Pech. Wie sollen sie sich aus derart schwierigen Umgebungen befreien? Sie haben kaum eine Chance, sich selbst aus der Misere zu holen. Ich dachte noch oft an den Jungen.

Je häufiger ich solche vernachlässigten Kinder sah, umso bewusster wurde mir, dass der Staat mehr Verantwortung für Kinder aus derart schwierigen Familienverhältnissen übernehmen müsste, sonst wären sie für immer für die Gesellschaft verloren. Natürlich war es ein Dilemma: Kinder befinden sich in einem Abhängigkeitsverhältnis zu ihren Eltern, sie können sich – anders als Jugendliche – kaum Hilfe holen. Nachbarn schauen lieber weg, weil sie nichts damit zu tun haben wollen oder sich unsicher sind, ob es sich wirklich um eine Gefährdung des Kindeswohls handelt. Nicht immer müssen betroffene Kinder in die Obhut des Jugendamts, aber viele Elternteile brauchen Unterstützung. 60 550 Fälle von Kindeswohlgefährdung gab es 2020 in Deutschland, wie das Statistische Bundesamt feststellte. Das entspricht einem Anstieg um neun Prozent gegenüber dem Vorjahr. Mit Corona hat das nur wenig zu tun, denn die Zahlen steigen seit Jahren. Die traurige Statistik verdeutlicht drastisch, wie dringend Hilfe in diesem Bereich notwendig ist. Das gilt für die Politik ebenso wie für Privatpersonen: Wegschauen ist mitmachen.

Den Jungen aus dem Hochhaus mit seiner alkoholkranken Mutter verbuchte ich auf meinem »Seelenkonto« – ein Begriff, den ich für mich gefunden hatte für all die Einsätze, die einen unauslöschbaren Eindruck hinterlassen hatten, die mir immer wieder in den Sinn kamen und mich beschäftigten.

Ein anderes Mal wurde ich zu einem Spielplatz gerufen. Ein kleines Mädchen war von der Schaukel gefallen und hatte sich einen doppelten Bruch am Unterarm zugezogen. Die Kleine weinte bitterlich, die Mutter war völlig aufgelöst. Je öfter die Mutter mich fragte, ob die Schmerzen für ihre Tochter nicht furchtbar wären, desto heftiger weinte das Mädchen. Valentin und ich warfen uns einen Blick zu, den wir nicht zum ersten

Mal austauschten und der besagte: Manchmal ist es schwieriger, auf den Angehörigen einzugehen als auf den Patienten.

»Ja, Ihre Tochter hat schreckliche Schmerzen«, bestätigte ich der Mutter. »Und dagegen müssen wir sofort etwas tun.«

Nun fing die Mutter, die vielleicht Anfang dreißig war und teure Ökokleidung trug, an aufzuzählen, was das Kind alles nicht vertrage. Zudem verlangte sie, auf Schmerzmittel zu verzichten, da sie, die Mutter, Medikamente und Impfungen aus Überzeugung ablehne. Ich ließ sie reden, ging nicht weiter darauf ein, weil ich das Kind nicht mit seinen Qualen allein lassen konnte. Ich spritzte ein schnell wirkendes Schmerzmittel, damit die Kleine weniger leiden musste. Erst auf der Fahrt ins Krankenhaus, als das Medikament wirkte, wurden Mutter und Tochter ruhiger.

Auf dieser Fahrt fiel mir wieder der Junge aus dem Hochhaus ein – was für gegenteilige Welten. Ich dachte: Für die Alten und Einsamen muss man etwas tun, für die vernachlässigten Kinder, aber auch für die Kinder, die nicht mehr geimpft wurden, weil Eltern immer weniger der Medizin vertrauten. Man müsste ihre Sorgen ernst nehmen, aber ihnen auch ihre Verantwortung klarmachen und was es bedeutet, wenn ein Kind zum Beispiel nicht gegen Kinderlähmung geimpft ist.

Ich dachte an meine eigenen Kinder. Sie hatten immer höchste Priorität in meinem Leben, und ich habe immer versucht, ihnen die Liebe zu geben, nach der ich mich als Kind und Jugendliche gesehnt hatte. Doch nie war ich eine Glucke gewesen, nie eine Helikoptermami, dazu hätte mir ohnehin die Zeit gefehlt. Oft hatte ich nicht die Zeit, die ich mir gewünscht hätte, aber wenn es darauf ankam, war ich zu hundert Prozent für die Kinder da. Ich habe darauf geachtet, dass sie sich gut benahmen, dass sie eine gute Ausbildung bekamen, habe sie aber nie formen wollen. Ich habe ihnen Werte vermittelt, nicht allein durch reden, sondern durch vorleben, durch aktives

Handeln. Als Folge all dessen hat sich ein enges Band zwischen uns entwickelt. Wichtig war mir, ihnen Freiheiten zu geben. Damit meine ich nicht, dass sie sich auf Partys unendlich betrinken durften oder heimkommen konnten, wann sie wollten. In dieser Hinsicht war ich streng. Aber als zum Beispiel Simone den Wunsch äußerte, das Reiten zu lernen, habe ich meine Angst, sie könnte vom Pferd fallen und sich etwas brechen, unterdrückt und sie reiten lassen. Den Motorradführerschein erlaubte ich ihnen aber nicht – und sie machten zum Glück alle keinen –, dazu hatte ich in meinem Beruf zu viele schreckliche Unfälle erlebt.

Ich erinnere mich noch gut an einen Einsatz, bei dem es um einen Motorradfahrer ging. »Hier Dieter von der Leitstelle, wir haben einen schweren Verkehrsunfall und brauchen dich als zusätzliche Notärztin«, kam als Meldung. Ich stürzte ins Bad, stieg schnell in meine Hose und weckte Benjamin, der als Zivi eine Ausbildung zum Rettungssanitäter gemacht hatte, bevor er mit seinem Studium begann. Im Dunkel der Nacht rasten wir zum Unfallort. Ein etwa zwanzigjähriger Motorradfahrer lag zwischen Leitplanke und Pfosten eingeklemmt auf dem Asphalt. Sein rechtes Bein war komplett nach außen gedreht, Blut floss aus seinem Mund. Leise stöhnte er vor sich hin.

»Hören Sie mich?«, sprach ich ihn an. »Ich bin Notärztin und helfe Ihnen sofort.«

Der Verletzte reagierte kaum, sein Gesicht wirkte im Licht der Autoscheinwerfer bleich. Ich tastete nach seinem Puls, der kaum zu spüren war.

»Ich brauche sofort einen Zugang und eine Infusion«, sagte ich zu meinem Sohn.

Ohne große Worte arbeiteten wir Hand in Hand, versorgten in Windeseile den Patienten.

»Machen Sie sich keine Sorgen, wir sind da und versorgen Sie«, redete ich weiter leise und beruhigend auf den jungen Mann ein, obwohl er mich vermutlich kaum hörte oder meine

Worte verstand. Ich ahnte da schon, dass er es wohl nicht schaffen würde. Trotz sofortiger Reanimationsmaßnahmen konnten wir ihn nicht retten, die inneren Verletzungen waren offensichtlich zu schwer, und ich konnte nur hoffen, dass er keine Angst haben musste, bevor er starb.

Inzwischen waren Polizei, Feuerwehr und Rettungswagen eingetroffen. Aufgewühlt standen wir im Blaulicht. Einem jungen Menschen hilflos beim Sterben zusehen zu müssen schaffte uns alle. Ein so unnützer Tod, völlig unberechenbar, bei dem ein junger Mensch einfach so stirbt, das ist einer der schlimmsten Fälle für eine Notärztin.

Schweigend füllte ich noch die Formulare aus, die nach einem solchen Einsatz gefordert waren, dann verabschiedete ich mich von den Polizisten, den Feuerwehrleuten und dem Rettungsteam, um mich mit Benjamin auf den Heimweg zu machen.

»Der Tote ist jünger als ich, und jetzt ist er tot«, durchbrach Benjamin das Schweigen. »So sinnlos gestorben.«

Ich suchte nach passenden Worten, was mir schwerfiel. »Manchmal ist unser Beruf sehr traurig, und wir können nichts mehr tun. Ich denke gerade an die Eltern, denen die Polizisten jetzt mitteilen müssen, dass ihr Sohn nicht mehr am Leben ist. Manchmal ist das meine Aufgabe, dann, wenn die Angehörigen dabei sind und miterleben, wie ihr Kind oder der Partner stirbt. Ich bin froh, dass ich es diesmal nicht tun muss.«

Als ich im Bett lag, starrte ich noch lange an die dunkle Decke und beobachtete die Sterne, die zum Fenster reinblinkten. Irgendwann fielen mir die Augen zu, und ich sank in einen unruhigen Schlaf.

Meine Kinder lernten damit zu leben, dass sie eine nicht ganz übliche Mutter hatten. Als Benjamin vierzehn oder fünfzehn war, wollte er mal, dass ich ihn nach einem Ausflug von der Schule abholte.

»Du kannst doch auch allein nach Hause kommen«, sagte

ich zu ihm, denn dafür war er wirklich alt genug, und ich hatte genug zu tun.

»Bitte, hol mich ab«, bekniete mich mein Sohn und druckste herum. Ich dachte, da stimmt doch irgendwas nicht. Nach einigem Hin und Her rückte er mit dem Grund heraus: »Meine Klassenkameraden finden dich ganz toll. Du bist so eine junge Mutter und so locker drauf.« Ich gab seinem Wunsch nach.

Ähnlich flehten mich Benjamin und Simone an, mit in die Disco zu kommen. Sie waren noch keine achtzehn, wollten aber unbedingt tanzen gehen. Sie fanden es großartig, wenn ich mich darauf einließ, sie zu begleiten, so konnten sie auch noch ein paar Freunde mitnehmen – ich war ja dabei. Eine so junge Mutter zu haben war für sie von großem Vorteil. Bei Jonathan, dem Letztgeborenen, war das dann anders. Da war ich nicht mehr die »junge« Mutter, und er winkte immer ab, wenn es darum ging, ihn wo abzuholen: »Mama, nee, lieber nicht.«

Was nicht bedeutet, dass ich mich als optimale Mutter bezeichnen würde. Eine junge Mutter zu sein hat auch Nachteile: Nicht immer konnte ich alles sehen und abschätzen, wie ich damit umzugehen hatte. Das betraf insbesondere Beni.

»Mir ist langweilig in der Schule«, sagte er eines Tages als Grundschüler beim Mittagstisch.

»Warum ist dir langweilig?«, hakte ich nach.

»Die Lehrerin nimmt mich nicht mehr dran.«

»Und wieso nimmt sie dich nicht dran?«

»Weiß nicht.«

Weil Benjamin es mir nicht sagen konnte, suchte ich die Lehrerin auf und fragte sie, wieso sie Benjamin nicht mehr aufrief.

»Weil er sowieso alles weiß«, erklärte die Lehrerin, die auf mich einen sehr konservativen Eindruck machte, Haare streng zurückgebunden, knielanger Rock, fast konnte man meinen, sie würde zu den Pietisten gehören. »Da nehme ich lieber die dran, von denen ich wissen möchte, ob sie etwas behalten oder gelernt haben.« Streng und abschätzig schaute sie mich an. Insgeheim dachte sie bestimmt, was will denn die junge Mutter von mir?

Irgendwann wurde Benjamin zu Tests geschickt, bei denen sich herausstellte, dass er hochbegabt war. Ich wusste damals nicht, was das in der Konsequenz bedeutete, dass ich ihn mehr hätte fördern sollen. Das kam mir nicht in den Sinn, weil ich niemanden kannte, der ebenfalls ein hochbegabtes Kind hatte, und die Lehrerin war überhaupt keine Hilfe. Wenn ich heute zurückblicke, weiß ich nicht, ob Benis Leben dadurch besser geworden wäre. Er hat inzwischen BWL studiert, macht seinen Beruf gern – und er ist ein Herzensmensch geworden. Alle meine Kinder sind Herzensmenschen geworden.

Als es um das Abi ging, sagte ich meinen Kindern: »Das Abi wäre mir wichtig, das solltet ihr irgendwie hinkriegen. Natürlich könnt ihr es auch so machen wie ich, notfalls landet ihr dann bei Tengelmann an der Kasse. Aber wenn ihr das Abi habt, habt ihr alle Freiheiten und könnt danach machen, was ihr wollt.«

David wollte zwischendurch mal Tennislehrer werden. »Ihr müsst nicht studieren, aber mit dem Abi in der Tasche habt ihr mehr Wahlmöglichkeiten. Wegen mir könnt ihr jeden Beruf ergreifen, macht, was ihr wollt, aber macht das Abitur, es ist für euch eine Sicherheit. Man kann später auch alles nachholen, aber der Weg ist viel steiniger und krummer. Ich habe am Abendgymnasium gesehen, wie viele mit mir angefangen haben, wie wenige es geschafft haben, nicht einmal die Hälfte.«

Alle haben meine Worte ernst genommen und ihr Abi gemacht.

11
Das Seelenkonto füllt sich

Der tägliche Einsatz als Notärztin konfrontierte mich mit vielen tragischen Schicksalen und ihren gravierenden Auswirkungen auf die Seelen der Menschen. In gewisser Weise erfüllte sich damit mein einstiger Wunsch, Psychiaterin zu werden. Als Notärztin hatte ich meine wahre Berufung gefunden, die Arbeit wurde mir trotz mancher Strapazen zu einer echten Herzensangelegenheit.

Viele Notarzteinsätze füllten gleichsam mein Seelenkonto. Zudem brachten sie mich zum Nachdenken über Schicksale, auch darüber, wie man Menschen helfen könnte. Nicht nur nach meiner Erfahrung führt Helfen zu einer großen Befriedigung, auch wissenschaftlich konnte der Nachweis erbracht werden, dass ein Engagement für andere Glückshormone ausschüttet. Helfen lohnt sich also immer gleich doppelt, lautet die optimistische Erkenntnis.

Nie werde ich einen Einsatz vergessen, der dazu führte, dass ich später vor Gericht aussagen und einem Mörder ins Gesicht blicken musste.

»Schnittverletzung am Unterarm«, meldete eines Tages die Leitstelle. »Ihr müsst in eine Nachbargemeinde.« Wir wussten, dass sich damit unser Feierabend verzögern würde.

»Puh, wegen einer Schnittverletzung müssen wir noch mal los?« Diesmal fuhr ich wieder mit Willy. Er gähnte, wir waren seit Stunden auf den Beinen, hatten noch nicht einmal die Zeit für einen Kaffee gehabt. »Deswegen braucht man doch keinen Notarzt hinzuschicken.«

»Eine Schnittverletzung ist selten so dramatisch, wie sie aussieht«, pflichtete ich ihm bei. »Doch wenn eine Arterie verletzt ist, wird es gefährlich. Daher müssen wir uns das anschauen.«

»Seltsam«, sagte Willy, als wir bei der angegebenen Adresse eintrafen, wo uns eine ungewöhnliche Stille empfing. »Wir sind die Ersten vor Ort.«

»Ja, komisch.« Normalerweise war der Rettungswagen in dem Ort immer vor dem Notarztwagen da.

Wir betraten das Haus, dessen Eingangstür sich einfach aufdrücken ließ, suchten auf den Klingelschildern nach dem richtigen Namen, und als wir ihn gefunden hatten, liefen wir mit schnellen Schritten die Treppe hinauf. Die Wohnungstür war auch hier nur angelehnt. Vorsichtig stießen wir sie auf, riefen »Hallo«. Beim Betreten der Wohnung registrierten wir im Flur überall Blut. Entsetzliche Spuren von Blut auf dem Boden.

»O Gott, was ist hier passiert?«, flüsterte Willy. »Sollten wir nicht auf die Kollegen vom Rettungswagen warten und auf die Polizei? Nur zur Sicherheit?«

»Wir dürfen möglichst nichts anfassen.«

»Schon klar, aber wir sollen uns auch nicht in Gefahr bringen. Auch eine Vorschrift.«

»Stimmt, aber lass uns wenigstens kurz in den einzelnen Zimmern nachsehen.«

Die Küche betraten wir zuerst, etwas Geschirr stand herum, ansonsten war alles sauber, keine Spuren von Blut. Wir gingen zum nächsten Raum, am Ende des Flurs. Die Tür stand halb offen, und als wir sie ganz öffneten, bot sich uns ein Bild des Grauens: Abdrücke blutverschmierter Hände, die die Wände heruntergerutscht waren, auf dem Boden etliche Blutlachen. Der Raum, offensichtlich das Wohnzimmer, war hell und groß, mit Kiefermöbeln eingerichtet, gutbürgerlich. Doch woher stammte all das Blut? In dem Raum war kein Mensch, weder verletzt noch unverletzt. Wir folgten der Blutspur durch den Gang zurück Richtung Wohnungstür, warfen einen Blick in den nächsten Raum, das Schlafzimmer. Dort sahen wir, was wir niemals hatten sehen wollen, weil unvorstellbar grausam. Beim Fernsehschauen mache ich schon in Erwartung einer solchen Szene die Augen zu oder ziehe mir die Bettdecke über den Kopf. Aber das hier war brutale Realität, und ich konnte nicht einfach die Augen schließen. Auf dem Boden lag in einer riesigen Blutlache eine Frau, vielleicht dreißig Jahre alt, mit durchschnittener Kehle. Es war kein Puls mehr tastbar, und das EKG zeigte nur noch eine Nulllinie an. Was die Leitstelle als »Schnittverletzung« gemeldet hatte, umfasste, wie sich nach der Obduktion herausstellte, 140 Messerstiche.

Wie wir dann erfuhren, hatte kurz davor noch ein kleines Kind, eineinhalb Jahre alt, vor der Leiche gesessen, ebenfalls völlig blutverschmiert. Nun hielt in einer Wohnung ein Stockwerk tiefer eine ältere Frau mit weit aufgerissenen Augen und schreckgeweitetem Mund das Kind auf dem Arm. Vorsichtig untersuchte ich es, fand jedoch keine sichtbaren Verletzungen. Wie sich herausstellte, war die ältere Frau die Großmutter des Kindes. Sie hatte den Mord entdeckt und die Leitstelle informiert.

In der Zwischenzeit waren die Rettungswagenkollegen eingetroffen sowie mehrere Beamte, die wir nachgefordert hatten. Damit war mein Einsatz aber nicht beendet. Ich redete noch mit der Großmutter und verabreichte dem Großvater, der bleich wie eine weiß gekalkte Wand war und unter Schock stand, ein Beruhigungsmittel. Danach kümmerte ich mich um eine psychologische Betreuung für das Kind, was an einem Freitagnachmittag kein leichtes Unterfangen ist. Zum Glück konnte ich dabei auf meine gute Freundin Regina zählen, die Präsidentin des Kinderschutzbundes war. Was hatte dieses Kind miterlebt, was für Bilder hatte sein kleines Gehirn zu verarbeiten? Ich mochte es mir nicht ausmalen. Vielleicht konnte es die Tat psychisch verdrängen, der Körper jedoch würde den Albtraum nie vergessen.

Der Täter wurde kurze Zeit später festgenommen und vor Gericht gestellt. Da Willy und ich als Erste vor Ort gewesen waren, waren wir als Zeugen beim Prozess geladen. Das bedeutete, die schrecklichen Bilder dieser Nacht heraufzubeschwören.

140-mal auf eine Frau einstechen, dazu im Beisein eines kleinen Kindes – wer war zu so einer Tat fähig? Als ich den Täter sah, war das ein weiterer Schockmoment. Auf der Anklagebank saß ein junger Mann, eher ein Bübchen. Wie hatte so jemand derart martialisch zustechen können? Stress und mangelnde Empathie sind Erklärungsansätze, aber auch hier spielen, wie bei einem Abrutschen in die Drogenszene, viele Faktoren eine Rolle.

Dennoch ein Aufruf: Was wäre es schön, wenn alle einen achtsameren Umgang miteinander leben würden, wobei Achtsamkeit für mich eine bestimmte Form von Aufmerksamkeit ist. Wenn alle nur genauer hinschauen würden, solidarischer denken – dann wäre die Welt für einige um einiges einfacher.

Mein Verständnis für Menschen vergrößerte sich auch durch meine Arbeit als Bereitschaftsärztin für die Polizei. Wir hatten ein sehr kollegiales Verhältnis – und trotz trauriger Schicksale viel Spaß zusammen. Ich glaube, gerade diese Verbundenheit unter Kollegen, der Austausch, der manchmal unkonventionelle Umgang tragen sehr dazu bei, mit den oft schwierigen und teilweise schlimmen Situationen umgehen zu können. Einmal wurde ich nach einem Einbruch in einen Supermarkt zu einer Blutentnahme aufs Revier gerufen. Aus dem Supermarkt hatte einer der Polizisten eine Pappfigur mitgenommen, die George Clooney darstellte. Er und seine Kollegen legten sie in die Zelle und deckten sie zu. Nachdem die Blutentnahme erledigt war, sagten sie zu mir: »Lisa, schau doch bitte, bei diesem Mann musst du auch eine Haftfähigkeit prüfen«, und führten mich zum Papp-Clooney. Ohne Humor, und sei er noch so kindisch, wäre dieser Job kaum zu ertragen. An meinem Geburtstag stellten mir die Clown-Cops den Clooney heimlich in den Garten – wo er bald die Gesellschaft einer kleinen, goldenen Hölderlin-Figur bekam. Während einer Skulptureninstallation hatten gefühlt Hunderte Hölderlins auf der Stiftskirchentreppe in Tübingen gesessen. Danach waren sie verkauft worden, und eine davon hatte ich mir selbst geschenkt. Später saß sie in meiner Praxis und trug brav ihren Mundschutz.

Meist ging es bei der Arbeit für die Polizei um Blutentnahmen wie bei dem Einbrecher oder etwa bei alkoholisierten Autofahrern, oder darum, festzustellen, ob jemand Drogen genommen hatte. Ich wurde aber auch bei Vergewaltigungen gerufen, zu Prostituierten, die von Freiern oder Zuhältern zusammengeschlagen worden waren, wenn nachts keine andere Ärztin verfügbar war.

Bei einem der Fälle ging es jedoch um einen völlig anderen Sachverhalt: Ich sollte darüber entscheiden, ob ein Mann in eine Nervenklinik eingewiesen werden sollte oder nicht. Auf der Fahrt zur Dienststelle musste ich daran denken, wie mich die Polizei einmal nachts um drei gerufen hatte. Viel Schnee hatte Tübingen in eine Wattelandschaft verwandelt. Eine wundersame, stille Welt, die ich während der Fahrt auf mich einwirken ließ. Nirgendwo Spuren, weder auf der Straße noch auf den Fußwegen, überall eine geschlossene Schneedecke, als wäre außer mir kein Mensch unterwegs. Nichtsdestotrotz hatten die Beamten jemanden festgenommen, der in einen Burger-Imbiss eingebrochen war und wohl gedacht hatte, bei einer solchen Stille sei die Gelegenheit günstig. Der Mann war mit der Kasse unterm Arm nach Hause gelaufen, und die Polizei brauchte nur seiner einsamen Spur im Schnee zu folgen, um ihn festnehmen zu können. Meine Aufgabe bestand darin, dem Dieb eine Haftfähigkeitsbescheinigung auszustellen, bis man ihn dem Haftrichter vorführte.

Bei der Dienststelle angekommen, führte man mich in einen Raum, in dem ein Mann zwischen sechzig und siebzig saß, das Gesicht ausdruckslos. Er war solide gekleidet, schlammfarbenes Hemd, dunkelgraue Hose, trug eine Brille mit braunem

Gestell, die grau melierten Haare streng nach hinten gekämmt. Alles in allem wirkte er eher unscheinbar. Er schien es kaum zu registrieren, als ich mich ihm gegenüber setzte.

»Lisa Federle«, stellte ich mich vor. »Ich bin Ärztin und in dieser Funktion für die Polizei tätig.« Langsam hob er die Augen. »Können Sie mir sagen, warum Sie hier sind?«

Er wirkte, als würde er nach Worten suchen, sie stammelnd zusammensuchen, dann aber begann er zu erzählen. »Meine Frau und ich leben seit Jahren in einer Dreizimmerwohnung, ich habe in einer Kirche gearbeitet, bin aber seit fünf Jahren in Rente. Wir wollten noch etwas von der Welt sehen, doch dann wurde meine Frau sehr krank, seit vier Jahren ist sie nach einem Schlaganfall ein Pflegefall.« Der Mann stockte, blickte zur Wand des Raums, als würde er dort die Fortsetzung seiner Geschichte finden können.

»Das ist für Sie keine leichte Aufgabe.« Ich versuchte, ihn wieder ins Erzählen zu bekommen.

Er nickte. »Vor zwei Tagen bin ich ins Hotel gezogen, um etwas Ruhe zu bekommen. Aber ich gehe jetzt gleich zu ihr zurück. Ja, das werde ich tun.«

»Wie sieht denn Ihr Tag mit Ihrer Frau aus?«

»Ich koche, putze, räume auf, wasche meine Frau und unterhalte mich mit ihr. Sie kann seit dem Schlaganfall zwar nicht mehr laufen, ist gelähmt, aber im Kopf ist sie ganz klar.«

Der Mann sagte es so, dass ich all seine Fürsorglichkeit und Liebe für die Frau spürte. Danach schilderte er detailliert die letzten drei Wochen, jede einzelne Fernsehsendung, die sie sich zusammen angeschaut hätten. Es war so anschaulich, dass ich ihm alles abgenommen hätte, hätte ich es nicht besser gewusst. Seine Frau war tot, und das nicht erst seit zwei Tagen. Die Polizei hatte sie in ihrem Bett gefunden, sie war bereits verwest. Auf der Bettdecke hatte ein Zettel mit den Worten »Ich werde sterben« gelegen. Die Handschrift war als die ihrige identifiziert worden. Ihren Ehemann hatte die Polizei nach einer

Fahndung in einem Hotel in der Nachbarstadt aufgespürt. Vier Monate hatte er mit seiner toten Frau gelebt.

»Ihre Frau ist schon länger tot. Sie wissen das doch, oder?« Immer wieder versuchte ich ihn sachte auf diese Tatsache hinzuweisen.

»Nein, meine Frau ist nicht tot«, widersprach er vehement. Er blendete diese Tatsache einfach aus. »Meine Frau lebt, ich gehe nachher zu ihr nach Hause.«

Zu diesem Zeitpunkt war nicht klar, ob er sie umgebracht hatte und uns etwas vorspielte oder ob er sich der Tatsache verschloss, dass sie tot war. Nach einem zweistündigen Gespräch mit ihm musste ich mich entscheiden: Nervenklinik oder nicht? Ich plädierte für einen Aufenthalt in der Psychiatrie – die richtige Entscheidung, denn es sollte sich herausstellen, dass die Frau eines natürlichen Todes gestorben war. Offensichtlich hatte ihr Mann sich mit ihrem Tod nicht abfinden können. Nie zuvor war ich einem Menschen begegnet, der sich so normal verhielt, sich auch nicht weiter auffällig äußerte und zugleich einen bestimmten Teil seiner Realität vollständig ausschaltete. Er musste sehr an seiner Frau gehangen haben.

12
Zeit für Helden

Es gab noch eine Welt, die mich in Sachen Menschenkenntnis schulte, die Welt der Rennfahrer – der Formel 1 und der Deutschen Tourenwagen-Masters, kurz DTM. Es war eine spannende Erfahrung, die ich nicht missen möchte, aber sie hatte am Ende auch ihre Grenzen. Manche Dinge, zu denen die Neugierde einen getrieben hat, müssen nicht für alle Ewigkeiten durchgezogen werden, nur weil man sie einmal angefangen hat. Dennoch sind diese Nebengleise interessant und spiegeln eine andere Welt wider, die man erst richtig beurteilen und einschätzen kann, wenn man sie selbst kennengelernt hat. Wer Verständnis für andere entwickeln, seinen Alltag zwischendurch verlassen möchte, sollte neugierig sein und sich auf Neues einlassen. Das ermöglicht auch eine neue Wertschätzung der Dinge, die man vielleicht als selbstverständlich genommen hat. Am Hockenheimring wurde mir erst richtig deutlich, wie familiär es im Tübinger Notarztteam zuging, denn von einer solchen Vertrautheit war in der Boxengasse wenig zu spüren.

Immerhin hatten wir allerhand Spaß. Fast filmreif, wie ein Slapstick von Charlie Chaplin, geriet jene Episode, als einer der Rettungsassistenten aus unserem Team während des Rennens dringend auf die Toilette musste. Das Dixi stand ziemlich dicht an der Rennstrecke, nur eine kleine Mauer und Strohballen sorgten für die Abgrenzung. Auf einmal tat es einen lauten Schlag, ein Rennwagen krachte in die Mauer. Zutiefst erschrocken und mit um die Knie baumelnder Hose sprang der Rettungsassistent aus dem Klo. Nach einer Schrecksekunde stellten wir erleichtert fest, dass niemandem etwas passiert war. Und alle prusteten los vor Lachen.

Als Notärztin in der Boxengasse bekommt man so einige Geschichten mit. Der eine oder andere schüttete sein Herz bei mir aus, manche konnten vom Protzen und Angeben gar nicht genug bekommen. So interessant es war, Leuten wie Bernie Ecclestone, Michael Schumacher oder Sebastian Vettel zu begegnen, war es eine Welt, die nur einen ganz kleinen Platz in meinem Leben hatte und in der ich nach einer Weile Sehnsucht nach Tübingen und meinem DRK bekam. Dort haben wir zusammen gelacht und gefeiert, und auch die dramatischen Herausforderungen haben wir gemeinsam gemeistert.

An einem Spätnachmittag saß ich, umgeben von dichtem, grünem Bambus, mit Freunden und Familie in meinem kleinen Garten. Auf dem Grill brutzelten Würste und Steaks, der Holztisch war fast zu klein für uns alle. Ich war mitten in meinen Erzählungen vom Urlaub in New York, als die Leitstelle anrief. Angemeldet wurde eine Person, die vom Dach gefallen war. Bei der Adresse im Tübinger Landkreis stockte mir der Atem, es war die Anschrift von Roland Asch, ehemaliger erfolgreicher DTM-Fahrer, eine Legende.

Zusammen mit meinem zweitjüngsten Sohn David, der wie Benjamin seinen Zivildienst beim DRK absolviert hatte und gerade eine Ausbildung zum Rettungsassistenten machte, während er auf einen Studienplatz für Medizin wartete, fuhr ich los. David schaltete das Blaulicht ein, mit dem Martinshorn warteten wir bis zur nächsten Kreuzung, um die Nachbarn nicht zu sehr zu stören. Während der Fahrt erinnerte ich mich an Roland. Wie alle Rennfahrer war er eher von schmaler Statur und nicht sehr groß, dazu ein ungewöhnlich sympathischer und bescheidener Mensch.

»Wie fandest du die Zeit am Hockenheimring?« David schien Gedanken lesen zu können.

»Hab gerade daran gedacht«, sagte ich.

»Und, wie war's?«

»Drei Tage lang laute Motoren, Geruch nach abgefahrenen

Reifen, viele bekannte Gesichter aus der Klatschpresse, die ich aber nie genau zuordnen konnte. Etliche junge hübsche Frauen und mindestens zwanzig Jahre ältere Männer mit goldener Rolex und Versace-Sonnenbrille. Mehr Klischee ging gar nicht. Bernie Ecclestone reichte mir gerade bis zu den Achseln, auch Michael Schumacher hatte ich mir deutlich größer vorgestellt.«

»Und warst du die einzige Ärztin?«

»Nein, wir waren meist zu sechst, aber außer mir eigentlich nur Männer. Jeder von uns hatte an der Strecke einen bestimmten Platz, und einer stand immer in der Boxengasse. Erkennbar waren wir an einem feuerfesten kobaltblauen Overall, auf dem in großen weißen Buchstaben ›Doctor‹ stand. Wir waren nur für die Rennfahrer zuständig, nicht für die Zuschauer, für die waren andere verantwortlich.«

»Gab es auch schlimmere Unfälle in deiner Zeit dort?«

»Die Wagen sind inzwischen so sicher, dass ich es meist nur mit Rauchproblemen zu tun hatte, die durch eine Kollision ausgelöst wurden. Oder einer der Rennfahrer hatte Zahnweh und brauchte ein Schmerzmittel. Einem ist mal ein Zahn rausgefallen, und er bat mich, den irgendwie zu befestigen. Da war dann Improvisieren gefragt.«

»Passierte auch mal was Ungewöhnliches?«

»Wie man's nimmt. Einmal war ich der Boxengasse zugeteilt, als ein Mann in teurem Outfit auf mich zutrat und meinte: ›Wenn Sie meine Frau wären, bräuchten Sie hier nicht zu arbeiten.‹ Über so viel Selbstgefälligkeit war ich schon ziemlich verblüfft. Zumal ich nicht als Rennärztin tätig war, weil ich musste, sondern weil es mir Freude machte. Und dann erzählte er mir von seinen Jachten, seinen Häusern und von einem Rennstall, den er sein Eigen nannte. Er wollte mir imponieren, das war nicht zu überhören, aber ich hatte fast Mitleid mit ihm. Er war so oberflächlich, wirkte nicht gerade glücklich. Seine Boote, Immobilien und Autos – sie berührten diesen Mann nicht.«

»Und die Jungs, die Rennfahrer, waren die auch oberflächlich?«

»Keine Spur, die brannten für ihren Sport – so war es auch bei Roland Asch gewesen.«

Roland war meistens mit seiner Familie bei den Rennen, und entsprechend lustig und familiär ging es abends dann zu, auch ich feierte ab und zu mal mit ihm und seiner Familie. Ansonsten waren wir Ärzte bei Audi oder sonstigen Partys eingeladen.

Inzwischen hatten wir die Adresse erreicht. Da der Rettungswagen noch nicht eingetroffen war, nahmen David und ich unsere Rettungskoffer mit. Schwergewichte, fast zwanzig Kilogramm brachten sie auf die Waage. Aufgeregt wurden wir von einer älteren Frau empfangen, sie konnte vor Nervosität nichts sagen, deutete nur auf den Flur. Der war so dunkel, dass es eine Weile dauerte, bis ich die Umrisse eines am Boden liegenden Mannes erkannte. Als ich mich ihm näherte, sah ich, dass überall Blut um ihn herum war, er wimmerte vor Schmerzen, hatte Schwierigkeiten beim Atmen, und als er mich erkannte, sagte er: »Lisa, Gott sei Dank, dass du kommst.«

Im ersten Moment war ich etwas verwirrt, doch dann war klar, es war wirklich Roland Asch, der dort im Flur lag. In dieser Umgebung hatte er im ersten Moment so fremd gewirkt.

»Wo hast du Schmerzen?«, fragte ich ihn.

»An der Schulter und am Bein«, stöhnte er.

Und am Kopf hatte er eine blutende Wunde.

»Ist es schlimm?«, fragte mich die Frau, die uns hereingelassen hatte, mit angsterfüllten Augen.

»Ich kann es noch nicht einschätzen«, erwiderte ich vorsichtig. Es war schwer zu sagen, ob Roland lebensgefährlich verletzt war. Er war durch eine Dachluke vier Meter in die Tiefe gestürzt, seine Schulter war gebrochen, sicher auch einige Rippen. Die Lunge schien unverletzt, aber sein Arm sah nicht gut aus.

Ich legte ihm eine Infusion und spritzte ihm ein Mittel gegen die Schmerzen. Zusammen mit den Mitarbeitern vom Rettungswagen legten wir ihn vorsichtig auf eine Trage und fuhren ihn mit Blaulicht in die Klinik, wo er sofort operiert wurde.

David und ich fuhren anschließend nach Hause, um zu essen, was man uns übrig gelassen hatte.

»Wie ist es eigentlich«, fragte mich David unterwegs, »jemanden zu versorgen, den man kennt, den man gut kennt?«

Einen Augenblick musste ich nachdenken, dann sagte ich: »Wenn man denjenigen versorgt, ist man noch die Ruhe selbst, da reagiert man als Profi, hat den notwendigen Abstand, um die richtigen Maßnahmen zu ergreifen. Da läuft alles ganz mechanisch ab. Erst hinterher holt einem das Erlebte ein, da können einem schon ganz schön die Knie schlottern.«

Im Nachhinein werden einem die Angst, manchmal sogar Todesangst, und die Verzweiflung bewusst, die man während der Behandlung in den Augen des Patienten gesehen, aber dann auch verdrängt hat. Das packt einen schon, wenn es eine nahestehende Person ist, und berührt einen noch mal ein Stück tiefer.

»Was war für dich so ein schlimmer Einsatz gewesen, weil du denjenigen persönlich kanntest?«

»Das war der mit Opa, dem Vater deines Vaters. Es war Winter und schneite unentwegt. Er lag im Krankenhaus in Göppingen mit der Diagnose Herzinfarkt. Ich kam gerade vom Nachtdienst nach Hause, als mich die Klinik anrief und sagte, mein Schwiegervater würde die nächsten Stunden nicht überleben, wenn man ihn nicht sofort operierte, dass man einen solchen Eingriff in Göppingen aber nicht durchführen könne.«

»Konnte er nicht mit einem Hubschrauber transportiert werden?«

»Normalerweise schon, aber wegen des heftigen Schneefalls war das zu gefährlich.«

»Gab es denn keine andere Möglichkeit?«

»Es musste eine geben, es musste eine Lösung gefunden werden. Und so telefonierte ich hier in Tübingen mit der Anästhesie und den Herzchirurgen, meldete eine Not-OP an und organisierte einen Rettungswagen. Dann fuhren wir so schnell, wie es die Umstände erlaubten, nach Göppingen, wofür wir etwa eine Dreiviertelstunde brauchten, und holten deinen Opa ab. Während der Rückfahrt liefen etliche Medikamente über mehrere Perfusoren in seinen Körper, um seinen Kreislauf zu stabilisieren. Die knappe Stunde, in der wir zurück nach Tübingen fuhren, war die längste Stunde meines Lebens, und ich dachte immer wieder: Du darfst nicht sterben, du darfst nicht sterben, halte durch. Ich versuchte ihm Mut zu machen und redete sanft auf ihn ein. Dankbar nahm er immer wieder meine Hand. In Tübingen angekommen, wurde dein Großvater sofort in den OP geschoben, und ich blieb bei ihm, bis die Narkose wirkte und er einschlief.«

»Zum Glück überlebte Opa ja die OP.«

»Ja, das war ein großes Glück. Es gibt Situationen im Leben, die man sich nicht aussuchen kann, die man trotzdem bewältigen muss und wo man auch nicht Nein sagen kann. Manchmal ist es besser, schnell zu handeln, als lange nachzudenken. Solche Erlebnisse gehen nicht spurlos an einem vorüber.«

Schrecklich war auch, als ich ein weiteres Mal zu einer bekannten Adresse gerufen wurde. Ich legte in einem Supermarkt gerade noch eine Packung mit Küchenrollen auf den Berg von Einkäufen im Einkaufswagen, als mein Telefon klingelte und ich zu einem Notfall gerufen wurde. Ich ließ den vollen Einkaufswagen einfach zwischen den Regalen stehen und rannte zu meinem Wagen. Unter der Adresse, die man mir mitgeteilt hatte, lebten eine Tante und ein Onkel von mir sowie mein jüngster Bruder mit seiner Frau. Aufgrund des hohen Verkehrsaufkommens konnte ich kaum darüber nachdenken, was mich erwarten mochte, zu sehr musste ich mich auf die Straßen konzentrieren. Als ich in dem Haus eintraf, wurde ich ins Wohnzimmer geführt, wo meine Mutter bleich auf dem Sofa lag, die Augen geschlossen. Sie sah wie tot aus, und für einen Moment schien mein Herz stillzustehen. Obwohl ich sie so manches Mal aus meinem Leben verwünscht hatte, inzwischen hatte ich meinen Frieden mit ihr gefunden, mir gesagt, sie hatte wohl nicht anders handeln können. Diese Entwicklung hatte befreiend auf mich gewirkt und manche Bitterkeit vertrieben.

Nun lag meine Mutter reglos bei unseren Verwandten auf der Couch. Sie war viel älter geworden, wirkte gebrechlicher als früher. Als ich feststellte, dass es nur ein Schwächeanfall war, der sie hat ohnmächtig werden lassen, war ich ungemein erleichtert. Nachdem ich schon so früh meinen Vater verloren hatte, wollte ich nicht auch noch meine Mutter verlieren. Sie war ein wichtiger Halt für meine Brüder und deren Familien, sie bildeten eine innige christliche Gemeinschaft. Ich passte da nicht hinein, aber ich respektierte sie.

Danach habe ich mir oft überlegt, wie ich reagieren würde, wenn ich zu einem Einsatz gerufen würde, bei dem eines meiner Kinder betroffen wäre. Ich würde die Leitstelle um eine zusätzliche Notärztin oder einen anderen Notarzt bitten. Ich würde bei dem Kind sein wollen, aber ich wüsste nicht, ob ich den professionellen Abstand hätte, um es zu versorgen. Kinder sind einem noch einmal näher als die Mutter, und wenn man nicht den nötigen Abstand hat, passiert es schnell, dass man Fehler macht. Aber vermutlich funktioniert man in solch einer Situation dann doch, manchmal hat man auch gar keine andere Wahl.

13
Ein unerwartetes Date

Sieben Uhr morgens. Der Nachtdienst war vorbei, ich freute mich auf zu Hause, kaufte auf dem Heimweg noch Brezeln bei der Bäckerei Walker. Ich frühstückte mit Jonathan, bevor er sich auf den Weg zur Schule machte. Vergnügt stopfte er das Laugengebäck in sich hinein, und dann war er auch schon fort, mit dabei seine geliebten In-Ear-Kopfhörer. Inzwischen hatte ich es aufgegeben, ihm die Ohrstöpsel zu verbieten.

»Aber was ist, wenn du eine Straße überquerst und ein Auto nicht hörst?« Ganz besorgte Mutter, hatte ich ihn das schon häufig gefragt.

»Ich höre die Autos, Mama, die Musik ist leise, und ich hab nur einen drin«, behauptete Jonathan dann immer.

Trotzdem beschlich mich stets ein ungutes Gefühl, wenn ich mich von ihm verabschiedete.

Da die Nacht kurz gewesen war, mit mehreren Einsätzen, entschied ich, mich noch eine Stunde schlafen zu legen. Gerade als ich im Begriff war, das zu tun, klingelte mein Handy. Die Leitstelle. »Tut mir leid, dein Dienst ist beendet«, ich erkannte Ludwigs Stimme am anderen Ende der Leitung, »aber kannst du als Notarzt raus? Wir haben einen Verkehrsunfall, angefahrenes Schulkind.« Ein riesiger Schreck durchfuhr mich, hoffentlich war es nicht Jonathan. Ohne zu zögern, erklärte ich, dass ich sofort losfahren würde. Im Auto konnte ich nur beten: »Lieber Gott, bitte lass es nicht meinen Sohn sein.« Ich machte mir Vorwürfe, sagte mir, ich müsste strenger mit ihm sein, darauf bestehen, dass er sich nicht gefährdet. Aber ich wollte meine Ängste auch nicht auf meine Kinder übertragen. Nur weil ich ständig mit Notfällen konfrontiert war, sollten sie nicht ein belastetes Leben führen.

Beim Eintreffen sah ich, dass es nicht Jonathan war und dass der fremde Junge lebte. Er hatte eine Platzwunde am Kopf, aufgeschürfte Knie, ansonsten konnte ich nichts weiter feststellen. Ein Bus hatte ihn angefahren, doch der Fahrer hatte noch gebremst, sodass Schlimmeres verhindert worden war. Vorsichtshalber ließ ich den Jungen in die Kinderklinik bringen, es kann immer sein, dass man eine innere Verletzung nicht sofort erkennt, und Kinder sind Kinder!

Bei der Heimfahrt überlegte ich, ob es mir gelingen würde einzuschlafen. Ich entschied mich, es erst gar nicht zu versuchen. Ich war noch viel zu aufgewühlt, um Schlaf zu finden. Stattdessen kaufte ich ein und brachte mein Auto in die Werkstatt. Da ich diesen Abend keinen Dienst hatte, freute ich mich aufs Kochen und mein gemütliches Sofa. Erneut läutete das Handy, Ingrid, eine Freundin.

»Kann ich dich überreden, mit mir zu einer Veranstaltung in die Aula zu kommen?«, fragte sie putzmunter.

»Was denn für eine Veranstaltung?«, wollte ich etwas zögernd wissen, denn ich hatte mich innerlich schon in den Couch-Potato-Modus katapultiert und wenig Lust auf Veranstaltungen.

»Eine mit Altkanzler Schröder. Er liest aus seiner Biografie.«

Gerhard Schröder, überlegte ich. Hm. Ich las sehr gern Biografien, aber war er es wert, dass ich mich von meinen Abendplänen verabschiedete?

»Mein Wagen ist in der Werkstatt«, sagte ich schließlich, »ich weiß nicht, ob er früh genug fertig wird.«

»Daran soll's nicht scheitern. Notfalls kommst du einfach ein paar Minuten später. Ich halte dir einen Platz frei.«

Ich bekam das Auto gerade noch rechtzeitig. Als ich den Veranstaltungssaal betrat, war er voll besetzt, doch Ingrid hatte mir wie versprochen einen Platz freigehalten.

»Hast du schon gesehen, wer vor uns sitzt?«, flüsterte sie, kaum dass ich mich neben sie gesetzt hatte, und strich sich eine

Strähne hinters Ohr. »Das ist Rezzo. Ich bewundere ihn seit Jahren.« Sie war ganz aufgeregt. »Alles würde ich dafür geben, einmal mit ihm einen Kaffee zu trinken und mich einfach nur mit ihm zu unterhalten.«

Jetzt dämmerte es auch mir. Rezzo Schlauch war einst Vorsitzender der Bundestagsfraktion der Grünen gewesen, danach Parlamentarischer Staatssekretär im Bundesministerium für Wirtschaft und Arbeit. Damals hatte er zottelige lange schwarze Haare und einen Rauschebart. Mittlerweile trug er keinen Bart mehr, und die Haare waren kurz und grau. Mir gefiel sein Äußeres so viel besser. Als er sich mal umdrehte, um einen Blick in die Runde zu werfen, musterte er mich ungewöhnlich lange mit seinen wasserblauen Augen.

»Kannst du ihn nach dem Ende der Veranstaltung ansprechen, ob er sich mal mit uns oder mir treffen will?«, fragte mich Ingrid, sie kannte da nichts. Sie hatte ein großes Herz und eine fast ebenso große Familie. »Kannst du das nachher bitte machen, bevor er weg ist. Ich muss nämlich zu Schröder, ich brauche unbedingt eine Widmung und eine Unterschrift von ihm in sein Buch.« Ingrid schaute mich mit ihren großen grüngrauen Augen bittend an.

Ich kannte Rezzo Schlauch nicht persönlich, aber was soll's, dachte ich, ist ja nicht für mich, sondern für Ingrid. Nachdem der offizielle Teil der Veranstaltung vorbei war, eilte Ingrid Richtung Büchertisch und Gerhard Schröder. Ich überlegte gerade, wie ich es anstellen sollte, Rezzo anzusprechen, als er auf mich zukam, mir somit zuvorkam. Ich erinnere mich nicht mehr genau, was er sagte, aber wir sprachen über Politik und Parteien. In dem Moment kam Boris Palmer vorbei. »Vor Lisa musst du dich in Acht nehmen«, sagte er zu Rezzo und grinste, »das ist eine gefährliche Notärztin.«

»Ich würde mich gern mal länger mit Ihnen unterhalten«, fuhr Rezzo fort. »Geht nur leider gerade nicht, da ich mit Schröder im Hirsch in Bebenhausen verabredet bin.«

»Eigentlich wollte ich Sie bitten …« Weiter kam ich nicht.

»Leider kann ich erst in einigen Wochen«, unterbrach er mich, »wir sollten aber jetzt einen Termin ausmachen.« Diesmal gelang es mir, ihm von Ingrids Wunsch zu erzählen. Gemeinsam schauten wir in unsere Kalender. Da ich die nächsten acht Wochen fast ununterbrochen Dienst hatte, ergab sich der erste mögliche Termin erst am 10. Dezember. Wir tauschten noch Adressen und Handynummern aus, und er verabschiedete sich mit den Worten »Bis bald«.

Plötzlich stand Ingrid neben mir. »Wenn ich das richtig beobachtet habe, habe nicht ich ein Date mit Rezzo, sondern du.« Ich lachte nur und nannte ihr den Termin. »Vergiss es«, meinte Ingrid, »war sowieso eine Schnapsidee von mir. Lass uns noch ein Glas Wein trinken gehen. Dabei kannst du mir berichten, wie es dir geht und was du so vorhast. Wie machst du das bloß, ständig arbeiten, Kinder und dein ehrenamtliches Engagement. Und trotzdem immer fit und fröhlich, unglaublich bewundernswert.«

Ja, wie machte ich das bloß? Gute Frage. Ich liebe einfach sowohl meine Familie als auch meinen Beruf, da kommt man dann auch mit wenig Freizeit und Schlaf aus. Als ich am nächsten Morgen aufstand, hatte ich eine SMS auf dem Handy: »Prickelnde Zufälle statt dramatischer Notfälle machen das Leben schön.« Sie war von Rezzo. Ich fand, dass der Morgen gut begann.

Immer wieder kamen fortan Textnachrichten von Rezzo, offensichtlich war ich ihm nicht ganz egal. Nach ein paar Wochen erreichte mich folgende: »10. Dezember klappt bei mir, und ich freue mich.« Etwas perplex schrieb ich zurück, er würde mich verwechseln oder habe mir die falsche SMS geschickt. Seine Antwort ließ nicht lange auf sich warten: Er wisse zwar, dass Alzheimer in Tübingen gelebt habe, sei aber nicht davon ausgegangen, dass ich daran leiden würde. Bei dem ersten Treffen hätte ich ihm diesen Termin doch als früheste Möglichkeit genannt, weil ich sonst immer Dienst hätte. Das hatte ich tatsächlich völlig vergessen. Umso mehr freute ich mich nun und rief gleich Ingrid an. Aber sie hatte es offenbar nicht ernst genommen, als ich ihr von unserem Termin mit Rezzo erzählt hatte, und bereits etwas anderes vor.

Auch ohne sie freute ich mich zunehmend auf diesen Abend, in den letzten Jahren hatte ich praktisch jede Nacht gearbeitet und war nur selten aus Tübingen herausgekommen. Die Fahrt über die B27 nach Stuttgart, wo wir uns vor dem Breuninger treffen wollten, dauerte eine Dreiviertelstunde. Auf der Straße war wenig los, ich drehte die Musik lauter und fühlte mich glücklich und frei wie schon lange nicht mehr. In der Ferne blinkte bereits der Flugplatz Echterdingen. »Sie haben Ihr Ziel erreicht«, hörte ich wenig später vor der Einfahrt in das Parkhaus in der Innenstadt. Diesen Teil Stuttgarts kenne ich gut durch meine Einkäufe, ganz besonders begeistert mich die Markthalle. Das imposante Jugendstilgebäude gilt nicht umsonst als Paradebeispiel gelungener Architektur. In dem mediterranen Ambiente fühlt man sich sofort wie im Urlaub.

Rezzo wollte mit mir an diesem Abend zu einem Italiener, natürlich dem besten der Stadt, wie er vorab schwärmte. Da stand er nun in einem dunkelblauen Anzug vor dem Breuninger, groß und präsent wie selten ein Mann, dem ich begegnet war. Wir schlenderten durch die Königstraße, die weihnachtlich geschmückt war. Mit dem Italiener hatte Rezzo nicht zu viel versprochen. Das Essen und die Atmosphäre waren sensationell. Vom grandiosen Chianti ganz zu schweigen. Wir unterhielten uns blendend. Als wir auf die Uhr schauten, war es bereits zwei Uhr früh. Der Kellner brachte einen letzten Grappa, den ich aber ablehnte, und war sichtlich froh, dass er endlich Feierabend machen konnte.

Rezzo begleitete mich zum Parkhaus, wo ich mit Entsetzen feststellte, dass es geschlossen war. Niemals hätte ich damit gerechnet, selbst in Tübingen sind die Parkhäuser länger auf.

Dort wartete am nächsten Morgen ein wichtiger Termin auf mich. Was sollte ich jetzt tun? Rezzo bot an, mich nach Tübingen zu fahren, mein Auto könnte ich am nächsten Tag holen. Wir liefen also zurück zur Königstraße, über den Schlossplatz geradewegs zum Parkhaus des Landtags. Als wir in sein Auto stiegen, war es bereits kurz vor drei Uhr. Sehr weit kamen wir nicht, denn die Schranke wollte sich partout nicht öffnen. Um diese Zeit war weit und breit natürlich niemand zu sehen, der helfen könnte. Was nun? Viele Möglichkeiten gab es nicht. Ein Taxi hätte ein kleines Vermögen gekostet, eigentlich blieb nur ein Hotel. Ich war mit Rezzos Vorschlag einverstanden. »Wenn du mich nicht anrührst, dann gehe ich mit«, lachte ich. An der Rezeption erntete ich missbilligende Blicke der Empfangsdame. Ich hatte keine Reisetasche, nicht einmal eine Handtasche dabei, mein Lippenstift steckte gemeinsam mit ein paar Geldscheinen und dem Autoschlüssel in der rechten Tasche meiner Jeans. Wir befanden uns in der Nähe des Hauptbahnhofes und steuerten direkt auf das Hotel gegenüber zu. Das wir dort eventuell gesehen werden konnten, war mir zu diesem Zeitpunkt überhaupt nicht bewusst. Was die Hotelangestellte sich dachte, war mir freilich ziemlich egal.

Es sollte eine kurze Nacht werden. Auf dem Zimmer führten Rezzo und ich unsere Unterhaltung fort, wobei der Trollinger aus der Minibar bei Weitem nicht an den Chianti des Edel-Italieners heranreichte. Ich hatte schnell Vertrauen zu Rezzo gefasst, erzählte ihm von meiner Kindheit. Er schwärmte von seinem Vater und dessen Weltoffenheit. Wie sich herausstellte, hatte meine Großmutter gelegentlich Briefkontakt mit Rezzos Vater, der als Pfarrer in Bächlingen lebte. Aus unserer Verwandtschaft wiederum stammte der Dekan Wibel aus dem nahe gelegenen Langenburg – solche Zufälle hätte sich vermutlich kein Drehbuchautor ausdenken können.

Märchenhaft verlief unsere erste gemeinsame Nacht in diesem Hotel, in das uns das Schicksal verschlagen hatte. Durch unser intensives Gespräch war eine unglaubliche Nähe entstanden, die bis heute anhält. Ganz Gentleman, hatte Rezzo Wort gehalten und nicht versucht, mich anzumachen. Hundemüde und zugleich ziemlich beschwingt verließen wir um sieben Uhr das Zimmer. Wir wollten möglichst unauffällig aus dem Hotel schleichen, als uns freudestrahlend ein paar Landtagsabgeordnete entgegenkamen. Erst später begriff ich, dass man mit diesem Mann nirgendwo unterwegs sein konnte, ohne dass er erkannt worden wäre, ganz egal ob in Polen, Italien oder New York. Erst recht natürlich nicht in der Markthalle, wo wir durch einen exzellenten Milchkaffee langsam unsere Müdigkeit abschüttelten. Es war der Beginn einer wunderbaren, großen Liebe, die zwölf Jahre halten und viele magische Momente mit sich bringen sollte – aber auch hin und wieder einen Wermutstropfen.

14
Politik – die Sache mit den besten Freunden

Erwin Teufel, einstiger Ministerpräsident von Baden-Württemberg, ein Politiker, der eher dem konservativen Flügel der CDU zugehörig war, hatte sich bei mir zu Besuch angekündigt. Seit ich mit neunzehn in die SPD eingetreten war, hatte sich mein politisches Verständnis ein wenig geändert, ausgelöst durch meine Mitarbeit beim Roten Kreuz, erst als stellvertretende Vorsitzende im Vorstand, dann als Präsidentin. In diesen ehrenamtlichen Funktionen hatte ich früh Verantwortung übernehmen müssen und zunehmend gesehen, dass es nicht reicht, nur sozial tätig zu werden. Es genügt nicht, etwas zu verteilen, wenn man sozial arbeiten und den Menschen etwas Gutes tun will, man muss dieses Etwas vorher erwirtschaften. Irgendwoher musste also Geld kommen. Diese Erkenntnis brachte mich dazu, auf Abstand zu den Sozialdemokraten zu gehen und mehr und mehr zur CDU zu tendieren. Es ging mir bei den Christdemokraten nicht um Themen wie Steuern, sondern um eine erfolgreiche Wirtschaftspolitik. Dazu gehörten Firmen, in denen die Arbeitsbedingungen stimmen, die Mitarbeiter gefördert und gute Löhne bezahlt werden. Die CDU machte für mich eine gute Wirtschaftspolitik, allerdings viel zu wenig Sozialpolitik. Dieses Defizit wollte ich beseitigen helfen.

Erwin Teufel kam nicht ohne Grund zu Besuch. Ich war 2010 für die Landtagswahl aufgestellt. Eigentlich ein Unding, denn ich hatte nicht die typische CDU-Karriere hingelegt, hatte mich nicht hochgearbeitet, indem ich anfangs Plakate klebte und jahrelang Seilschaften schmiedete.

Damit der politische Hintergrund in meiner Heimat Baden-

Württemberg verständlich wird, damals ein von der CDU regiertes Bundesland: 2005 hatte Günther Oettinger Erwin Teufel als Ministerpräsident abgelöst, auf diesen folgte Stefan Mappus, Oettinger wurde von Angela Merkel als EU-Kommissar nominiert. Teufel unterstützte seine Partei weiterhin, nun wollte er mich offenbar näher in Augenschein nehmen, eine Frau, die so gar nicht in das Bild einer CDU-Frau passte: geschieden, vier Kinder, eines davon in einem Alter bekommen, in dem andere noch mit Puppen spielten, dazu ein Kleidungsstil, der nicht gerade mit knielangen Röcken und zugeknöpften Blusen vereinbar war, sowie bisweilen eine ziemlich lockere und direkte Art.

Der Besuch von Erwin Teufel war für gegen zwei Uhr nachmittags avisiert. Ich war ein wenig nervös und aufgeregt. Die Kaffeetafel war hübsch hergerichtet, mit meinem Service mit Goldrand, roten Servietten und einem kleinen Blumenstrauß, und natürlich durfte mein selbst gebackener Apfelkuchen nicht fehlen. Alles war vorbereitet. Dann klingelte wieder einmal das Handy, wie so oft in meinem Leben. Die Nummer kannte ich, es war das Polizeirevier.

»Lisa, bitte, komm sofort.« Der Beamte am anderen Ende der Leitung klang aufgeregter als sonst.

»Hm«, erwiderte ich zögernd. »Heute ist eigentlich ganz schlecht.« Aber weil der Polizist so eindringlich geklungen hatte, hakte ich nach. »Um was geht es denn?«

»Es ist etwas Furchtbares passiert, der Hans Müller, unser Kollege, hat sich gerade auf dem Revier erschossen. Kannst du kommen? Es ist wirklich sehr dringend.«

Einen kurzen Augenblick kämpfte ich mit mir, aber mein Mitgefühl und mein vertrautes Verhältnis zur Polizei machten es mir unmöglich, Nein zu sagen, Erwin Teufel hin oder her.

»Ihr müsst mir helfen«, sagte ich zu Jonathan und David, während ich meine orangefarbene Notarztjacke anzog. »Es kann sein, dass ich noch nicht zu Hause bin, wenn Erwin Teufel vorfährt. Ihr müsst ihm erklären, dass ich so schnell wie möglich zurück bin.«

»Hey, und was sollen wir sonst mit ihm tun? Wir können ja wohl kaum eine Partie Playstation mit ihm spielen?«, fragte David, der inzwischen 23 war.

»Und wundert euch nicht, er fährt sicher mit einem Fahrer in einer Limousine vor, sagt ihm, er kann direkt vor unserem Haus parken.«

»Mama, wir sind nicht von vorgestern. Wir haben schon öfter Autos mit einem Chauffeur gesehen.«

Mit schlechtem Gewissen machte ich mich auf den Weg. Bei Verabredungen nicht pünktlich zu sein ist nicht meine Art. Zudem wäre das vermutlich eine ganz neue Erfahrung für eine Persönlichkeit wie den ehemaligen Ministerpräsidenten. Aber ich konnte und wollte die Polizisten in dieser Ausnahmesituation nicht im Stich lassen. Wenn mein hoher Gast die Geduld verlieren und verärgert das Haus verlassen sollte, dann wäre es eben so.

Auf dem Revier stellte ich den Tod von Hans Müller fest, er hatte sich in den Kopf geschossen. Es war nicht mein erster Selbstmord durch einen Kopfschuss, ich hatte schon mal einen Förster im Wald gefunden, der auf diese Weise Suizid begangen hatte, und etliche andere Selbstmorde durch Kopfschuss gesehen, aber wenn man den Betreffenden kennt, dann trifft es einen viel tiefer und lässt die Seele nicht los. Seine Kollegen waren natürlich völlig schockiert. Ich versuchte mir Zeit zu nehmen, sprach mit ihnen. Gerade Polizisten sind davon betroffen, dass sie ihre Gefühle bei ihrer Arbeit unterdrücken und verbergen müssen. Bei ihren Einsätzen müssen sie mit den unterschiedlichsten Leuten in allen erdenklichen Situationen zurechtkommen und angemessen reagieren, wenn Konflikte aufflammen. Während man mir als Ärztin überwiegend Respekt entgegenbringt, ist das bei Polizisten nicht immer der Fall. All diese Dinge hinter sich zu lassen, wenn man nach Hause kommt, erfordert eine hohe Stressresistenz – und zwar auf Dauer. Zum Schluss stellte ich die Todesbescheinigung aus.

Währenddessen hatte ich im Hinterkopf, dass Erwin Teufel bei mir daheim auf dem Sofa saß – oder vielleicht auch nicht mehr. Als ich mich in mein Auto setzte, fuhr ich mit einem ziemlich unguten Gefühl los. Der Selbstmord des Polizisten hatte mich mitgenommen, außerdem mochte ich nicht daran denken, was mich zu Hause erwartete. Als ich dort angekommen die Tür aufschloss, hörte ich es an den Stimmen: Erwin Teufel war noch da.

»Entschuldigung«, sagte ich atemlos, als ich ins Zimmer stürzte, wo der Politiker einträchtig mit meinen Jungs um den gedeckten Tisch saß und sich anscheinend bestens mit ihnen unterhielt. »Es tut mir sehr leid. Aber ich musste zu einem Einsatz bei der Polizei.«

»Das macht doch überhaupt nichts.« Erwin Teufel lachte herzlich und kam auf mich zu, um mich zu begrüßen. »Ihre Kinder haben mir alles erzählt. Sie haben mich nett unterhalten. Das Rezept für diesen Apfelkuchen würde ich übrigens gern meiner Frau mitbringen.«

Wir redeten noch lange und sehr angeregt, über Politik im Allgemeinen, die Visionen der CDU, aber auch über ganz persönliche Dinge. Wie hält man als Politiker den Angriffen und Intrigen stand? Welchen Preis zahlt man letztlich für die Prominenz? Über genau diese Themen sollte ich mich einige Jahre später auch mit dem baden-württembergischen Innenminister Thomas Strobl unterhalten. Von diesem Tag an unterstützte mich Erwin Teufel im Wahlkampf, wo er nur konnte. Er war allem Anschein nach mit gewissen Vorbehalten zu mir gekommen, denn hinterher wollten Parteifreunde von mir wissen, was ich mit ihm angestellt hätte, er würde so von mir schwärmen.

Mein gesellschaftliches Engagement begann ich mit 44 Jahren mit dem Amt der stellvertretenden Vorsitzenden beim

DRK. Die führende Männerriege war über die Jahre zu einem eingespielten Team zusammengewachsen. Mein Eindruck: Jede Neuerung, die sie nicht initiiert hatte, wurde abgewimmelt. Aber so leicht ließ ich mich nicht entmutigen. Wer mit harten Bandagen agierte, musste damit rechnen, dass ich mit ähnlich harten kämpfte. Offenbar mit Erfolg, denn als der Vorsitzende des Roten Kreuzes nicht weiter im Amt blieb, rutschte ich als seine Stellvertreterin nach. Es war nicht mein Ziel gewesen, Vorsitzende beziehungsweise Präsidentin des Tübinger Roten Kreuzes zu werden, aber als ich mich in dieser Funktion befand, nahm ich meine Aufgabe auch verantwortungsvoll an. Zwei Jahre lang war es nicht gelungen, einen weiteren Notarztstandort in Rottenburg umzusetzen, obwohl der Tübinger Standort derart ausgelastet war. Ständig hatte ich zu hören bekommen, dass das nicht so einfach ginge. Kaum zwei Monate nach meiner Wahl hatten wir dann einen Standort in Rottenburg. Das war einigen der Männer natürlich ein Dorn im Auge. Auch gefiel es ihnen gar nicht, dass ich so viel Macht und Einblick in alle Vorgänge hatte. Ich hatte mit etlichen Intrigen zu kämpfen.

»Merkst du eigentlich gar nicht«, sagte Rezzo, als wir durch Tübingen spazierten, »wie die Leute auf dich reagieren? Von dir geht Charisma aus, du bist charmant, sie haben Vertrauen in dich und kommen mit ihren Anliegen zu dir.«

»Charisma? Das glaubst du doch wohl selbst nicht.«

»Doch«, widersprach Rezzo. »Du sagst das, was du denkst, du beharrst auf deiner Meinung. Dabei gehst du aber nicht brachial vor, sondern mit sanftem Druck und bodenständiger Praxis. Das macht dich sympathisch. Zumal du Ideen hast, die den Leuten gefallen. Und du bist absolut authentisch.«

Rezzo entfachte das Feuer in mir, das bis dahin nur geglimmt hatte. Und als es lichterloh brannte, gefiel mir der Gedanke sehr, im Kreis Tübingen etwas für die Bürger zu tun. Die Presse über einen Missstand zu informieren brachte eine gewisse

Aufmerksamkeit, war aber meist nicht wirklich nachhaltig. Etwas anderes war es, sich in einem politischen Gremium für etwas einzusetzen, das einem am Herzen lag und die Situation der Menschen verbessern konnte. Obwohl ich noch kein Parteimitglied war, ließ ich mich von der CDU für den Kreistag aufstellen. Dort bat man mich, zugleich für den Gemeinderat zu kandidieren. Mir war das offen gesagt überhaupt nicht recht. Alle sechs Wochen eine Sitzung im Kreistag konnte ich gut bewältigen, aber dazu noch endlose Sitzungen in einem Gemeinderat?

»Ich bin Ärztin und keine Politikerin. Ich will mich für gesundheitliche Sachthemen gern einsetzen, aber zwei Ämter scheinen mir zu viel zu sein.«

»Gar kein Problem«, gab man mir zu verstehen. »Wir setzen Sie auf einen der hinteren Plätze auf der Liste, wir brauchen einfach noch Leute, die diese füllen. Mit Ihrer Kandidatur tun Sie uns einen großen Gefallen.«

»Gut, wenn das so ist, dann dürfen Sie mich gern auf die Liste setzen.«

Ich ging – wie wohl auch die anderen – davon aus, dass ich nicht gewählt werden würde. Selbst wenn, so tröstete ich mich, könnte ich mich, sollte mir das alles irgendwann über den Kopf wachsen, immer noch zurückziehen.

So stand ich 2009 auf dem gepflasterten Tübinger Marktplatz, umgeben vom Rathaus, alten Fachwerkhäusern mit ihren hohen Giebeln und dem aus Waffenschrott anno 1948 erbauten Neptunbrunnen, und machte Wahlkampf für den Kreistag und den Gemeinderat. Es machte unglaublich viel Spaß, mit den Leuten zu reden, ihnen zu verdeutlichen, wie sich die CDU für die älteren und jungen Menschen engagieren würde. Viele hörten mir zu, kannten mich ja aus meinen vielen Notdiensten und Einsätzen als Notärztin, sagten dann aber mit einer gewissen Skepsis Dinge wie: »Frau Federle, Sie haben meiner Mutter das Leben gerettet, das vergesse ich Ihnen nie, aber warum muss es denn die CDU sein? So wie ich Sie wahrgenommen habe, würden Sie viel besser zu den Grünen oder den Roten passen. Warum haben Sie sich denen nicht angeschlossen?« Anderen war es völlig egal, welcher Partei ich angehörte, wenn ich sie um ihre Stimme bat: »Egal, ob Sie bei den Schwarzen auf der Liste stehen oder bei den Sozialdemokraten oder wo auch immer, Sie wähle ich sowieso. Sie werden in Tübingen was bewirken, Sie setzen sich ein, und darauf kommt es an.«

Die CDU hatte in Tübingen keinen besonders guten Stand. Als Universitätsstadt und mit Boris Palmer als grünem Oberbürgermeister seit 2007 wimmelte es hier nur so von Grünen. Ich kannte anfangs nur wenige derer, die mit mir am CDU-Stand um Stimmen warben, einzig Sabine, der ein Strumpfladen gehörte und die wie ich Ende vierzig war und ebenfalls auf beiden Listen stand, sowie Michael Bamberg, den Chef der Uniklinik Tübingen, der inzwischen zu einem meiner engsten Freunde geworden ist.

»Du übernimmst die Männer«, sagte Michael bei unserer ersten gemeinsamen Wahlveranstaltung, »ich kümmere mich um die Frauen.« Er sagte es so voller Humor, dass wir beide lachen mussten. »Und natürlich machen wir noch gegenseitig Werbung für uns.« Es ging uns um die CDU, das Team, keiner von uns beiden hatte den Ehrgeiz, den anderen auszustechen. Michael bekam oft zu hören: »Oh, der Herr Professor persönlich kümmert sich um die Belange der Bürger.«

An den Reaktionen der Menschen merkten wir, dass die Menschen uns wohlgesinnt waren. Trotzdem zweifelte ich ein wenig daran, ob die Stimmen ausreichten, um gewählt zu werden.

»Herr Professor, Ihnen habe ich so viel zu verdanken …« Mein Mitstreiter wurde gerade von einer Dame in einem hellen fliederfarbenen Kostüm in Beschlag genommen, als ein Mann mittleren Alters mich mit den Worten ansprach: »Na, schöne Frau, endlich hat die CDU auch mal etwas zu bieten. Die Partei ist ja nicht gerade mein Fall, ich bin ein Grüner, aber diesmal haben Sie meine Stimme sicher und Sabine vom Strumpfgeschäft auch.«

Im ersten Moment war ich etwas sprachlos, dann konterte ich: »Offensichtlich haben Sie eine fundierte politische Meinung.«

Er grinste und meinte: »Wissen Sie, Powerfrauen gibt es einfach zu wenig, und wichtig in der Politik ist doch, dass man überhaupt etwas tut. Von Ihnen weiß ich, dass Sie sich aktiv für etwas einsetzen.«

Gerade wollte ich etwas erwidern, als ein älterer Herr auf mich zutrat, in seinem Gesicht ein Strahlen, und mir seine Hand entgegenstreckte. »Sie haben mir vor drei Monaten das Leben gerettet, und wie Sie sehen können, bin ich wieder absolut fit. Das werde ich Ihnen nie vergessen.«

Ich erkannte den Mann wieder, er hatte bei meinem Eintreffen am Boden gelegen und die eine Körperhälfte nicht bewegen können. Die Diagnose war schnell gestellt: Schlaganfall. Trotzdem galt seine vordringlichste Sorge der Ehefrau. Sie hatte Alzheimer, und er pflegte sie liebevoll. Sein Zustand war bedrohlich, und ich brachte ihn sofort in die Klinik. Um ihm zu helfen, organisierte ich für seine Frau einen Kurzzeitpflegeplatz. Erst als er wusste, dass sie gut untergebracht war, hatte er sich beruhigen und angemessen behandelt werden können.

»Ich freue mich für Sie, dass es Ihnen wieder gut geht. Und was macht Ihre Frau?«

»Dank Ihnen habe ich gemerkt, dass ich auch etwas Zeit für mich brauche. Seither ist sie in einer Tagespflege, wie Sie mir damals ja geraten haben. Abends bringt man sie nach Hause.«

Beschwingt durch solche Gespräche setzte ich den Wahlkampf fort. Nach weiteren Stunden schlug ich Michael Bamberg vor, gerade eingetroffene Prospekte in die Briefkästen von Hochhäusern zu werfen.

Wir kamen uns schon etwas verwegen vor, als wir mit den Prospekten unter dem Arm loszogen und uns in Richtung Waldhäuser Ost begaben, wo sich viele Hochhäuser aneinanderreihen. Im Wechsel stand einer von uns vor einem Haus Schmiere, während der andere in Windeseile die Briefkästen bestückte.

»Vorsicht, da kommt jemand«, rief mein Begleiter.

Rasch versteckten wir uns im Hausflur, doch nachdem die Luft wieder rein war, machten wir unbekümmert weiter. Mehrere Stunden ging das so, und wir hatten eine unglaubliche Freude daran. Irgendwie erinnerte das an die Jugend, wenn man etwas Unerwünschtes tat wie etwa Klingelputzen.

Drei Wochen vor der Wahl kam Sabine mit einem in meinen Augen hervorragenden Vorschlag an: »Wir stellen zwei Schaufensterpuppen in mein Ladenfenster, eine mit etwas dunkleren Haaren, das bist du, und eine mit weißblonden, wie ich sie habe.«

»Super Idee«, lachte ich. »Dir ziehen wir Leggings an, meine Puppe bekommt unbedingt eine Notarztjacke umgehängt.«

»Vergiss bei deiner nicht den rosafarbenen Lippenstift«, ulkte Sabine.

»Wir sind schon zwei tolle Kandidatinnen«, sagte ich, als wir unser Ergebnis betrachteten. In Druckbuchstaben hatten wir ans Schaufenster geschrieben: »Auch nach der Wahl noch erste Wahl!« Das konnte nun jeder für sich interpretieren, wie er wollte.

»Ich bin sehr gespannt, wie die Leute darauf reagieren«, meinte Sabine.

»Und erst die Parteimitglieder«, fügte ich hinzu. »Die ganze Aktion ist ja nicht gerade CDU-like.«

Am übernächsten Tag saß mein Sohn David noch halb verschlafen am Küchentisch und blätterte langsam durch das *Schwäbische Tagblatt*. Plötzlich verzog sich sein Gesicht zu einem Grinsen: »Mann, ist das peinlich, hier ist ein riesiges Bild von dir und deiner Freundin aus dem Laden. Und das gleich vorn im Lokalteil.«

»Das sind Puppen«, erklärte ich nach einem Blick auf das Foto, »das sind nicht wir.«

»Mag ja sein, aber die sehen euch verdammt ähnlich. Was werden meine Freunde dazu sagen?«

»Nun mach mal halblang, das ist ein Gag. Einfach nur ein Gag. Und wer von deinen Freunden liest schon Zeitung? Sicher die meisten nicht.«

»Aber die Eltern.«

»Und wenn schon. Sei doch eher ein bisschen stolz auf mich.«

»Bin ich doch, Mama, das weißt du doch.«

Mir fiel ein Stein vom Herzen, einmal mehr spürte ich, dass die Kinder hinter mir standen.

Als ich im Lauf des Tages Sabine traf, erzählte sie mir, dass sie schon ein paar Anrufe bekommen habe, ein Teil der CDU-Kollegen sich fürchterlich über unsere Dekoration aufrege, doch andere sie super fänden. »Tübingen ist eben eine Provinzstadt, manchmal etwas eng«, fügte sie an.

»Aber vergiss nicht, in Tübingen haben Hölderlin, Hegel und Schelling ihre Studienjahre verbracht, in der Zeit der Französischen Revolution. Die Jungs waren die Keimzelle des deutschen Idealismus. Was mich auf eine geradezu revolutionäre Idee bringt: Wir könnten bis zur Wahl den Puppen jede Woche ein Kleidungsstück ausziehen. Was glaubst du, was die, denen wir nicht ganz geheuer sind, für Augen machen würden?«

Wir malten uns die Gesichter aus, das Entsetzen, und schütteten uns aus vor Lachen. Sabine wusste sofort, dass ich das nicht ernst meinte. Doch manchmal ritt mich ein kleiner Teufel, manchmal hätte ich große Lust gehabt, bestimmte Reaktionen absichtlich herauszufordern.

Nachdem ich mich mit einer Umarmung von meiner Freundin verabschiedet hatte, ging ich noch auf den Markt, um fürs Abendessen einzukaufen.

»Wie geht's Rezzo?«, fragte mich der Gemüsehändler. »Was sagt der denn überhaupt dazu, dass du für die CDU antrittst?«

»Was soll er sagen? ›Schwarz-Grün‹ war schon immer eine Alternative. Ansonsten geht es ihm gut.«

»Bringe ihn mal wieder mit, ist ein guter Typ.«

Mit der Meinung, dass Rezzo ein guter Typ sei, stand er nicht allein da, das bekam ich damals oft zu hören.

Dann kam der Tag der Wahl. Ich wurde in Tübingen auf Platz eins gewählt, und zwar mit den mit Abstand meisten Stimmen, sowohl in den Kreistag als auch in den Gemeinderat. Da konnte ich natürlich nicht mehr zurück. Erst war ich über so viel Resonanz sprachlos, aber letztlich lag die Erklärung auf der Hand: Viele hatten mich in Tübingen als jemanden erlebt, der immer und gern geholfen hat. Und genau das hatte ich mir auch für meine politische Zukunft vorgenommen.

Mir war klar, dass ich durch meine politische Arbeit jetzt noch weniger Freizeit haben würde. Aber das machte mir nichts aus, wenn das, was ich tat, sinnvoll war. Die Mehrarbeit musste zu etwas führen, etwas bewirken, am Ende durfte dabei nicht nichts herauskommen. Es musste etwas geschehen und bewegt werden. Ich war durchaus bereit, Umwege in Kauf zu nehmen, wenn ein Ziel nicht gleich erreicht werden konnte, aber es musste weitergehen. Als ich in der Kneipe anfing, wurde ich irgendwann Wirtin, als ich mit Nachtwachen begann, endete es damit, dass ich Ärztin wurde. Und als ich in die CDU eintrat, wollte ich mich etablieren und mich aktiv für die Ziele einsetzen und sie mitgestalten.

Nicht allen in der CDU gefiel meine politische Karriere, es gab auch Personen, die mich gern in einer weniger verantwortungsvollen Position gesehen hätten. Für so manche CDU-Frau aus Baden-Württemberg war ich ein rotes Tuch, weil ich nicht ins Schema passte, in ihr Schema. Ich war nicht die brave,

Brillen tragende Medizinerin, die sich ein- und unterordnete, die wie sie die Hierarchie durchlaufen hatte. Ich, inzwischen Parteimitglied, hatte diesen Weg – ein unnützer Umweg, wie ich fand – einfach ignoriert. Übersprungen. Was in ihren Augen nur eines bedeuten konnte: Mir fehlte das Konservative (was wohl auch stimmte). Damit eckte ich bei manchen an. Ich war keine orthodoxe Parteisoldatin, noch immer steckte die Rebellin in mir, die einst aufbegehrt hatte, die nicht nach Hause zurückkehrte, nachdem sie vor die Tür gesetzt worden war.

Aber vielleicht war ich gar keine Rebellin. Vielleicht wollte ich einfach nur in vielen Welten zu Hause sein, mich in ihnen ausprobieren, um dem Leben möglichst viele Perspektiven zu geben. In solchen Augenblicken fiel mir wieder ein, was ich mir geschworen hatte, als ich vor längerer Zeit so krank gewesen war: Wenn das Leben irgendwann vorbei ist, möchte ich nicht das Gefühl haben, alles versäumt zu haben, und ich will sagen können, dass es ein schönes Leben war. Beides kann ich heute schon sagen. Und daraus schöpfe ich Energie und Lebensfreude.

15
Wer die Wahl hat ...

Die Aufstellung als Kandidatin zur Landtagswahl Ende Juli 2010 war das bislang Spektakulärste in meinem politischen Leben. Es war ein heißer Tag, als im Tübinger Stadtteil Bühl die Nominierung im Wahlkreis Tübingen stattfand. Es zeigte sich schnell, dass der Saal des Bühler Schlosses, der dafür ausgewählt worden war, viel zu klein für all die Leute war, die zur Abstimmung gekommen waren. Außerdem war die Atmosphäre angespannt, denn von den ursprünglich fünf Kandidaten waren nur noch zwei übrig: Horst Schuh, der – wie seit zwei Jahrzehnten die CDU-Parlamentarier in unserem Wahlkreis – aus der katholischen Bischofsstadt Rottenburg kam, und ich, Lisa Federle, die seit den Kommunalwahlen als »CDU-Stimmenkönigin« galt. Schuh war Beamter, gut katholisch und Mitglied im Rottenburger Gemeinderat, ein Konservativer, der äußerlich wie innerlich das klassische Spektrum der Partei vertrat, also die typischen Stammwähler ansprach. Ich verkörperte das genaue Gegenteil, galt mit meiner bunten Vita und meiner evangelischen Prägung als unkonventionell. Unterschiedlicher konnten Leben nicht sein, obwohl wir fast gleich alt waren, er 52, ich 49.

Wir hatten beide Freunde in der CDU, und die Mitglieder der Partei, keine Delegierten, hatten die Aufgabe, einen von uns zu nominieren. Sollte man nun aufs Altbewährte setzen (Schuh) oder auf jemanden, der erneuern und modernisieren wollte (mich)? Dieses Duell stand nun an. Es war eine langwierige Angelegenheit, fünf Stunden dauerte der »Wahlkrimi« (wie später eine Zeitung im Titel schrieb) in der Stichwahl. Fünf Minuten nach Mitternacht siegte Schuh mit 161 zu 146 Stimmen. Es war ein knappes Ergebnis, und ich hatte gewusst, dass es eine sehr schwierige Wahl werden würde, trotzdem war ich ein bisschen enttäuscht.

Die Freude des Rottenburger Kandidaten währte allerdings nur kurz, denn wegen einiger organisatorischer Pannen und formaler Fehler wurde die Nominierung wieder aufgehoben. So hatten die Wahlhelfer, die die Wahlurnen zum Auszählungsraum bringen mussten, kaum eine Chance gehabt, im Saal durchzukommen. Ein Journalist beobachtete, wie einer der Helfer mit einer Urne unter dem Arm und ohne Begleitung über die Tür direkt neben der Bühne den Saal verließ und später über den Haupteingang zurückkam. Das war ein rechtliches Risiko, in der Zwischenzeit konnte Wahlfälschung betrieben worden sein. Ich erfuhr von dem Sachverhalt erst aus der Zeitung. Auch sollte die Auszählung öffentlich sein, doch war einer Person der Zutritt verwehrt worden.

Es wurde eine zweite Wahl angesetzt, die ich gewann, wenngleich ebenfalls nur mit wenigen Stimmen Vorsprung. Dem CDU-Kreisvorsitzenden gefiel das gar nicht, er meinte, dass mit der Wahl etwas nicht stimme. Es gab hitzige Diskussionen, ich ging durchs Feuer, war konfrontiert mit zwei Lagern, zwei schwarzen Wahlkreisen, die sich nicht grün waren, der eine evangelisch, der andere eher katholisch, der eine liberal und zukunftsorientiert, der andere konservativ.

Nun war ich also nominiert. Ich hatte mit meinem Team zwei simple Plakate entworfen. Auf blauem Grund stand in oranger Farbe auf dem einen »Lisa immer im Einsatz«, auf dem anderen »Lisa mitten im Leben«. Das war natürlich eine ungewöhnliche Plakatierung, so ohne Gesicht und Nachnamen. Immer wieder riefen Mütter an und baten um ein Plakat, weil ihre Tochter Lisa hieß, und wir schenkten ihnen eines.

Ich war nicht der wirtschaftskompetenteste Mensch, ich hatte Medizin studiert, nicht BWL. Natürlich hatte ich beim DRK etwas vom Wirtschaften mitbekommen, und ich wusste, wie man Projekte unterstützen konnte. Aber damit hatte es sich auch schon. Da das Thema Wirtschaft bei der CDU jedoch immer eine große Rolle spielte, musste ich dazu Stellung nehmen. Unweigerlich ergab es sich, dass ich einen Wahlkampfauftritt in Rottenburg hatte, jener hübschen, aber konservativen Stadt, die mich ja teilweise eher kritisch sah. Es war ein Termin mit lauter Leuten aus der Wirtschaft, teilweise kamen sie sogar aus Stuttgart, sicherlich auch ein bisschen aus Neugierde. Da ich durch meine Berufstätigkeit nicht die Zeit hatte, mich ausführlich auf meine Rede vorzubereiten, bat ich Moritz, einen Studenten, der mir beim Wahlkampf half, mir ein paar Stichworte aufzuschreiben. Vor meinem Vortrag wollten wir sie noch gemeinsam besprechen.

»Wir treffen uns in Rottenburg«, sagte ich. »Anderthalb Stunden vorher, das müsste reichen.«

»Abgemacht«, erklärte Moritz, der in Wirtschaftsfragen definitiv viel belesener und kompetenter war als ich. »Und vergiss nicht, du musst eine Dreiviertelstunde lang reden. Das ist nicht wenig, wenn du inhaltlich nicht an der Oberfläche bleiben willst.«

»Ich weiß, aber du wirst mir schon die richtigen Dinge mit auf den Weg geben.«

Gerade wollte ich meine Notarztjacke ausziehen und meinen Kleiderschrank nach einem passenden Outfit für ein Wirtschaftspublikum durchforsten, als das Telefon klingelte. Das Deutsche Rote Kreuz.

»Lisa, wir haben im Moment keinen anderen Notarzt, komm bitte sofort, auf dem Marktplatz in Rottenburg haben wir eine bewusstlose Person, fragliche Reanimation.«

»Bin schon unterwegs. Wollte sowieso nach Rottenburg.«

Die Kleiderfrage hatte sich somit erübrigt, eine Reanimation dauert, wenn man es schafft, den Patienten zurückzuholen, und ins Krankenhaus begleitet, mindestens anderthalb Stunden. Ich würde keine Zeit mehr zum Umziehen haben – geschweige denn dafür, mit Moritz die Stichworte durchzugehen.

Daran wollte ich jetzt aber nicht denken, mit diesem Dilemma konnte ich mich später auseinandersetzen. Viel wichtiger als jeder Vortrag war, dass es mir gelang, den Mann ins Leben zurückzuholen, der vor mir auf dem Boden lag. Er hatte allem Anschein nach einen schweren Herzinfarkt erlitten, als er über den Marktplatz von Rottenburg spaziert war. Nach der Reanimation brachte ich den Mann ins Krankenhaus und dachte auf dem Weg zurück nach Rottenburg: Müsste ich übers Rote Kreuz reden, könnte man mich aus dem Bett holen und ich würde trotzdem aus dem Stegreif einiges erzählen können. Wirtschaft ist aber wahrlich nicht mein Thema, darin bin ich überhaupt nicht zu Hause. Wie soll ich das bloß so kurzfristig hinbekommen?

Ich kam fast zu spät, alle Plätze waren bereits belegt und eine gewisse Unruhe zu spüren.

»Das Publikum wartet schon«, flüsterte mir Moritz zu, während ich meine Notarztjacke auszog, nicht aber den weißen Pullover darunter, auch nicht die weiße Arzthose. Er drückte mir ein paar Zettel in die Hand – Himmel, dachte ich, das wird auch nicht mehr helfen.

Ich stürmte regelrecht in den Saal, mein einziger Gedanke war: Mist! Mist! Da sitzen vor mir lauter Leute, die mir hundertmal mehr etwas über Wirtschaft erzählen können als ich ihnen. Lauter Leute in Anzügen. Herrje! Ich bin nicht mal entsprechend gekleidet. Irgendwie musste ich die Situation retten.

»Ich komme gerade von einem Notarzteinsatz«, begann ich meine Rede. »Von einer Reanimation, ein solches Tun gehört zu meinem Beruf als Ärztin, aber ich erzähle Ihnen heute nichts von diesem, sondern etwas über den Zusammenhang von Wirtschaft und Sozialem.« Gerade noch rechtzeitig war mir das eingefallen. Darum war es mir doch immer gegangen, davon konnte ich berichten, den Zuhörern meine Meinung an eindrücklichen Beispielen erklären, sie aus einer nüchternen

Zahlenwelt entführen und sie mitnehmen in eine packende, anschauliche und berührende Welt. Und dann legte ich dar, wie entscheidend es sei, eine gut funktionierende Wirtschaft zu haben, dabei aber das Soziale nicht aus den Augen zu verlieren und diesen Aspekt nicht zu vernachlässigen.

»Es ist ungemein wichtig, in Betrieben die Leute zu stützen, die sozial schwächer, die auch anfälliger, nicht so belastbar sind.« Das heiße nicht, so fuhr ich mit meinen Ausführungen fort, nicht auch wirtschaftlich erfolgreich zu sein. Man habe auf menschengerechte Arbeitsweisen zu achten, Profit sei notwendig, aber manchmal sei weniger mehr, dann jedenfalls, wenn es um die Gesundheit und die Zufriedenheit der Menschen gehe. Grundsätzlich habe man daran zu denken, dass es immer Krisen geben werde (die Finanzkrise von 2008 saß allen immer noch im Nacken), nur vereint könnten sie bewältigt werden, was auch bedeute, dass jeder einzelne Mitarbeiter zähle. Zwischendurch schilderte ich immer wieder berufliche Beispiele und Situationen, die ich erlebt hatte. Ich kam auch auf die Kinder und die Jugend zu sprechen, darauf, dass Mütter und Väter nur dann unbesorgt arbeiten gehen könnten, wenn die Kinder gut versorgt seien, dass daher Betriebskindergärten zur Arbeitsplatzverbesserung beitrügen.

Schließlich war eine Dreiviertelstunde geschafft, schneller als gedacht. Nach dem Vortrag kamen einige der Wirtschaftsexperten zu mir und meinten, sie hätten es spannend gefunden, mir zuzuhören, ich hätte sie irgendwie an einem Punkt gepackt, der sonst nicht so im Vordergrund stünde. Sie hätten während meiner Rede das Soziale aus einem anderen Blickwinkel betrachten können. Und sie hätten sich emotional von mir angesprochen gefühlt, denn statt wie erwartet um Zahlen und Statistiken sowie Theorien sei es um die Realität und um Praxis gegangen.

Ich wiederum konnte durch den Wahlkampf Politik aus einer anderen Perspektive betrachten. Hätte ich geahnt, welche

Ränkespiele in der Politik betrieben wurden und wie schwierig es war, sich zu behaupten, zumal als Seiteneinsteigerin, hätte ich mich nicht zur Kandidatur überreden lassen. In meinem Berufsleben gab es solche Intrigen nicht, die Patienten waren dankbar und zugewandt. Höchstens wenn einer mal betrunken, mit Drogen vollgepumpt oder psychotisch war, musste ich mich wehren. Zudem hatte ich damit zu kämpfen, dass häufig genug auf Stefan Mappus geschimpft wurde. Nicht selten bekam ich zu hören, dass sie mich wegen dieses Mannes nicht wählen könnten. Ich konnte nicht viel dazu sagen, kaum Gegenargumente finden, weil ich die Ablehnung irgendwie nachvollziehen konnte. So fand ich seinen Umgang mit den Menschen beispielsweise bei Stuttgart 21 extrem unglücklich, um es vorsichtig zu formulieren. Ich hatte wegen ihm noch weitere Schwierigkeiten. Am Parlament und Finanzminister vorbei fädelte er in seiner kurzen Amtszeit den milliardenschweren Rückkauf von Aktien des Energieversorgungsunternehmens EnBW vom französischen Energieversorger EDF ein. Dieser Deal, ausgeheckt mit einem befreundeten Investmentbanker, sollte ein Paukenschlag für seinen Wahlkampf werden. Doch die Bürger fanden sein Vorgehen undiskutabel. Zu Recht. Ohne Parlamentsbeteiligung dürfen Ausgaben in Milliardenhöhe nicht bewilligt werden.

Zum Glück ging es bei meinen Wahlveranstaltungen nicht nur um Mappus. Bei einer trat er allerdings auf. Es herrschte eine aufgeheizte Stimmung in der Halle, und ich fühlte mich nicht richtig wohl. Ich hatte meine Rede gemeinsam mit Rezzo geschrieben, also eine Wahlkampfrede für die CDU zusammen mit einem Grünen verfasst. Das war schon etwas absurd, und ich wagte nicht, es jemandem zu erzählen. Erst recht nicht, als es wegen eines einzigen Satzes dann fast zu einem Skandal kam: »Wir müssen alles tun, damit das grüne Nest nicht größer wird«, sagte ich. Man unterstellte mir, ich wolle die Grünen ausrotten und ausräuchern, dabei war für mich das Wort Nest nicht negativ, sondern positiv besetzt. Und was außer Rezzo und mir niemand wusste: Dieser Satz stammte aus Rezzos Feder. Aber das hätte ich damals niemals verraten.

Als ich in der Zeit wieder einmal auf dem Tübinger Marktplatz stand, trat eine Frau an mich heran. Sie habe zwei Kinder, erzählte sie mir, sei alleinerziehend und habe kein Geld, da der Vater der Kinder keinen Unterhalt zahle. Mir kam das sehr bekannt vor. Sie schüttete mir ihr Herz aus, und ich hörte ihr zu, sprach mit ihr, sicherlich eine halbe Stunde lang. Dabei war mir gesagt worden, man dürfe sich höchstens fünf Minuten für einen Bürger Zeit nehmen, nicht länger, um möglichst effektiv und effizient zu arbeiten. Mich schere »die Quantität von Stimmen« allerdings herzlich wenig. Ich erzählte der Frau, dass es mir ähnlich ergangen war, wie sehr ich mich damals über kleine Dinge gefreut hatte, etwa wenn ich irgendwo Orangenkisten geschenkt bekam und daraus einen Tisch oder ein Regal baute. »Es ging mir damals nicht nur schlecht«, sagte ich ihr. »Ich versuchte immer, Freude zu empfinden.« Die Welt ist auch ein bisschen so, wie man sie sich erfindet oder sie empfindet, und darauf habe ich Einfluss, das kann ich selbst bestimmen.

Es schien, als hätte ich der Frau ein wenig Mut machen können, denn sie verabschiedete sich von mir mit einem weniger angespannten Gesicht. Nach der Wahl erhielt ich eine E-Mail von ihr. Sie habe, schrieb sie, nach unserem Gespräch einen stadtbekannten Punk getroffen, der die Straßenzeitung *Trott-war* anbot, und ihm begeistert von dem Gespräch erzählt. Er hätte darauf gesagt: »Die Federle hat mir schon mal den Arm verbunden, obwohl ich kein Geld hatte, keine Krankenversicherung, und mir ein Antibiotikum geschenkt. Ich wähl die, auch wenn ich in meinem ganzen Leben noch nie die CDU gewählt habe und sie sonst auch niemals wählen würde.« Die zweifache Mutter schrieb weiter, dass er garantiert der einzige Punk in ganz Deutschland sei, der jemals die

CDU gewählt habe. Ich empfand das als ein Highlight meines Wahlkampfs.

Zum Ende des Wahlkampfs erhielt ich prominente Unterstützung. An einem Tag kam Wolfgang Schäuble nach Tübingen, damals Bundesfinanzminister. Erst hatte ich etwas Angst vor ihm, denn ich wusste, dass er ein wenig streng sein konnte, befürchtete, dass er mir gegenüber autoritär sein oder sich reserviert verhalten würde, immerhin war ich – für die CDU nicht gerade vorbildlich – eine geschiedene Frau mit vier Kindern, die in »ungeordneten Verhältnissen« lebte. Das Treffen mit Wolfgang Schäuble – und einigen Unternehmern aus der Region – war in der Krone angesetzt, einem Hotel direkt am Neckar. Als er aus dem Aufzug kam, vor dem ich auf ihn wartete, strahlte er mich an: »Sie sind sicher Frau Dr. Federle.« Er wusste über meine Vorgeschichte Bescheid, sagte, es sei toll, wie ich es über den zweiten Bildungsweg geschafft hätte, Medizin zu studieren. Er war herzlich und offen, meine Ängste waren wie weggeblasen, und ich schloss ihn augenblicklich ins Herz. Bei ihm hatte ich das Gefühl, dass er jemand war, der sich Gedanken um andere Menschen machte. Da ich das ebenfalls tat, hatte ich sofort einen guten Draht zu ihm. Und das ist bis heute so geblieben.

Ebenfalls ganz anders als erwartet verlief ein Treffen mit Ursula von der Leyen, der damaligen Bundesministerin für Arbeit und Soziales. Ich fand sie grandios – eine Frau, die sieben Kinder zur Welt gebracht hatte, die wie ich Ärztin war und politisch engagiert. Solche Gemeinsamkeiten schaffen in der Regel sofort eine traute Verbundenheit, und ich war gespannt auf unsere Begegnung, freute mich sehr darauf. Doch selten habe ich eine Person als so streng und distanziert und emotionslos wahrgenommen. Aber vielleicht hatte sie auch einfach nur einen schlechten Tag.

Im Februar 2011 kündigten sich noch Bundeskanzlerin Angela Merkel und erneut Stefan Mappus an. Das Wetter war schlecht, stürmisches Schneetreiben, und ich hoffte, dass der Hubschrauber von Mappus nicht landen konnte, einzig und allein der von Angela Merkel. An der Seite von Mappus mochte ich nicht unbedingt zu den dreitausend Menschen sprechen, die für diesen Auftritt erwartet wurden. Und meine Hoffnung erfüllte sich: Der Helikopter von Mappus erhielt keine Flugerlaubnis.

Angela Merkel – es war meine erste Begegnung mit ihr – war sehr herzlich. Sie fand auf der Bühne warme, nette Worte und lobte mich über den grünen Klee. Natürlich war der Sinn und Zweck der Veranstaltung eine Aufwertung meiner Person als Wahlkandidatin, nur dazu war sie angereist, dennoch erfüllte es mich mit Stolz. Dann sprach sie ein paar politische Themen an. So warnte sie etwa vor einer überhasteten Einigung im Streit um höhere Hartz-IV-Sätze, verteidigte das Projekt Stuttgart 21, räumte aber auch ein, dass diesbezüglich einiges schiefgelaufen war. Was bei den Tübingern nicht so gut ankam, war, dass sie sich nicht in das Goldene Buch der Stadt eintrug. Vielleicht, weil die Stadt in Boris Palmer einen grünen Bürgermeister hatte. Ich sagte ihm, wenig tröstlich: »Als Autogrammjäger eignest du dich nicht gerade.«

Vor der Veranstaltung mit der Bundeskanzlerin hatte ich Mechthild, eine Freundin und wie ich Notärztin, gebeten, zur Verfügung zu stehen, falls jemand kollabierte oder was weiß ich passierte. Ich hatte bereits ein paarmal meine Rede bei Wahlkampfauftritten unterbrechen und Erste Hilfe leisten müssen, weil jemand umgekippt war. An einem so wichtigen Tag wollte ich mich aber ganz auf die Zeit neben Frau Merkel konzentrieren.

Diese Veranstaltungen mit Prominenz und so vielen Leuten waren ein völlig neues Terrain für mich. Auch fand ich das politische Gebaren etwas befremdlich. Eine Landtagswahl war nicht im Geringsten mit einer Kommunalwahl vergleichbar. Als Kandidatin für den Gemeinderat oder den Kreistag war es ein Heimspiel gewesen, bei der Aufstellung zur Landtagswahl hatte ich dagegen zu allen Leuten nett zu sein, jedem die Hand zu schütteln. Das war nicht immer leicht, zumal ich die Position des Spitzenkandidaten, also von Mappus, vertreten sollte, obwohl ich teilweise völlig anderer Meinung war. Ich versuchte meine Ansichten so zu vertreten, dass sie für die Partei tragbar waren und ich mich morgens noch im Spiegel anschauen konnte. So hatte ich nichts gegen eine schwarz-grüne Regierung, die der Ministerpräsident, sollte er wiedergewählt werden, strikt ablehnte. Ich war nicht die typische Wahlkämpferin, kein *Homo politicus,* wollte mich unabhängig fühlen, was ich aber in dieser Rolle nicht war. Manchmal hat man mir das sicher angesehen. Wahlkampfveranstaltungen waren wirklich keine Spaßveranstaltungen. Eines Nachts flimmerte diese entsetzliche Katastrophe in Fukushima über den Bildschirm. Da wusste ich, dass ich den Wahlkampf in Tübingen mit seinen vielen Grünen wohl nicht gewinnen könnte.

Die Landtagswahl war am 27. März 2011. Ich bekam genau 21 Stimmen weniger als der Grüne Daniel Lede Abal. Da ich schon fast damit gerechnet hatte, die Wahl zu verlieren, war ich nicht völlig deprimiert oder geschockt. Ich hatte nicht über lange Zeit auf eine politische Karriere hingearbeitet, von der mein Leben abgehangen hätte, und ich hatte ja weiterhin meinen geliebten Beruf. Wegen der Reaktorkatastrophe in Japan bekamen die Grünen gewaltigen Zuspruch, weshalb auch nicht Mappus, sondern Winfried Kretschmann neuer Ministerpräsident von Baden-Württemberg wurde. Sein Stellvertreter wurde Thomas Strobl von der CDU. Auch er hatte mich im Wahlkampf tatkräftig unterstützt, und noch heute verbindet uns eine echte Freundschaft. Es gibt also doch auch Freunde in der Partei.

Was mir nach der Wahl aufstieß: Hatten seine sogenannten Parteifreunde Stefan Mappus vor der Wahl noch in höchsten Tönen gelobt, so wurde er, als er nicht wiedergewählt wurde, von der CDU geradezu gesteinigt. Plötzlich hieß es: »Wir fanden den schon immer furchtbar.« Ich fand Aussagen wie diese unmöglich und erklärte gegenüber der Presse, als ich danach gefragt wurde: »Ich trete nicht nach jemandem, der schon am Boden liegt.« Das ist unter anderen ein Lebensmotto von mir: Wenn es jemandem schlecht geht, vergesse ich sogar die größte Feindschaft. Wenngleich mir die Diskussionen um die Politik von Stefan Mappus den Wahlkampf nicht leichter gemacht hatten und ich ihn in Tübingen bewusst kaum plakatiert hatte, so hatte das nichts mit der Situation nach seiner Niederlage zu tun. Ich war letztendlich nicht traurig, dass ich doch keine Laufbahn als Berufspolitikerin einschlug. So musste ich mir auch keine Gedanken darüber machen, wie ein Leben ohne meinen Traumberuf Ärztin oder mit nur sehr eingeschränkter ärztlicher Tätigkeit für mich machbar gewesen wäre. Denn ganz damit aufhören hätte ich niemals wollen.

16
Politik-Booster Rezzo

»Ein Leben ohne Mops ist möglich, aber sinnlos.« Diese legendäre Loriot-Weisheit gilt im übertragenen Sinn bei mir für die Politik. Ohne die kräftigen Anschübe und Aufmunterungen von Rezzo Schlauch wäre es vielleicht nie so gekommen. Er war mein Politik-Booster! Ein wenig stolz bin ich schon darauf, mich in der Männerwelt der Christdemokraten durchgesetzt zu haben, zumal als krasse Außenseiterin und erst recht als berufstätige Mutter mit vier Kindern. Aus der Gemeinderatswahl als Stimmenkönigin hervorzugehen war völlig überraschend. Zudem ein wunderbares Gefühl der Bestätigung und des Vertrauens. Bei der Landtagswahl zu scheitern ließ sich durchaus verdauen, hatte der Sieger doch lediglich 21 Stimmen mehr. Ein Wahlkrimi à la Hollywood, der Furore machte.

Bei der Landtagswahl 2021 wollte ich dennoch nicht mehr für die CDU ins Rennen gehen. Mein ehrenamtliches Engagement in der Corona-Politik sprengte bereits chronisch den Kalender. Noch mehr Verpflichtungen wären möglich, aber sinnlos – um erneut Loriot das Wort zu geben. Aus diesem Grund hatte ich auch keinerlei Ambitionen, das Amt der Gesundheitsministerin zu übernehmen, wie es bisweilen kolportiert wurde. Bei den Koalitionsverhandlungen für die baden-württembergische Regierung wirkte ich allerdings mit. Unter anderem war mir dabei wichtig, dass das Land seine Unterstützung für das völlig verarmte Burundi aufrechterhält, einen der kleinsten Staaten Afrikas und Partnerland Baden-Württembergs. Auf die Situation Burundis war ich durch den Fußball aufmerksam geworden, genauer durch den Spitzenspieler Thilo Kehrer. Er wurde 1996 in Tübingen als Sohn einer burundischen Mutter und eines deutschen Vaters geboren. Papa Armin war Schreiner, Bestatter und Entwicklungshelfer. Mit ihm verbanden mich unzählige Dienste über viele Jahre, in denen wir uns gemeinsam um die Toten und Hinterbliebenen kümmerten, ich in Form von Todesbescheinigungen und Betreuung der Angehörigen, er, indem er einfühlsam die Formalitäten erledigte und Gespräche führte. Wir konnten uns immer aufeinander verlassen, und es war eine vertrauensvolle Zusammenarbeit, wenn er an der Reihe war. Denn der Rufdienst der Bestatter bei Unfällen wechselte regelmäßig, aber da ich fast immer Dienst hatte, traf es mich auch fast immer. Im Frühjahr 2020 kam Armin auf mich zu, weil er wusste, dass ich Präsidentin des Landesverbands des DRK war, und er mir vertraute, dass ich die Spende seines Sohnes sinnvoll einsetzen würde. Andere Fußballstars gönnen sich ein mit Blattgold umhülltes Steak für 1200 Euro, Thilo spendete für die Helfer beim DRK. Bloß kein großes Aufheben machen, meinte Thilo bescheiden – der Betrag war alles andere als das!

Kurz davor hatte Thilo bereits die Stiftung Thilo Kehrer Foundation – Terimbere gegründet, die Kinder und Jugendliche in Burundi unterstützt. Eine Herzensangelegenheit, wie der 25-Jährige sagt. »Das Leben hat mir bisher viele Bälle zugespielt. Zeit für ein paar Rückpässe«, erläutert der sympathische Sportler auf der Website der Stiftung. »Terimbere« bedeutet so viel wie »Aufbruch in eine bessere Zukunft«. Sechs Jahre hat Kehrer bei der Tübinger TSG gespielt, jenem Verein, für den Dieter Thomas (»Tommy«) Kuhn das Beckenbauer-Lied »Gute Freunde soll keiner trennen« neu aufgenommen hat. So schließt sich der Kreis. Großes kleines Tübingen eben.

17
Ein ganz normaler Flug

Im Halbschlaf höre ich ein Gemurmel aus dem Fernseher, irgendeine dämliche Talkshow, schlaftrunkener Blick aufs Handy, erst halb fünf. Es war bereits der dritte Blick, beim ersten war die Nacht noch im Begriff, erfolgreich schlafend bestritten werden zu können. Na, dann jetzt immerhin noch eine Stunde Schlaf, bis der Wecker klingelt. Doch statt des Weckers weckte mich kurz darauf der unerbärmliche Klingelton der Leitstelle. Benommen nahm ich den Hörer ab. »Geburt« war das einzige Wort, das bis an mein Ohr vordrang. Damit war ich in Windeseile hellwach.

»Wie, kein Notarzt? Ich muss später einen Patienten auf einem Flug nach Kanada begleiten!«

»Nein, kein einziger Notarzt frei, du bist unsere letzte Hoffnung«, quäkte es aus dem Telefon.

Geht's vielleicht auch mal ohne mich?, dachte ich. Zähne putzen und ab in die Klamotten, für Lippenstift reichte es nicht mehr. Dann ins Auto und dem Rettungswagen entgegen. Das Blaulicht blitzte gespenstisch in der Nacht, Martinshorn war überflüssig, es war ohnehin kaum einer unterwegs – außer einem Kind, das ausgerechnet jetzt auf die Welt kommen wollte. Wir schafften es gerade noch bis in die Klinik, bevor der Kopf ganz herausschaute.

»Ich sollte jetzt eigentlich auf dem Weg zum Flieger nach Kanada sein«, klagte ich Martin, dem Rettungsassistenten.

»Das klingt ja fantastisch, dann schönen Urlaub«, wünschte er lachend.

»Von wegen Urlaub, hin und zurück in zwei Tagen.« Für mehr Erläuterungen hatte ich keine Zeit. Ich machte mich schleunigst auf den Weg nach Hause. Den Kaffee konnte ich bereits förmlich in der Nase riechen, gedanklich beschäftigte ich mich mit meiner nicht gepackten Reisetasche und rechnete mir aus, dass für Kaffeegenuss und Packen gerade noch eine Viertelstunde verbliebe, als erneut das Handy klingelte. »Sturz aus dem Fenster, Hechingerstraße, alle Kräfte im Einsatz«, zum Nachfragen reichte es gar nicht mehr. Langsam kam ich mir unverzichtbar vor, eigentlich ein schönes Gefühl, allerdings nicht jetzt, wo David und der Patient, den wir nach Kanada begleiten sollten, sicher schon ungeduldig auf mich warteten. Bei dem Flieger konnte ich erst recht nicht auf Geduld hoffen, dem Linienflug war es gleichgültig, ob wir mit an Bord wären. Trotz Reanimation war der Patient nicht zu retten. Alles deutete auf einen Suizid. Ich besorgte noch rasch einen Seelsorger für die Angehörigen und beeilte mich, nach Hause zu kommen, wo ich schnell ein paar Sachen in eine Tasche stopfte. David und der Rettungswagen warteten bereits. Wir verstauten das Gepäck, holten den Patienten ab – steckten bald darauf im Stau auf der A5 in Richtung Frankfurt. Zum Glück hatten wir Blaulicht und Martinshorn, und hier handelte es sich tatsächlich um einen Notfall. Gerade noch rechtzeitig erreichten wir das First-Class-Terminal in Frankfurt. Erster Klasse nach Kanada? Ja, das war die einzige Möglichkeit, diesen Patienten zu transportieren, der wegen seiner Lähmung aufwendig gelagert werden musste. Das war gewiss kein Schnäppchen, aber günstiger als ein Rettungsflug.

Als der Patient gut versorgt war, streckte ich gemütlich die Beine aus. Meine Flugangst hatte ich mittlerweile weitgehend im Griff. Achteinhalb Stunden sollte der Flug dauern. Das erste Drittel verlief ruhig, der Patient schlief, und auch mir fielen jetzt die Augen zu – auf solch bequemen Sitzen ließ es sich wahrlich aushalten. Plötzlich hörte ich die Stimme der Stewardess. »Wir haben hinten im Flugzeug einen Notfall, eigentlich sind es sogar zwei.« Diesen Satz hatte ich irgendwie noch vom letzten Flug in Erinnerung.

Je näher ich dem Geschehen kam, umso deutlicher stieg mir der Geruch von Erbrochenem in die Nase. Der zweite Notfall war gerade dabei, sich ebenfalls heftig zu übergeben. Gut, dass ich dank meines Notfallkoffers optimal ausgerüstet war. Die eine Patientin war schnell versorgt, die andere aber wurde zum akuten Notfall. Ihr Blutdruck war jenseits der zweihundert, und da sie stark blutverdünnende Medikamente nahm, drohte eine Hirnblutung. Ich nahm sie mit in die First Class, wo ich ihr ein Krankenlager einrichtete.

»Ich könnte frühestens in zweieinhalb Stunden zwischenlanden, bitte tun Sie alles, was in Ihrer Macht steht«, sagte der Kapitän.

»Ich werde es schon hinbekommen, machen Sie sich keine Sorgen«, beruhigte ich ihn.

Die nächsten Stunden verbrachte ich mit Blutdruckmessen und -senken sowie sanften beruhigenden Worten. Über Funk bestellte der Kapitän einen Notarzt und einen Rettungswagen ans Flugfeld. Nach der Landung in Toronto stürmte eine Truppe das Flugzeug, wobei unklar war, bei wem es sich um einen Feuerwehrmann und bei wem um einen Sanitäter handelte, denn sie sahen alle gleich aus. Nach fünfmaliger medizinischer Übergabe, immer wieder an einen anderen aus dem Rudel, verloren der Kapitän und ich die Geduld. Würde ich so arbeiten, würde die Hälfte meiner Patienten das nicht überleben. Ein Blick auf meine Uhr sagte mir, dass die Zeit zum Anschlussflug nach Halifax zunehmend knapper wurde.

Am Ausgang des Flugzeugs erwartete uns das absolute Chaos. Dort kämpfte die Truppe immer noch mit EKG, Sauerstoff und dazu mit Sprachproblemen. Von dem Rollstuhl unseres Patienten fehlte jede Spur, und niemand fühlte sich wirklich zuständig. Das Gepäck – drei riesige Koffer und vier Kartons sowie ein weiterer Rollstuhl, zusammen gefühlte zweihundert Kilogramm – mussten wir uns mühevoll zusammensuchen, wobei lediglich eine schmächtige Flughafenangestellte zu helfen versuchte. Dunkel erinnerte ich mich, dass wir ein First-Class-Ticket gebucht hatten, Service komplett inbegriffen. David riss sich in der Hektik einen Finger blutig, und dann sahen wir unsere Anschlussmaschine in den Himmel aufsteigen. Als ich mich beschwerte, wurde mir eine Visitenkarte in die Hand gedrückt mit den Worten: »Hier ist eine E-Mail-Adresse. Unter der können Sie sich beschweren.« Ich fragte nach dem Verantwortlichen. Nach weiteren zwanzig Minuten, die wir in einem Berg von Gepäck verbrachten, kam eine Dame mit der netten Bezeichnung Service Assistent. Sie schien ernsthaft um Schadensbegrenzung bemüht, so schafften wir es immerhin noch pünktlich auf die zwei Stunden später startende Maschine.

Endlich wieder im Flugzeug, nun in der Businessclass, knurrte mein Magen. An Essen war bislang ja nicht zu denken gewesen – und nach deutscher Zeit war es mittlerweile zwei Uhr nachts! Ich freute mich auf eine Mahlzeit, die Speisekarte las sich vielversprechend. Ich entschied mich für Vorspeise, Steak und Käse. Der Flugbegleiter beugte sich über mich mit den Worten: »Wir haben leider zu wenig Essen, könnten Sie eventuell verzichten?«

Warum immer ich?, denke ich und willige ein. »Aber nur, wenn mein Sohn etwas bekommt«, und deutete auf David.

»Es ist leider nichts da, weder für Sie noch für Ihren Sohn.« Ich will mich gerade beschweren, als er mich mit den Worten abwürgt: »Ich bin dafür nicht zuständig, beschweren Sie sich bei der Leitung. Ich kann Ihnen die E-Mail-Adresse geben.«

Das ist mir doch zu blöd, dachte ich und bestellte ein Glas Wein. Da ich nichts gegessen hatte, zeigte der Alkohol unverzüglich seine Wirkung, und ich fühlte mich wie auf Wolke sieben. Nur leider nicht allzu lange.

»Bitte anschnallen«, ertönte plötzlich eine Durchsage, »wir haben hier einen Hurrikan. Es ist noch nicht klar, ob wir in Halifax landen können.«

Ich fragte den Flugbegleiter nach dem Namen des Hurrikans. »Leslie« ... Typisch, immer Frauennamen. Ich vergewisserte mich, dass es meinem Patienten gut ging, und schob mir die Stöpsel meines Handys in die Ohren. »Komm mit mir ins Abenteuerland«, hörte ich als Begleitmusik zu den heftigen Turbulenzen, die das Flugzeug bedrohlich durchschüttelten.

Die Landung gelang dann ohne Probleme, nur Pech, dass der Flugsteig ein technisches Problem hatte. Wir saßen eine geschlagene Stunde im Flugzeug, bis sich endlich die Türen für uns öffneten. Bis dahin hatte ich sämtliche Songs meiner Playlist durch. Und ich selbst war inzwischen ebenfalls durch. Es war jetzt fünf Uhr früh in Deutschland. Derweil ging hier die Pleiten-Pech-und-Pannen-Serie weiter: Während die Ehefrau des Patienten auf uns wartete, wurde ihr Auto abgeschleppt, offensichtlich hatten die Ordnungshüter das Behindertenschild übersehen. Um halb sieben fiel ich schließlich todmüde ins Bett. Mein letzter Gedanke war: Um First Class mache ich in der nächsten Zeit lieber einen großen Bogen.

18
Familienleben mit Stabilisierungsfaktor

Die Nacht war kurz gewesen, um halb vier hatte ich den letzten Notdiensteinsatz gehabt. Jetzt erklärte eine besorgte Mutter am Telefon: »Mein Kind hat Fieber. Möchte einen Arzt.«

»Wie hoch ist denn das Fieber«, fragte ich nach. »Und seit wann hat Ihr Kind Fieber?«

»Weiß nicht.« Die Mutter sprach gebrochen Deutsch. »Kann nicht messen, aber schnell kommen, Kind ist krank, seit zwei Tagen.« Mit diesen Worten und unter Angabe einer Adresse legte die Mutter auf.

Etwas verärgert schlüpfte ich in meine Jeans. Wieso, dachte ich, ist diese Frau mit ihrem Kind nicht zum Arzt gegangen, wenn es schon seit zwei Tagen krank ist? Und wieso besaß eine Mutter kein Fieberthermometer? Ich wusste aber auch, dass ich mir solche Fragen besser nicht stellen sollte – sie würden mich nur daran hindern, augenblicklich zu handeln. Manche Menschen konnten sich kein Fieberthermometer leisten oder können nicht damit umgehen. Wie oft hatte ich, als es noch die Zuzahlung von zehn Euro gab, die sogenannte Praxisgebühr, erlebt, dass Patienten, vor allem ältere, in ihrem Portemonnaie wühlten, um sie zu entrichten. Nicht nur einmal hatte ich abgewinkt und sie aus eigener Tasche bezahlt, weil ich gemerkt hatte, dass manche Menschen die zehn Euro dringend brauchten, um sich etwas zu essen kaufen zu können. Deshalb kämpfte ich auch gegen die Praxisgebühr und war froh, als sie wieder abgeschafft wurde. Vor so mancher politischen Entscheidung wäre es sinnvoll, erst die Menschen zu fragen, die an der Basis arbeiten. Aber mit Theorie und Praxis ist das so eine Sache und mit Schreibtisch und Straße ebenfalls.

Die Frau öffnete die Tür, dem Namen nach vermutete ich, dass sie aus der Türkei stammte. In einem Kinderbett im Schlafzimmer lag ihre kleine Tochter. Sie fühlte sich heiß und schwitzig an, die Haare klebten an der Stirn.

Nach dem Fiebermessen sagte ich der Mutter: »Ihr Kind hat kein hohes Fieber, es hat die Symptome einer leichten Grippe. Ich lasse Ihnen ein paar Medikamente da.« Die Wohnung sah ärmlich aus, ich vermutete, dass selbst die Rezeptgebühr das Budget der Familie überstieg, zum Glück musste ich bei Kindern keine kassieren.

Um halb sechs war ich wieder daheim, die Nacht war gelaufen. Auf dem Rückweg hatte ich beim Bäcker, natürlich beim Walker, frisches Backwerk besorgt. Ich legte die Tüte, aus der es herrlich duftete, auf den Tisch, machte mir einen Kaffee und fischte meine drei Tageszeitungen aus dem Briefkasten. Im Haus war noch alles still, die Kinder und Rezzo schliefen noch.

Schließlich hörte ich erste Schritte auf der Treppe.

»Kurze Nacht gehabt?«, fragte Rezzo.

»Ja«, erwiderte ich. »Kaffee?«

»Gern.«

Ich stellte ihm eine große Tasse schwarzen Kaffee ohne Zucker hin und reichte ihm eine der Zeitungen. Von oben ertönte lautes Geschrei. Eindeutig identifizierte ich Jonathans Stimme: »Ich muss zur Schule, lass mich zuerst ins Bad.« David war mal wieder schneller gewesen und hatte seinen Vorteil als großer Bruder genutzt.

»Zum Glück habe ich mein eigenes Bad«, sagte ich in Rezzos Richtung.

Rezzos Blick streifte mich, bevor er sich wieder in seine Lektüre vertiefte, nicht ohne in bestimmten Abständen Kommentare von sich zu geben. »Ist ja wirklich erstaunlich, dass die Bundesregierung den Ausstieg aus der Atomenergie tatsächlich durchzieht. Unsere Bundeskanzlerin wird immer grüner, hätte ich ihr gar nicht zugetraut.« Oder: »Unser neuer Bundespräsident Herr Gauck hat mal wieder eine Rede gehalten, und was für eine – na ja, als ehemaliger Pastor ist er darin geübt, sympathischer Kerl, ihn würde ich gern mal wieder treffen. Die Menschen scheinen ihn zu mögen. Dabei war der Wulff mit seiner Gattin Bettina ja äußerst beliebt – endlich mal frischer Wind im Schloss, kleine Kinder, eine Patchworkfamilie, hatte sich ganz passabel angehört.« Es ging bei uns häufig um Politik und ihre Feinheiten, und wenn dann noch ein persönlicher Bezug dazu da war, war es natürlich noch spannender.

Die beiden Streithähne betraten die Küche, als hätte es nie eine Auseinandersetzung gegeben. Konkurrenz unter Geschwistern ist wohl etwas Unerlässliches, dachte ich, wobei schon ein weiterer Streit drohte: der um die dritte Zeitung. Als die Jungs aber die Tüte vom Bäcker sahen, war die Zeitung mit einem Schlag vergessen.

»Essen wir heute Abend zusammen?«, fragte Rezzo, als ich erklärte, dass ich versuchen wollte, noch eine Runde zu schlafen.

Ich nickte. »Um neunzehn Uhr beginnt aber mein Notdienst.«

Als ich von den Hausbesuchen nach Hause kam, die ich während des Tages gemacht hatte, stand Rezzo in der Küche – inmitten eines heillosen Durcheinanders. Pfannen, Schüsseln, Teller stapelten sich auf dem Tresen und dem Tisch. Er hatte riesige Steaks mitgebracht und war gerade mit dem Salat beschäftigt. Gurken und Tomaten waren schon geschnitten.

»Wo ist der Jungsche?«, begrüßte er mich. Gemeint war Jonathan.

»Er ist noch mit Benjamin unterwegs, zum Getränkemarkt. Sie müssten aber bald da sein.«

Durchdringend schaute er mich an. »Mach dir keinen Kopf wegen der verlorenen Wahl! Die haben dich sowieso nicht verdient.«

Eine Weile überlegte ich, weil ich nicht genau wusste, was ich wirklich empfand.

»Ich bin hin- und hergerissen«, sagte ich schließlich. »Es war aufregend gewesen, zu spüren, dass man vielleicht etwas in einem größeren Umfang verändern könnte, nicht nur bei Angelegenheiten im Kreis. Aber letztlich bin ich auch froh, dass ich weiter meinen Beruf ausüben kann.«

»Liegt es daran, dass dich der konservative Teil der CDU so boykottiert hat? Oder diskriminiert? Das ist wohl der bessere Ausdruck. Die haben überhaupt nicht begriffen, was sie an dir haben.« Ich wusste damals noch nicht, dass sich das Blatt etliche Jahre später wenden sollte.

»Sicher liegt es auch daran. Ich verstehe nicht, wie man so viel Falsches über mich verbreiten konnte. Dass ich vier Kinder von vier verschiedenen Männern hätte. Fast wundert mich, dass sie nicht fünf gesagt haben. Aus Protest würde ich immer nur in engen Jeans herumlaufen. Das mache ich nicht aus Protest, sondern trage enge Jeans, wenn mir danach ist. Oder ziehe einen kurzen Rock an, wenn ich Lust dazu habe und mich damit wohlfühle. Auch wenn andere womöglich denken: Wie kann die in diesem Alter noch in solchen Sachen herumlaufen?« – Ich war gerade fünfzig geworden. – »Ich habe lange genug nicht anziehen können, was ich wollte, zuerst in meiner Kindheit und später, weil ich eine Weile kein Geld dafür hatte.«

»Ich finde es toll, wie du dich anziehst, mir gefällt dein Outfit.«

Ich reagierte nicht auf Rezzos Einwurf, sondern fuhr fort: »Ich will mich einfach nicht mehr in ein Schema pressen lassen. Endlich habe ich die Chance und die Freiheit, alles Mögliche zu machen. Aber das hat doch nichts damit zu tun, dass ich Unfrieden stiften will, wie einige behauptet haben. Ebenso wenig bin ich total rebellisch, das stimmt so einfach nicht. Aber muss man sich immer alles gefallen lassen?«

»Immerhin wissen das einige in der CDU zu schätzen. Wolfgang Schäuble hat doch gesagt: ›Menschen wie du sind für die CDU unbezahlbar.‹ Aber deine Art ruft auch Neider auf den

Plan. In der Politik ist das gang und gäbe. Da muss man sich ein dickes Fell anschaffen, das kann ich dir aus eigener Erfahrung sagen.«

»Ach, deshalb hast du die Statur eines Bären, jetzt wird mir alles klar«, grinste ich.

Rezzo war nicht nur robust gebaut, er konnte auch lospoltern. »Poltergeist« nannten wir ihn manchmal in meiner Familie, aber er war ein liebevoller Poltergeist. Zu jedem und allem bezog er Stellung, regte sich herrlich auf, wenn Politiker seiner Meinung nach nur Blödsinn daherredeten. »Der und der sagt furchtbar blödsinniges Zeug, so ein Typ ist das!« Zuvor hatte ich niemanden gekannt, der Dinge so klar auf den Punkt bringen und analysieren konnte wie er. Welches Thema es auch war, Rezzo begriff immer sofort, worum es ging. Die Kinder lernten viel von seinem kritisch-analytischen Denken, auch weil er Spaß hatte, sich mit ihnen auseinanderzusetzen. Und er konnte sich in einer herrlich plastischen Art und Weise ausdrücken. Die Kinder mochten jedoch ebenso seine starke, männliche, selbstbewusste und beschützende Art, die er an den Tag legte. Außerdem war er extrem präsent. Riefen die Kinder ihn an, weil sie einen Ansprechpartner brauchten und ich gerade keine Zeit hatte, war er sofort zur Stelle. Er setzte sich für sie ein, wenn es Probleme gab. Das ging sogar so weit, dass er einmal eine Lehrerin ansprach, die einem der Kinder ein sehr schlechtes Zeugnis ausgestellt hatte – zu Unrecht, wie er meinte. Als die Schule die Vorwürfe abwies, nahm Rezzo sofort Kontakt mit dem Regierungspräsidium auf und beschwerte sich. »Das geht gar nicht«, erklärte er und legte seine Sichtweise dar. Am Ende musste das Zeugnis tatsächlich umgeschrieben werden. Einige Jahre später gab es weitere massive Probleme an dieser Schule. Ich hatte sogar wiederholt im Notdienst Jugendliche dieser Schule, die Angstzustände entwickelt hatten. Aber das ist eine andere Geschichte.

Rezzo sprach aber wenn nötig auch deutliche Worte zu meinen Kindern, sodass es – obwohl sie ihn über alles liebten und fast wie einen Vater akzeptierten – hin und wieder mal Zoff gab. So konnte er zu Jonathan sagen: »Jetzt reicht's, du bist viel zu faul, mach endlich mal deine Hausaufgaben.« Damit sich mein Sohn nicht herausmogeln konnte, übernahm Rezzo telefonisch die Hausaufgabenkontrolle, wenn er nicht bei uns, sondern in seiner eigenen Wohnung war. Er hatte dafür weitaus mehr Geduld und Talent als ich, denn ich dachte, wenn ich neben einem Kind beim Hausaufgabenmachen saß, insgeheim oft: Mein Gott, so blöd kann man doch gar nicht sein. Niemals im Leben hätte ich Lehrerin werden können. Meist war Rezzo in der Woche an mindestens drei Abenden bei uns und fast jedes Wochenende. Und wurden Tests geschrieben, fragte er immer direkt nach, im Gegensatz zu mir, die sich kaum die Termine für die Klassenarbeiten merken konnte. Auch mit den Namen der Lehrer hatte ich so meine Schwierigkeiten, aber vielleicht erinnerte mich einfach alles zu sehr an meine katastrophale Schulzeit.

Der Zusammenhalt in unserer Familie, die Lebendigkeit, die spannenden Gespräche, das unbedingte Füreinander-da-Sein hatten Rezzo fasziniert und diese Selbstverständlichkeit, dass man dazugehörte.

»Machst du die Salatsoße?« Rezzo holte mich aus meinen Gedanken.

»Klar, mit Essig und Öl, das magst du ja am liebsten«, entgegnete ich. »Übrigens, immer wieder werde ich gefragt, wie wir denn politisch miteinander klarkommen, weil wir doch in unterschiedlichen Parteien sind.«

»Und was sagst du den Leuten dann?« Rezzo schnitt ein paar Zwiebeln auf einem Holzbrett, wobei schon wieder ein Teil auf dem Boden landete, legte frische Kräuter dazu und schubste dann alles gemeinsam mit Tomaten und Gurken in eine riesige Schüssel.

»Dass wir sehr oft eine ähnliche Meinung vertreten und du durchaus eine konservative Seite hast.«

Rezzo lachte. »Wir haben aber auch schon völlig konträre Ansichten gehabt. Da ging es ziemlich hoch her.«

»Aber wir haben uns nie angegiftet, selbst wenn es lautstark wurde. Nie wurde es persönlich, sondern immer lebhaft ausdiskutiert. Ich kann mich nicht daran erinnern, dass du versucht hättest, mich auf Biegen und Brechen auf deine Seite zu ziehen – oder ich dich auf meine. Eher war es so gewesen, dass wir uns nach und nach angenähert haben. Das ist jedenfalls mein Empfinden, und letztlich geht es in der Politik um die Menschen und darum, vernünftige Kompromisse zu finden.«

»Da hast du mit allem recht.« Rezzo machte den Herd an und stellte mit Schwung die Pfanne für die Steaks auf das Keramikfeld. Dann schaltete er den Backofen ein, in dem das Fleisch noch eine Weile garen und ruhen sollte. Da ging mir durch den Sinn, dass ein alter Holz- und Kohleherd, wie sein Bruder Bernulf ihn besaß, eigentlich viel besser zu ihm passte. Man merkte den beiden ihre bodenständige Hohenloher Landbubenwelt immer noch an.

Berne, wie wir ihn nannten, war ein Unikum. Lange Haare und Rauschebart, kräftiger muskulöser Körper, meist mit Holzfällerhemd bekleidet, lebte er in Bächlingen in einem richtigen Hexenhäuschen, das mich immer aufs Neue verzauberte. Alles würde problemlos in einem Museum unterkommen, von den Möbeln angefangen über die alten Töpfe und Porzellanschüsseln bis hin zur verwunschenen Gartenlaube und dem von Bäumen und Sträuchern fast zugewachsenen, schwer auszumachenden Weg zur Haustür, die auch eher ans vorletzte Jahrhundert erinnerte. Wir telefonierten häufig, meist nachts, wenn Berne seine Holunderblüten, Birnen oder Beeren geerntet hatte und mit dem Schnapsbrennen oder Ansetzen von Holundersekt fertig war.

Es war wie in einer anderen Welt, manchmal fast wie im Paradies, wenn Rezzo und ich ihn besuchten. Dann schwammen wir in der Jagst, führten lange Gespräche und aßen aus alten dampfenden Töpfen fantastische Gerichte mit Kräutern und Zutaten, die ich teilweise nicht einmal kannte. Alles war frisch und regional und schmeckte um Klassen besser als das aus Holland importierte Zeug. Einmal flogen wir zusammen nach Berlin, und Berne zeigte mir unsere Hauptstadt, die ich bis zu diesem Zeitpunkt kaum kannte, er dafür umso besser. Wir besuchten das Kabarett-Theater Distel und erlebten eine grandiose politische Satire. Ein anderes Mal stand Berne mit seinem bis unters Dach mit Holzscheiten und selbst gemachtem Holundersaft vollgepackten Kastenwagen vor meinem Haus und bereitete mir damit eine riesige Überraschung. Von dem Holz habe ich immer noch welches übrig, über den Holundersaft machte sich allerdings sofort Jonathan her.

Ich zuckte zusammen, Rezzo war gerade der Topfdeckel auf den Boden gefallen und hatte mich damit ein weiteres Mal jäh aus meinen Gedanken gerissen. Er hatte gehört, dass Jonathan und Benjamin nach Hause gekommen waren. David war in seinem Zimmer, Simone wohnte nicht mehr bei uns. Sie hatte ihre berufliche Erfüllung bei einer Schweizer Bank gefunden, nachdem sie BWL studiert hatte (von mir hatte sie das nicht). Manchmal bedauerte sie ein wenig, dass sie so weit weg von Tübingen und unserem kunterbunten Küchentisch war, was für mich daran ablesbar war, dass sie mir vorhielt: »Mama, du könntest mich ruhig mal öfter anrufen.«

Unsere Diskussionen am Esstisch sind wirklich sehr lebendig, dachte ich, die Kinder nehmen mal Partei für Rezzo, dann wieder für mich, oder sie vertreten eine völlig andere Meinung. Rezzo hatte Gefallen daran, sich mit allen möglichen Themen auseinanderzusetzen, und dominierte meist lautstark und lebendig die Unterhaltungen, die er mit Anekdoten über Politiker oder andere Personen des öffentlichen Lebens aus Gegenwart oder Vergangenheit spickte.

»Wir sind beide keine Hardliner«, bemerkte er noch. »Du nicht bei den Schwarzen und ich nicht bei den Grünen. Du wirst ja auch eher als schwarz-grün eingestuft. Dann passt ja mal alles wieder. Aber nun gibt es Essen.«

Ich trat zu ihm und umarmte ihn kurz. Er war nicht jemand, der häufig in den Arm genommen werden wollte, derartige Zärtlichkeiten waren nicht sein Ding. Aber heute erwiderte er mit seinen fettverschmierten, nach Zwiebel riechenden Fingern meine Umarmung und drückte mir einen schnellen Kuss auf die Lippen. In Momenten wie diesen fühlte ich mich unglaublich geborgen, beschützt und behütet, und die Situationen, in denen ich Verantwortung trug, in denen ich um Leben kämpfte, die mich auch belasteten und mir nahegingen, waren wie weggewischt. Ich war dann nicht diejenige, die stark sein, die Entscheidungen von enormer Tragweite fällen musste, die Trost spendete und Hoffnungen weckte oder Leben rettete. Ich war einfach nur Lisa, die sich an eine Schulter lehnte und die manchmal bis ans Brutale grenzende Realität hinter sich ließ. Es waren wenige Stunden einer heilen Welt, in denen ich gern verweilte, auch wenn ich wusste, dass sie nicht ewig dauern würden. Aber das machte nichts, mir reichten sie, um wieder aufzutanken und die schönen Seiten des Lebens dankbar und glücklich auszukosten.

Zum Essen setzten wir uns alle um den Tisch und redeten über Jonathans Unterrichtsfächer. Mein jüngster Sohn gab kund, wie doof er Englisch finde, wobei nicht ganz klar wurde, ob er das Fach an sich meinte oder seine Englischlehrerin oder beides. David versuchte ihn davon zu überzeugen, wie wichtig die Sprache sei, ebenso sein Freund Alexander, der damals mehr bei uns war als zu Hause.

»Wer hat Lust, mit zu den Fantastischen Vier zu kommen?«, fragte Rezzo in die Runde. »Ich habe Karten, die Band spielt in zwei Wochen in Stuttgart.«

Einhellig wurde entschieden, dass wir geschlossen hingehen würden, einschließlich Alexander.

Vor zwei Stunden hatte mein Notdienst begonnen, aber bislang blieb alles ruhig.

»Meinst du, es bleibt heute Nacht ausnahmsweise mal still, ganz ohne einen Hausbesuch?«, fragte Rezzo später, als wir ins Bett gingen.

»Das wäre schön«, antwortete ich, während Rezzo seinen Arm ausstreckte und ich mich hineinkuschelte. »Aber ich halte das für sehr unwahrscheinlich.«

Vor dem Einschlafen dachte ich daran, dass der Mann an meiner Seite verheiratet war. Ich wusste, dass er die Ehe nicht im Sinne einer herkömmlichen Ehe führte und er mich liebte, aber dennoch versetzte mir der Gedanke daran einen Stich.

Und dieser Stich blieb.

Irgendwann kam der Tag, an dem ich es nicht mehr länger akzeptieren konnte und wollte. Das war im Jahr 2012. Wir hatten einen Kurzurlaub in der Türkei geplant, für insgesamt fünf Tage. Am Abend davor verkündete Rezzo, dass er nicht mit mir zurückfliegen werde, seine Frau käme nach, sie würden von dort aus ein paar Tage woanders miteinander verbringen. Tief musste ich durchatmen, den Kloß in meiner Kehle hinunterschlucken. Seine Worte setzten mir zu, so sehr, dass ich wusste, ich musste die Reißleine ziehen. Ich wollte mit Rezzo zusammen sein, aber nicht so. Dieses Gefühl, diesen Gedanken hatte ich zwischendurch immer mal wieder gehabt, aber jetzt war der Punkt gekommen, an dem ich es nicht mehr aushielt, trotz der vielen schönen und aufregenden Momente.

»Ich werde nicht mitfliegen«, sagte ich.

»Wie, du kommst nicht mit?« Rezzo sah mich erstaunt an. »Was heißt das?«

»Genau das, was du eben gehört hast. Wir werden keinen gemeinsamen Urlaub machen, nicht diesen und vielleicht auch keinen weiteren mehr.«

Es war furchtbar, als er das Haus verließ, die Stille unerträglich. Alles in mir war in Aufruhr. Wir hatten uns nicht im Streit getrennt, sondern in Freundschaft, in dem Wissen, dass ich die Situation nicht mehr akzeptieren konnte und Rezzo es nicht schaffte, sie zu ändern. Doch wir kamen nicht voneinander los und nach ein paar Monaten wieder zusammen. Insgesamt zwölf Jahre sollte unsere Beziehung bestehen, Rezzo das Leben meiner Familie prägen, zwölf wunderbare Jahre, und er verschwand auch danach nicht aus unserem Dasein, nur anders wurde fortan unsere Beziehung. Es gibt Lebensabschnitte, in denen alles gut ist, so, wie es ist, aber Bedürfnisse, Erwartungen und Empfindungen können sich ändern. Wenn man das weiß, kann man leichter damit umgehen und ohne Wut und Enttäuschung zurückblicken. Aber zu jenem Zeitpunkt war erst einmal Schluss für mich.

Wegen der Reise hatte ich meine Dienste abgesagt, wollte mich nun aber nicht zurückmelden, wollte niemandem erklären müssen, aus welchem Grund ich nicht in die Türkei geflogen war. Ich wollte aber auch nicht einfach herumsitzen und Löcher in die Luft starren. Ich musste mir dringend etwas einfallen lassen, wie ich aus dem emotionalen Sumpf herauskam, in dem ich zu versacken drohte: Ich war unglücklich und traurig, hatte Sehnsucht nach Rezzo und war gleichzeitig sauer auf ihn. Barack Obama gewann mit dem Slogan »Yes, we can!« die Präsidentschaftswahl 2008 in den USA. Auf Deutsch klingt es nicht ganz so enthusiastisch und motivierend. »Wir schaffen das«, so die damalige Bundeskanzlerin Angela Merkel 2015 angesichts der Flüchtlingskrise. Solche Aussagen haben Zugkraft, weil unser Gehirn nach Belohnung strebt, nach Glück und Freude, und diese Belohnung wird nur angeworfen, wenn wir selbst etwas schaffen.

Was also kann ich tun?, überlegte ich. Lesen wäre eine Möglichkeit, funktioniert aber nicht immer, vor allem dann nicht, wenn die Gedanken ständig abschweifen. Und plötzlich wusste ich genau, was ich tun würde. Schon als Kind hatte ich sehr gern gemalt, und es fehlte meinem Zuhause noch an Bildern. So sagte ich schließlich laut zu mir selbst: Du gehst jetzt Leinwände und Farben kaufen, und dann malst du, was immer dir einfällt. Plötzlich konnte ich es fast nicht mehr erwarten, an Farben und Leinwand zu kommen. Mit einem unbeschreiblich seligen Gefühl fuhr ich los, um alles zu besorgen. Ich wusste, ich hatte etwas für mich gefunden, etwas, mit dem ich meiner Seele zur Sprache verhelfen konnte, ohne dass ich jemand anderen dazu brauchte.

Meine neu erworbenen Utensilien breitete ich in meinem Zimmer aus, anschließend machte ich mich ans Werk. An jedem der nächsten fünf Tage malte ich acht, neun, zehn Stunden lang, hörte nebenher Musik, meist Klassik, trank Kaffee, gönnte mir eine Walker-Brezel, ein Brot oder bereitete abends ein Pasta-Gericht zu. Ich geriet durch das Malen in eine ganz besondere Stimmung, vergaß alles um mich herum, fokussierte mich nur auf eine Aufgabe und ließ meinen Gedanken freien Raum und freies Spiel, nichts lenkte mich ab. Ich war in einem angenehmen Ausnahmezustand, hatte plötzlich das Gefühl, dass alles stimmig ist, alles kohärent. Jeden Abend legte ich mich erfüllt ins Bett und freute mich auf den nächsten Morgen, in mir ein großes Maß an Kreativität und Leistungsfähigkeit, und ich vermisste in dem Moment auch nichts. An Rezzo dachte ich nur in den Bildern, nicht als die Person, von der ich mich gerade zu entfernen versuchte.

Als ich mit dem ersten Bild fertig war, begann ich das zweite. Mit jedem der Pinselstriche fühlte ich mich befreiter, spürte, wie sie mir enorm viel Kraft, Lebendigkeit und Frieden gaben, aber gleichzeitig auch eine Sehnsucht auslösten, dass dieser Zustand, malen zu können, ewig anhalten möge. Noch während des Malens wurde mir bewusst, dass ich meine Gefühle gemalt hatte, um mich so aus der Situation zu retten, in die ich mich durch die von mir beschlossene Trennung selbst hineinmanövriert hatte.

In einem Bild hatte ich meine und Rezzos Gefühlswelt eingefangen. Um darzustellen, was ich empfand und was uns verband, diente mir Picasso als Inspiration, für den ich schon lange ein Faible hatte. Natürlich konnte niemand so malen wie er, aber immerhin konnte man versuchen, ihn zu imitieren, nämlich ein Bild zu zerlegen und ein Objekt oder einen Menschen so darzustellen, als sähe man es oder ihn zur gleichen Zeit von allen Seiten. Ich hatte auf diesem Bild zwei Personen dargestellt, einen Mann und eine Frau, wobei der Mann zwei Gesichter hatte, mit dem einen schaute er nach vorn, mit dem anderen nach hinten. Dem Mann fehlte der Mund, der Frau die Augen. Beide waren durch ihre Arme miteinander verbunden. Der Mann war in Bewegung, hatte sich auf den Weg gemacht, aber an seinem Bein befand sich eine dritte Person, die ihn daran hindern wollte, die ihn festhielt. So wirkte der Mann beweglich, aber durch die nach ihm greifende Person trotzdem gelähmt. Das Bild war in Braun- und Rottönen gehalten.

Ich hatte meine Seele durch die Bilder sprechen lassen, durch das Malen, den spontanen Umgang mit Farben und Formen neue Lösungsansätze für mein Leben verstärkt. Ich wollte eine Partnerschaft ohne eine andere Frau, auf die Rücksicht genommen werden musste. War ich durch meinen Entschluss von Gedanken und Gefühlen überrollt gewesen, so hatte ich jeden weiteren Tag, den ich in meinem »Atelier« zubrachte, mehr Ruhe und innere Konzentration gefunden. Rezzo würde immer Teil meines Lebens bleiben – das war jetzt Realität geworden –, aber eben nur ein Teil. Diese Realität konnte ich nun leichter greifen, konnte für mich fassbarer machen, wozu mir die Worte gefehlt hatten. Ich glaube, jeder Mensch hat Fähigkeiten, die er an sich so nicht kennt, die er nie ausprobiert hat. Diese Fähigkeiten können einem aus den schwierigen Situationen im Leben und durch die Zeit helfen, sei es Lesen, Malen, Musizieren, Sport oder andere Dinge. So wie ich als Kind gelesen oder mich ans Klavier gesetzt und stundenlang gespielt habe, so probierte ich als Erwachsene neben dem Lesen das Malen aus – und fand meine Seele wieder.

Und noch etwas anderes begrenzte meinen Seelenschmerz,

eigentlich kein Etwas, sondern jemand: Ludwig. Er war auch in dieser Zeit der Trennung – die sich letztlich zu einer kurzen Auszeit entwickeln sollte – für mich da. Überhaupt spielt Ludwig eine große Rolle in meinem Leben, ist neben meinen Kindern einer der wichtigsten Menschen für mich. Kennengelernt hatte ich ihn vor Jahren in der Leitstelle des Roten Kreuzes. Damals hatte Ludwig gerade seine Frau an den Krebs verloren. Stundenlang unterhielten wir uns, er kam oft zu uns, liebte die Kinder, mit ihm konnte ich auch einfach nur stundenlang fernsehen oder lesen. In seelischen Notzeiten ist es gut, eine beste Freundin zu haben, und Ludwig, so sage ich immer, ist meine beste Freundin – um deutlich zu machen, dass er nicht mein Partner ist.

Da er ein Rot-Kreuzler ist wie ich, halfen wir uns gegenseitig dabei, unsere Erlebnisse mit Schwerkranken und Toten zu verarbeiten, den ganzen Wirbel, der durch die Einsätze in einem hochkam – bei jedem Notruf wird auch immer viel Adrenalin ausgeschüttet. Er musste sich in der Leitstelle täglich mit häufig schwierigen oder dramatischen Anrufen auseinandersetzen. Wenn man einen Stressjob hat, ist es einfach schön, einen Menschen um sich zu haben, der die Situationen kennt, der total normal ist, mit dem man einfach, so wie Ludwig und ich es taten, mit dem Wohnmobil losfahren kann, etwa zum Luganer See, mit dabei ein Schlauchboot, um für zwei Tage auf dem Wasser herumzupaddeln, sich die Häuser am Ufer anzuschauen, wild campend (wie wir es fast immer getan haben) und alles hinter sich lassend. Und so erdete er mich auch mit seinen besonnenen, nachdenklichen Bemerkungen zu Rezzo.

In einen Kurzurlaub mit Ludwig platzte einmal ein Anruf aus Hollywood. Einmal mehr hatten wir mit dem Wohnmobil unseren geliebten Silbersee im Schwarzwald angesteuert. Von schlechtem Wetter lassen wir uns normalerweise die Laune nicht verhageln, diesmal schien der Dauerregen allerdings überhaupt kein Ende nehmen zu wollen. Wir überlegten gerade, was wir mit dem angebrochenen Tag machen sollten, als mein Handy klingelte. Man suche dringend einen Arzt, und ich sei empfohlen worden, sagte eine Stimme auf Englisch. Wie sich herausstellte, hatte ich die Produktionsfirma von *A Cure for Wellness* in der Leitung, einem Thriller, der im Sommer 2015 auf der Burg Hohenzollern im benachbarten Hechingen gedreht wurde. Ich wusste aus der Zeitung von dem Projekt, viel zu erfahren war allerdings nicht, die Traumfabrikanten machten ein großes Geheimnis aus dem Projekt von Erfolgsregisseur Gore Verbinski, der mit der Trilogie *Fluch der Karibik* zu Kultstatus gelangt war. Zum Ärger der Touristen blieb der Stammsitz der Hohenzollern während der Dreharbeiten geschlossen und war weiträumig abgesperrt. Zur Freude der Einheimischen brachten die Filmleute reichlich Umsatz in die Stadt. Ganz zu schweigen von der weltweiten Werbung für die traumhafte Kulisse am Rand der Schwäbischen Alb. Dass die Crew ihr Lager in einem Tübinger Hotel aufgeschlagen hatte, wussten nur wenige Insider. Just dorthin wurde ich nun gerufen, kein Notfall zwar, aber ein Hausbesuch.

»Lisa goes Hollywood!«, lachte Ludwig. »Komm, bei dem Wetter macht selbst der Silbersee keinen Spaß. Fahren wir zurück. Und du bringst mir gefälligst ein Autogramm mit!« Die Sache mit dem Autogramm war natürlich ein Witz. Ich kenne niemanden, der weniger an Autogrammen interessiert wäre und den irgendwelche Promis weniger beeindruckt hätten als Ludwig.

Der Filmproduktion war es lieber, dass die Sache diskret und unter dem Radar ablief, als dass ein Hollywood-Promi im Wartezimmer einer Arztpraxis hockt und zur Selfie-Zielscheibe wird. Um wen und was es bei dem Anruf ging, bleibt natürlich Ärztinnen-Geheimnis! Ganz unrecht hatten die Traumfabrikanten mit dieser Strategie nicht, wie sich einige Tage später herausstellen sollte. Der damalige Freund einer Darstellerin, selbst ein hochkarätiger Star und gern eifersüchtig, tauchte plötzlich zu Besuch in Tübingen auf. Es kam zum großen Eklat. Noch in der Nacht flüchtete jener Star zum Flughafen Echterdingen. Nicht mit einem Taxi, sondern mit einer spontanen Mitfahrgelegenheit. Die freundlichen Helfer machten bei ihrer Fahrt nebenbei ein paar Fotos und entlockten dem Star ein paar Sprüche. Für die Boulevardmedien ein gefundenes Fressen. Weltweit wurde über das Eifersuchtsdrama berichtet. Tübingen geriet einmal mehr in die Schlagzeilen. Dem Film hat das Skandälchen indes wenig genutzt, die Einnahmen blieben unter den Erwartungen. Schöner als in *A Cure for Wellness* war die Burg Hohenzollern freilich selten zu sehen.

»Wenn du schon Til um Spenden für dein Arztmobil für Flüchtlinge bittest, kannst du doch auch gleich noch Gore fragen«, schlug Jonas, ein befreundeter Journalist, mir vor. Tatsächlich kam ich mit dem Regisseur durch meinen Einsatz mehrfach ins Gespräch. Wir verstanden uns auf Anhieb blendend und stellten viele Gemeinsamkeiten fest. Ein bisschen zögerte ich zunächst, Gore nach einer Spende zu fragen. Wie viele Anfragen dieser Art erhält ein wohlhabender Promi wohl im Monat? Da es aber nicht um mich selbst ging, sondern um ein gemeinnütziges Projekt, stellte ich meine Bedenken zurück. In einer Mail stellte ich Gore das Arztmobil vor und bat um eine Spende. Tatsächlich folgte nach kurzer Zeit eine Antwort mit einer Zusage. Die DVD von *A Cure for Wellness* hat seitdem einen Ehrenplatz in meinem Regal.

Erfahrungen wie diese stimmen mich zuversichtlich. Wie spontan und unkompliziert Menschen bereit sind zu helfen, ist immer wieder eindrucksvoll. Ob es nun die großzügige Spende eines Millionärs aus Hollywood oder eines Fußballprofis ist oder jene Fünf-Euro-Note, die mir eine ältere Dame auf dem Marktplatz in die Hand drückt, macht keinen Unterschied. Nur mit dem Herzen sieht man gut – das gilt auch für das Handeln.

19
Gute Freunde soll keiner trennen

Luxus und Geld haben mir seit jeher nicht viel bedeutet, vielleicht hatte die pietistische Erziehung wenigstens diesen kleinen Vorteil. Bei der Wahl zwischen einer Gulaschsuppe oder einem Shrimps-Cocktail würde ich mich meistens für die gute Hausmannskost entscheiden. Eine kleine Ausnahme gibt es allerdings: Ab und an gönne ich mir eine Luxusauszeit und genieße das auch ausgesprochen.

Schuld daran ist meine sehr gute Freundin Constanze. Sie stammt aus einer vermögenden Familie und hat als Witwe viel Zeit und noch mehr Lust auf Unternehmungen. Manchmal überkommt es uns, und wir machen uns einen oder zwei schöne Tage. Das könnte man preisgünstig im Outlet-Center im nahe gelegenen Metzingen tun. Ohne den dort üblichen großen Rummel freilich macht man das sehr viel entspannter in München. Wenn schon, denn schon buchen wir Zimmer im Hotel Bayerischer Hof für unsere Auszeit. Das üppige Biofrühstück auf der Dachterrasse ist nicht unbedingt ein Schnäppchen, die großartige Aussicht auf die Türme der Frauenkirche und über die gesamte Innenstadt freilich unbezahlbar. Man lebt nur einmal. Und einmal im Jahr ist solch ein zugegeben leicht dekadenter Ausflug fast schon therapeutisch, jedenfalls ein ganz wunderbarer Ausgleich, der für eine spürbare Entschleunigung sorgt.

Aber auch viele tiefgründige Gespräche zeichnen unsere Freundschaft aus. Und gerade in Bezug auf Partnerschaften stellten wir beide fest, dass sich die Ansprüche und Vorstellungen im Lauf der Zeit ziemlich verändern können und jeder Lebensabschnitt unterschiedliche Bedürfnisse hervorbringt.

Ich ziehe solche Gespräche meistens einem Event vor, und Qualitätszeit mit Freunden ist mir im Lauf der Jahre immer wichtiger geworden. Wenn das Handy normalerweise zwei Dutzend Mal in einer Stunde klingelt, erweist es sich als wahre Wohltat, wenn man es für eine kleine Auszeit abschaltet.

Ein guter Freund verweigert sich bis heute einem Mobiltelefon. Das sei der einzige Luxus im Leben, lacht er vergnügt und meint, ich sollte meines zwischendurch öfter mal ausstellen. Aber als Ärztin, zumal als Notfallmedizinerin, konnte ich mir das nicht erlauben. Wobei ich mir bisweilen überlege, wie das Zusammenspiel zwischen Ärzten und Patienten in Notfällen funktioniert hat, bevor es Handys gab, als noch überall gelbe Telefonzellen standen mit einem Schild: »Fasse dich kurz«.

In jener Zeit konnte ich mir kein eigenes Telefon leisten. Wenn ich telefonieren wollte, musste ich mit den Kindern im Kinderwagen zum nächsten Telefonhäuschen losziehen. Wie war das damals eigentlich, als noch nicht alle kollektiv gebannt auf ihre Smartphones starrten, ob in der Bahn oder der Fußgängerzone?

Zu den besonderen Menschen für mich gehören ebenfalls Dieter Thomas Kuhn und sein Gitarrist Philipp Feldtkeller. Zu Beginn war ich nur als Notärztin dabei, wenn die Kultmusiker in Tübingen oder Umgebung auftraten. Tatsächlich fielen so einige Fans, vornehmlich Frauen und Mädchen, in Ohnmacht, als stünden da die Beatles auf der Bühne. Mich begeisterte *Ein Bett im Kornfeld* nicht besonders, die ausgesprochen freundliche und friedliche Stimmung bei Kuhns Konzerten war freilich einzigartig. Das Publikum erschien aufgebrezelt mit bonbonbunten Klamotten im Stil der 70er-Jahre, schwenkte fröhlich die mitgebrachten Sonnenblumen im Takt und grölte mit erstaunlicher Textsicherheit die alten Schlager von Jürgen Drews und Co. mit. Jogi Löw zählte gleichfalls zu den großen Fans. Als Kuhn und seine Band, genannt »Kapelle«, im Tübinger Anlagenpark auftraten, mischte sich der Bundestrainer verkleidet mit Perücke und Sonnenbrille unters Volk. Unerkannt und ohne Selfie-Anfragen oder Autogrammwünsche konnte Jogi das Konzert genießen.

Dieter Thomas Kuhn hatte als medizinischer Masseur begonnen, sein bester Kumpel Philipp als Hochfrequenz-Elektroniker. Das Spaßprojekt mit den Schlagern entwickelte sich unerwartet derart erfolgreich, dass die beiden einen Beruf daraus machten und nun seit einem Vierteljahrhundert mit der Kapelle durch die Republik touren. Sie sind ein Paradebeispiel dafür, dass der Weg von A nach C nicht unbedingt geradewegs über B führen muss. Und sie sind ein Exempel, wie man trotz Karriere die anderen nicht aus dem Blick verliert. Um den finanzklammen Tübinger Sportverein TSG zu unterstützen, veranstaltete die Band ein Benefizkonzert neben dem Freibad.

Als die Kapelle in der Pandemie sämtliche Konzerte absagen musste, hatten die Künstler plötzlich sehr viel Zeit. Als ich Tommy anrief und fragte, ob er mir helfen könne, antwortete er spontan, noch bevor er überhaupt wusste, worum es ging: »Klar, dir immer gern.« Wir suchten dringend Freiwillige für unsere Teststation am Rathaus, und nicht nur Tommy, auch Philipp war sofort bereit mitzuhelfen, obwohl die beiden nicht wussten, was auf sie zukommen würde. Aber das wussten wir alle damals noch nicht.

Sie übernehmen die Aufgabe, den Menschen die Testergebnisse zu verkünden. Oft war es bitterkalt. Ein bisschen wunderte ich mich zunächst darüber, wie häufig die beiden Kaffee vom Weinhaus Beck nebenan holten. Irgendwann entdeckte ich, dass sich in den roten Bechern zwischendurch auch mal Glühwein befand. Das kleine, süße Geheimnis habe ich den beiden freilich gelassen. Eigentlich hätte das Rote Kreuz diese kleine Zeche zahlen können, denn die Helfer bekamen zu jener Zeit keinen Cent für die ehrenamtliche Arbeit. Völlig gratis entwarf Philipp zudem die absolut professionell aussehenden Poster, mit denen wir die Tübinger zum Testen aufriefen. Zu

Beginn der Pandemie waren solche Dinge ja längst keine Selbstverständlichkeiten.

Durch die gemeinsame Arbeit bildete sich ein ausgesprochen vertrautes Verhältnis zwischen uns, und der Samstag mit Testen entwickelte sich zu einem kleinen Ritual. Die beiden brachten bald auch ihre Freundinnen als ehrenamtliche Helferinnen mit, während ich meinen neuen Partner Michael dafür begeistern konnte. In dieser Konstellation konnten wir selbst schrecklichen Zeiten eine schöne Seite abgewinnen. Bei einem unserer samstäglichen Treffen vor dem Weinhaus Beck entstand die Idee, dass Thomas und ich als Doppelspitze bei der Bürgermeisterwahl gegen Boris Palmer antreten könnten. Natürlich war es nur eine Schnapsidee, aber vielleicht taugte sie als Meldung für den 1. April im *Schwäbischen Tagblatt*. Die Resonanz wäre sicher umfangreich.

War Tschicken, wie seine Freunde den Schlagersänger nennen, zu einem vertrauten und wertvollen Menschen für mich geworden, kam bald ein anderer Thomas hinzu. »Tommie 2«, wie ein Freund ihn taufte. Traf ich mich mit Tommie 2 zu einem gemütlichen Essen bei Bruno im Gasthaus Stern, konnte ich sicher sein, dass wir nicht allein sein würden. Zwei Herren in tadellos sitzenden dunklen Anzügen bezogen auffällig unauffällig Stellung in der Kirchgasse. Zwei Limousinen waren vor den Treppen der Stiftskirche geparkt. Ein Knöllchen bekamen sie sehr wahrscheinlich nicht, gehörten sie doch zum Fuhrpark des Innenministeriums. »Tommie 2« war dort der Minister und galt damit als gefährdete Person. Selbst bei solch einem privaten Treffen, von dem niemand Fremdes wissen konnte, durfte Thomas Strobl auf seine Sicherheitsleute nicht verzichten.

Wollte man mit ihm tauschen? War das der Preis der Macht? Mir fielen Bilder ein von Angela Merkel beim Einkauf im Supermarkt, die regelrecht als Sensation bejubelt wurden. Welche Art von Normalität haben solche Menschen noch? Für mich wäre das alles andere als eine verlockende Vorstellung. Tommie 2 kannte das alles schon vor seiner Zeit als Minister, ist er doch mit Christine Strobl verheiratet, der ältesten Tochter von Wolfgang Schäuble. An dessen Schicksal wird dramatisch deutlich, welche Relevanz Sicherheitsmaßnahmen für Politiker haben.

In der Öffentlichkeit gilt Thomas Strobl als Hardliner, ein harter Hund. »Der Grieche hat genug genervt«, lautete in der Eurokrise ein Spruch von ihm, den die *Tagesschau* natürlich gern zur besten Sendezeit brachte. Von solcher Schroffheit ist der private Herr Strobl weit entfernt. Kennengelernt haben wir uns vor vielen Jahren bei einem Fest. Wir verstanden uns auf Anhieb, lagen auf derselben Wellenlänge. Dann unterstützte er mich im Wahlkampf 2010/11 und rief mich eines Nachts an mit den Worten: »Die Kanzlerin kommt zu dir nach Tübingen.« Als bei einem Geburtstagsfest von Rezzo meine Kinder ihn kennenlernten, streckte er ihnen die Hand entgegen mit den Worten: »Ich bin der Thomas.«

Mich beeindruckt seine unbedingte Verlässlichkeit. Einmal machte ich mir große Sorgen um Rezzo. Ich wusste, er hatte viel Stress, und als er mich anrief, sprach er völlig undeutlich, verwaschen. Ich war in größter Sorge, und als ich fragte, wo er sei, bekam ich keine Antwort, und die Leitung riss ab. Ich war gerade mit Simone in Mallorca gelandet, wo wir ein paar Tage Urlaub machen wollten. Nun machten wir uns vor allem Sorgen. Wir versuchten alles, um Rezzo zu erreichen, doch vergeblich. Da fiel mir Thomas ein. Wenn es um andere geht, habe ich absolut keine Skrupel, alle Hebel in Bewegung zu setzen. Ich rief Tommie 2 an. Ohne zu zögern, versprach er Hilfe, unterbrach dafür sogar eine wichtige Sitzung. Übliche Maßnahmen hätten nicht rechtzeitig geholfen. Der Anruf eines Ministers aber schon: Rezzo wurde geortet und gefunden. Strobls sofortiges Eingreifen hat ihm möglicherweise das Leben gerettet.

20
Beste Freundinnen und die Jungs

Ich erinnere mich noch ganz genau. Maria und ich, damals neun Jahre alt, überquerten auf dem Weg zur Schule gerade die Straße, als sie mich fragte, was ich später einmal werden wolle. Nach kurzem Überlegen – ich hatte bis dahin niemandem von meinem geheimen Wunsch erzählt – sagte ich, mein Traum wäre, später mal Missionsärztin zu werden. Sie schaute mich etwas erstaunt an, gab sich aber offensichtlich mit meiner Antwort zufrieden. Sie selbst hatte noch keinen Berufswunsch. Wir waren seit der ersten Klasse beste Freundinnen und, soweit möglich, ganz schön umtriebig. Außerdem waren wir in unserer Klasse so ziemlich die einzigen Mädchen, die auf dem Denzenberg wohnten, was uns bei den Jungs einen riesigen Vorteil verschaffte.

Anfangs waren wir für sie »nur« Mädchen. Immer wieder überfielen sie uns unterwegs, denn wir mussten an einem Waldweg vorbei, versteckten sich in den Büschen und erschreckten uns. Aber im Lauf der Zeit erkannten die Buben, was für einen Spaß man mit Mädchen haben konnte, außer sie nur zu ärgern. Zunehmend fanden sie Gefallen am berühmt-berüchtigten Flaschenspiel, das wohl jeder aus seinen Kindertagen kennt. Und so kamen wir dann gemeinsam zu unserem ersten Kinderkuss. Manchmal erfand ich Ausreden, warum ich zu spät aus der Schule nach Hause kam, wie zum Beispiel, ich hätte meine goldene Halskette mit einem Kreuz als Anhänger verloren und eine Weile suchen müssen, bevor ich sie fand. Aber sofort beschlich mich dann ein ungutes Gefühl, weil ich gelogen hatte.

Mit knapp siebzehn Jahren schwärmte Maria mir von einem

Jungen vor, mit dem sie ein bisschen geknutscht hatte und in den sie ziemlich verknallt war. Eines Nachmittags traf ich ihn durch Zufall an meiner Schule, und ich weiß nicht mehr genau, wie es zustande kam, aber wir küssten uns unter der Brücke am Wildermuth Gymnasium. Nach kurzer Zeit riss ich mich los und rannte davon. Mich plagte ein so schlechtes Gewissen, dass ich Maria am nächsten Tag alles beichtete. Dieses Erlebnis war mir zeitlebens eine solche Lehre, dass ich nie wieder mit einem Mann meiner Freundinnen flirtete oder ihn anrührte. Maria hat es mir verziehen. Überhaupt konnte nichts unsere innige Freundschaft zerstören, auch wenn ich öfter von zu Hause zu hören bekam, Maria wäre nicht der richtige Umgang für mich. In späteren Jahren überschnitten sich unsere Wege fortwährend, und obwohl sie nicht mehr in Tübingen lebt, sehen wir uns regelmäßig.

Maria ist Hebamme geworden und hat wie ich vier Kinder. Immer mal wieder half sie mir im Notdienst aus. Da sie medizinische Kenntnisse besaß, war es für sie ein Kinderspiel, Blutdruck zu messen, Puls zu tasten oder die Daten der Patienten aufzunehmen. Es gab nur einen Nachteil: Sie hat eine Sauklaue und konnte bisweilen ihre Schrift selbst nicht mehr lesen. Ein weiterer Punkt kam hinzu: Sie vergaß häufig etwas bei den Patienten, sodass wir oft umkehren mussten, um Marias Handschuhe, ein Blutdruckmessgerät oder irgendein anderes Utensil einzusammeln.

Einmal hatten wir gerade einen Besuch in einem Altersheim hinter uns, als die Leitstelle anrief und meinte, da wäre eine betrunkene Person, nach der wir dringend schauen sollten, da sie ständig den Notruf missbrauche. Wir fuhren in das Viertel, bekannt als eine eher alternative Wohngegend. An der Wohnungstür begrüßte uns ein kläffender kleiner Hund, der nicht wirklich vertrauenerweckend aussah. Ich sagte zu Maria: »Pass auf, ich habe im Rettungsdienst schon mehrfach schlechte Erfahrungen mit Hunden gemacht.« Gerade wenn wir begannen, uns um den Patienten zu kümmern, hatten wir es plötzlich mit einem wütenden Hund zu tun, der instinktiv merkte, dass etwas nicht stimmte, und sein Herrchen oder Frauchen beschützen wollte. Maria meinte leichthin: »Ich habe doch selbst einen Hund. Ich weiß, wie man mit denen umgeht.« Ich mahnte sie noch einmal zur Vorsicht, denn mir schien der Hund nicht nur vom Beschützerinstinkt befallen, sondern außerdem massiv verzogen und aggressiv, doch manchmal konnte Maria etwas stur sein. Wir setzten uns an den Esstisch und versuchten zu verstehen, worum es bei der Patientin ging, aber aus dem lallenden Gestammel war nicht viel herauszuhören. Zwischendurch fletschte der kleine Kläffer fleißig die Zähne, und ich war heilfroh, dass ich Stiefel trug. Als die Patientin anfing, über ihren missratenen Ehemann zu schimpfen und dabei immer lauter wurde, machte es der kleine Kläffer ihr nach. Und im nächsten Moment, zack!, hatte er seine Zähne tief in Marias Unterschenkel gegraben. Sie schrie, ich schrie, der Hund zuckte erschrocken zurück. Die Dame des Hauses schien überhaupt nichts mitbekommen zu haben. Oder das ist bei denen so üblich, dachte ich insgeheim. Jedenfalls zogen Maria und ich auf der Stelle ab. Der Frau war in dem Moment ohnehin nicht zu helfen, dafür brauchte Maria sofort Hilfe, und wir fuhren in die Klinik. Ich dachte nur, typisch Maria, manchmal ein bisschen eigensinnig, aber eine ungemein treue, herzliche und ehrliche Freundin.

Ich war viele Jahre die Hausärztin ihrer Eltern und schaute bis zu ihrem Tod regelmäßig nach ihnen. Oft bekam ich von ihrer Mutter zu hören, dass sie sich noch gut an die Zeiten erinnere, als ich noch klein war, und dass sie niemals gedacht hätte, ich würde mal Ärztin werden, nicht bei all den Hindernissen, die sich mir in den Weg stellten. Aber so ändern sich die Umstände. Damals war ich jung und froh, wenn Marias Mutter Verständnis für mich zeigte und einverstanden war, dass ich mir Klamotten von ihrer Tochter lieh. Später war ich für sie da und konnte als Ärztin etwas von dem zurückgeben, was sie in der Jugend für mich getan hatte.

Oft telefonierten Maria und ich miteinander. Wenn eine von uns Probleme oder Sorgen hatte, war die andere immer bedingungslos da. In einer 53-jährigen Freundschaft ist vieles selbstverständlich oder ohne Worte für den anderen erkennbar. Das gemeinsame Leben über all die Jahre verbindet und schweißt zusammen. Als Maria vor einer Weile ihre Liebe fand, freute ich mich für sie, als wäre es mir selbst passiert, und irgendwie glichen sich unsere Lebenswege in manchen Abschnitten ganz erstaunlich.

Immer mal wieder machten Maria und ich zusammen Urlaub. Einmal, als wir mit dem Wohnmobil unterwegs waren, war auch Ludwig dabei. Maria schwärmte ein bisschen für ihn, ich glaube, er hat es gar nicht richtig gemerkt. Wir fanden traumhafte Plätze direkt an einem See in Italien und hatten eine wunderschöne, wenn auch kurze Zeit, weil ich wenig Urlaub machen konnte. Aber selbst wenn es nur für ein paar Tage war, zog es mich in die Ferne, denn in Tübingen gab es für mich so gut wie keinen Tag, an dem ich wirklich freihatte. Immer gab es Notfälle oder Notsituationen oder einfach Menschen, die Hilfe brauchten. Umso schöner waren daher kurze Auszeiten. Etliche genoss ich zusammen mit Ludwig. Wir setzten uns in das Wohnmobil und fuhren zum Beispiel nach Venedig. Da wir unser »Haus« stets dabeihatten, waren wir völlig ungebunden, fühlten uns frei und verspürten ein wahres Glücksgefühl von Beginn der Reise bis zum Ende.

Später, in der Coronakrise, als außer campen praktisch nichts erlaubt war, fuhr ich zusammen mit Michael los. Für ihn mit seinen gut zwei Metern Größe war das nicht ganz so bequem, er musste schräg im Bett liegen. Komfort hin oder her, Hauptsache, wir konnten bei solchen Touren den Stress hinter uns lassen und die Akkus neu aufladen. Ich war mir der inzwischen privilegierten Situation durchaus bewusst und dachte oft an die Menschen, die diese Freiheit nicht hatten. Umso mehr schätzte ich solche Auszeiten, die mir Ruhe und Kraft gaben und mir halfen, in dieser unsagbaren Krise durchzuhalten.

Michael und ich konnten uns nicht beschweren. Wir hatten alles, was wir brauchten, nur viel zu wenig Zeit füreinander und für uns selbst. Aber Krise ist Krise, da kann man nicht darüber nachdenken, was alles besser sein könnte. Wir waren glücklich und schufen uns eine heile Welt, in der wir die schlimmsten Lockdowns als Familie gemeinsam überstanden. Da ich von Anfang an den Zugang zu Tests in allen Variationen hatte, konnte ich mich im Rahmen dessen, was erlaubt war, einigermaßen sicher mit Freunden wie Hubert und Christine treffen. Wir sahen uns regelmäßig am Wochenende zum Kaffee oder Abendessen und machten aus der Situation das Bestmögliche, führten ellenlange Gespräche über Politik. Hubert war in etlichen politischen Ämtern gewesen, Christine las alles über Corona, was ihr in die Finger kam. Manchmal waren auch David oder Jonathan dabei. Beide hatte die Krise für längere Zeit wieder nach Hause verschlagen. Oft dachte ich dann an die Menschen, die in kleinen Wohnungen lebten und zu allem Übel noch von existenziellen Sorgen geplagt waren. Dabei wurde mir immer wieder bewusst, wie gut ich beziehungsweise wir es hatten. Ein helles gemütliches Zuhause mit Kamin und mehreren Balkonen, Platz für die Familie und Wohlbehagen für die Sinne.

21
Auch Helfer müssen mal feiern

Einmal im Jahr lädt die Feuerwehr zum Feiern ein – eine Tradition, die in der »Kneipe« der Feuerwehr Stadtmitte gepflegt wird.

Anfang November wird die Fahrzeughalle in der Kelterstraße leer geräumt, um Platz zu schaffen für Biertische und -bänke. Mehr wichtige Menschen und solche, die sich dafür halten, kommen in dieser Stadt selten an einem Ort zusammen. Politik, Wirtschaft und Vereine sind vertreten. Man sitzt eng gedrängt zusammen. Die Scheiben sind mit Folie abgeklebt, kleine blaue Liederbücher mit den Texten beliebter Volks- und Studentenlieder liegen auf den Tischen aus, und die Jugendfeuerwehr serviert die ersten Steinkrüge mit Bier sowie Körbe mit Brezeln.

Nach einer launigen Begrüßung durch den Kneipwart und den ersten Reden geht es über zum Gesang. *Ergo bibamus* vom alten Goethe darf da nie fehlen. »Lied steht«, heißt es dann plötzlich. Weiter geht es mit Reden, bei denen mancher Politiker sich gern provokativ profiliert. Prompt bekommt er die erhoffte Erwähnung im *Tagblatt*, inklusive aufgeregter Leserbriefe wenig später. Das Freibier, gesponsert von einer lokalen Brauerei aus dem Nachbarort, fließt in Strömen. Nur eine Bereitschaft der Brandbekämpfer muss an diesem Abend auf jegliche Promille verzichten. Mir geht es ähnlich, obwohl ich mich dem Alkoholpegel der anderen gern anpassen würde, aber ich weiß ja nie, wann ich zu einem Notarzteinsatz gerufen werde.

An einem dieser Abende war das gleich sechsmal der Fall. Immer wenn ich gerade wieder saß, klingelte das Handy. Ich war langsam fast geneigt, es einfach auszuschalten. Bei manchen der Reden hatte ich sicher wenig verpasst, andere wiederum machten nachdenklich. Etwa als Armin Ernst, der damalige Kneipwart, daran erinnerte, dass auf den Tag genau anno 1938 in der Reichspogromnacht die Synagoge in der Gartenstraße in Flammen stand und die Feuerwehr nicht ausrückte. Da war es plötzlich ganz still, bevor *Guter Mond, du gehst so stille* gesungen wurde.

Eine Feuerwehrkneipe wie diese ist ziemlich einzigartig in Deutschland, erstaunlich, dass darüber noch nie ein Film gedreht wurde. Die Rettungskräfte erhalten hier die willkommene und oft sträflich vernachlässigte Anerkennung durch die Politik. Zum anderen bietet die gemeinsame, ausgelassene Geselligkeit einen verdienten Ausgleich zum anstrengenden Dienst der vielen ehrenamtlichen Helfer, ganz zu schweigen von den dramatischen, bisweilen traumatischen Erfahrungen bei einem Einsatz. Den Anblick verletzter Kinder bei einem Unfall steckt niemand so einfach weg. Das gemeinschaftliche Feiern hat einen umso größeren Wert in Zeiten, in denen Rettungskräfte bei ihren Einsätzen immer öfter von Gaffern behindert oder von Idioten tätlich angegriffen werden. Da werden rote Linien überschritten, da hört für mich jegliches Verständnis auf. Glücklicherweise haben sich inzwischen bei Gerichten die Devise »Null Toleranz« und drakonische Strafen durchgesetzt.

Bevor es in die Pause geht, mit Gulaschsuppe und Brezeln, präsentiert die Jugendabteilung, der »Fuchsenstall«, ein kleines Stück auf der Bühne. Irgendwann war die Reihe an mir, durch den Kakao gezogen zu werden. Einer der Jungs trat mutig mit einer Frauenperücke und engen Hosen auf. In diesem Outfit gab er der Presse ein Interview nach dem anderen, während einer seiner Kollegen als Boris Palmer auf der Neckarinsel fleißig Äpfel nach Passanten warf, die nicht einer Meinung mit ihm waren. Irgendwie erinnerte mich diese Szene an Boris' Vater, den ich als Kind erlebt hatte, wie er auf dem Marktplatz an seinem Obststand mit Himbeeren nach Menschen warf, wenn sie ihm nicht passten. Einmal traf es auch Serpil, eine Freundin von mir, aber in diesem Fall unabsichtlich. Ihr Mann Peter Prange, mittlerweile ein renommierter Bestsellerautor aus Tübingen, hätte die Begebenheit sonst wahrscheinlich in einem seiner Bücher oder Filme aufgegriffen. Na ja, der Boris, ein bisschen was hat er schon von seinem Vater Helmut. Es ärgert mich bis heute, dass es keine Fotos gibt von dieser ziemlich feschen Lisa und den sportlichen Apfelwürfen des OB ...

22
Ein Picasso auf der Rückbank, ein Warhol in der Uni

Mehr denn je gehört die Malerei zu meinen ganz großen Leidenschaften. Beim Malen kann ich völlig entspannen. Und beim Betrachten von Bildern anderer komme ich auf neue Gedanken. Wer würde Pablo Picasso nicht bewundern? Einmal kam ich ihm sogar überraschend nah. Nicht in einem Museum oder in der Tübinger Kunsthalle. Und auch nicht so wie zuvor in Lindau bei der gefeierten Ausstellung von Professor Roland Doschka, einem brillanten Kurator und guten Freund. Zu seinen Ausstellungen bin ich immer sehr gern gereist und war stets begeistert.

Eines Tages rief Roland mich an und bat um eine kurzfristige Untersuchung, weil ihn akute Schmerzen plagten. Es klang nicht dramatisch, aber bisweilen ist es besser, auf Nummer sicher zu gehen und Symptome abzuklären, und einem Patienten in Not, zumal einem guten Freund, sollte man nichts abschlagen. Eigentlich war ich an diesem Abend mit Rezzo zu einem Konzert in Stuttgart verabredet und schon auf dem Sprung zum Bahnhof. Aber, so überschlug ich kurz, mit dem Zug eine Stunde später würde ich es gerade noch rechtzeitig zum Konzert schaffen. Roland war erleichtert, dass seine Sorgen unbegründet waren, und bot an, mich zum Tübinger Bahnhof zu fahren.

Vor seinem Auto sagte er: »Pass auf, dass du dich nicht auf den Picasso setzt.« Was ich für einen launigen Scherz hielt, entpuppte sich als Ernst. Tatsächlich befand sich ein echter Picasso im Wagen, natürlich fachgerecht und sicher verpackt. »Keine Sorge, das ist absolut sicher. Welcher Kunsträuber würde damit rechnen, dass jemand seinen Picasso im Auto durch die

Gegend fährt«, lachte der Professor, packte Pablo auf den Rücksitz, und zu dritt fuhren wir los.

In letzter Minute schaffte ich es zum Regionalexpress nach Stuttgart, und Roland fuhr mit seiner wertvollen Fracht beruhigt zurück nach Hause. Und ich nahm mir vor, ihn dort bald wieder einmal zu besuchen. Der Garten, den Roland vor vierzig Jahren gemeinsam mit seiner Frau Gabi angelegt hat, gilt als kleines Meisterwerk und ist weit über die Region hinaus in ganz Europa bekannt. Auf einer Fläche von über sechs Hektar blühen Pflanzen vom ganzen Kontinent. Der Seerosenteich erinnert an ein Gemälde von Claude Monet. Zwei Wochen im Jahr erblüht ein Staudenbeet in den Farben der französischen Trikolore. Ein wahres Juwel mitten auf der Schwäbischen Alb. »Ich weiß nicht, was zuerst in mir entstand, die Liebe zur Kunst oder die Liebe zur Natur«, bekennt Roland in seinem Buch *Ein Spaziergang durch unseren Garten.*

»Kunst, die man erklären muss, ist langweilig.« So zumindest sieht es der Maler und Bildhauer Otmar Alt. Er schrieb mir nach einem TV-Auftritt einen netten Brief, von dessen Herzlichkeit ich tief gerührt war, und machte mir darin einen überraschenden Vorschlag: Ich dürfe mir aus seinem Corona-Zyklus ein Bild aussuchen. Als wäre das nicht schon großzügig genug, sollte er mir später auch noch ein Bild für unseren Verein schenken. In der Tübinger Galerie Art 28 von Bernhard Feil, die den Künstler vertritt, hatte ich freie Auswahl und entschied mich für das Bild *Die Umarmung danach,* dessen bunte, knallige Farben mich sofort begeistert hatten. Dargestellt sind zwei Menschen, die sich umarmen – und die auf einer Seite die Viren hinter sich gelassen haben. Welch ein fröhliches und hoffnungsvolles Bild. Wer hätte damals gedacht, dass wir noch für so lange Zeit mit Corona kämpfen und Umarmungen eingeschränkt bleiben würden. Nachdem ich mich für das Bild entschieden hatte, bekamen Michael und ich noch eine Führung durch die beeindruckende Janosch-Kollektion der Galerie. Mittlerweile hat das Gemälde von Otmar Alt einen Ehrenplatz in unserer Wohnung. Zur persönlichen Begegnung mit Otmar Alt kam es, als er seinen Freund Bernhard Feil in der Galerie besuchte. Weil er an diesem Tag seinen Geburtstag feierte und weil ihn, wie ich erfahren hatte, bisweilen Schlaflosigkeit quälte, machte auch ich ihm ein Geschenk: eine riesengroße Sanduhr, die eine Stunde lang läuft. Man muss schließlich nicht immer auf Tabletten setzen …

»Im heiligsten der Stürme falle/Zusammen meine Kerkerwand/Und herrlicher und freier walle/Mein Geist in's unbekannte Land!« So steht es als Inschrift auf dem Grabmal von Friedrich Hölderlin auf dem Tübinger Stadtfriedhof. Ein paar Buchstaben auf dem Steinsockel sind verwittert und kaum zu lesen. Genau darin liegt der morbide Charme dieses Friedhofs hinter der Neuen Aula. Die beiden Bänkchen vor dem Grab sind beliebt bei Besuchern. Wenngleich direkt neben der Friedhofsmauer gelegen, stört der Lärm der viel befahrenen Gmelin-Straße dahinter die Idylle seltsam wenig. Im Frühjahr übertönt das Vogelkonzert ohnehin alles.

Der Stadtfriedhof war für mich schon immer ein idealer Ort für eine kleine Auszeit. Neben dem fast unscheinbaren Grab von Bundeskanzler Hans-Georg Kiesinger oder jenem dezenten schwarzen Stein von Walter Jens beeindruckt mich die Vielfalt der ganz unterschiedlichen letzten Ruhestätten jedes Mal aufs Neue: Direkt neben adrett gepflegten Gräbern finden sich völlig überwucherte, deren Steintafeln längst nicht mehr zu erkennen sind. Die Natur bahnt sich ihren Weg. Und die Verwaltung verzichtet auf kleinliche Kehrwochenmentalität, lässt das vermeintliche Chaos munter gedeihen.

Idylle und Grauen liegen auch an diesem Ort nahe beieinander. Im hintersten Teil des Friedhofs, an der Ecke zur Sigwartstraße hin, befindet sich das Gräberfeld X, mittlerweile eine Gedenkstätte. Während der Nazidiktatur diente dieses Areal als Massengrab für Opfer staatlicher Gewalt. Die Leichen von Hingerichteten wurden der Tübinger Anatomie geliefert, die Überreste an diesen Ort verbracht. Erst 1985 kam es zur historischen Aufarbeitung. Dabei wurde festgestellt, dass Mediziner nach wie vor an Präparaten studierten, die aus der Zeit des Nationalsozialismus stammten. 1990 schließlich, gerade als ich mein Medizinstudium begann, wurden diese menschlichen Überreste beigesetzt. Die von der Universität angebrachte Gedenktafel wurde bereits eine Woche später mit Hakenkreuzen geschändet. Zwischen diesem Schauplatz menschlicher Abgründe und jenem geistiger Größe, der Ruhestätte eines literarischen Genies, liegen nur wenige Meter. Ganz wie im richtigen Leben.

Weil Kunst mich schon immer begeisterte, fasziniert mich ein Winzling ganz besonders. 3,7 Zentimeter ist er lang, 7,5 Gramm bringt er auf die Waage, und über 35 000 Jahre hat er auf dem Buckel. Das Tübinger Mammut gilt als eines der ältesten Kunstwerke der Menschheit. Wenn ich das bucklige Tierchen in seiner Vitrine im Tübinger Schloss bewundere, läuft es mir ein bisschen kalt den Rücken hinunter. Was haben sich die Menschen der Eiszeit wohl dabei gedacht, als sie solche filigranen Kunstwerke aus Elfenbein schufen. Die *Bild*-Zeitung schätzte den Wert auf hundert Millionen Euro, tatsächlich liegt die Versicherungssumme bei gut einer Million. Diesen Sensationsfund haben wir dem Archäologiestudenten Markus Schumacher zu verdanken, der selbst nichts davon hatte, soviel ich weiß. Ein paar Flaschen Sekt habe man am Grabungsfeld am Abend der Entdeckung aufgemacht, der einsetzende Medienrummel hingegen war dem Studenten ziemlich egal. »Wie fühlt man sich, wenn das Beste im Leben schon vorbei ist?«, musste er sich auf der Weihnachtsfeier im Institut anhören. Ich bin dem Uni-Schumi jedenfalls für seinen Fund dankbar, denn das Mammut inspiriert mich zum Nachdenken.

Als verlässliches Mittel zum Abschalten und Entspannen erweist sich immer wieder die Natur. Ein halbes Stündchen im eigenen Garten zu sitzen oder zu werkeln wirkt wahre Wunder. Bei Lust auf mehr ist der Botanische Garten nicht weit. Im Unterschied zu den meisten Besuchern schlendere ich nicht zwischen Blumen und durch Gewächshäuser, mich interessiert mehr mein Freund, der Baum. Das Arboretum, etwas abseits über der Straße gelegen, bietet zu jeder Jahreszeit famose Stimmungen. An einem sonnigen Herbsttag strahlen die bunten Blätter der exotischen Bäume um die Wette. Derweil bieten die alten Apfelbaumsorten ungeahnte Genüsse, ein kostenloser Gruß aus der Küche der Natur. Die Größe der Natur erfährt man dreihundert Meter weiter, wenn man vor einem der vier mächtigen Mammutbäume steht. Man möge sie umarmen, fordert das Gedicht auf einer Tafel die Besucher auf. Ganz so ausgeprägt sind meine esoterischen Bedürfnisse dann doch nicht.

Der Rückweg führt über den Campus auf der Morgenstelle. Die Zweckbauten der Naturwissenschaftlichen Institute vermitteln den Charme eines Science-Fiction-Streifens aus den 80er-Jahren. Ganz am Rand, gegenüber dem Botanischen Garten, liegt das unscheinbare Institut für Zellbiologie. Im obersten Stockwerk befindet sich jenes Labor, in dem der junge Doktorand Ingmar Hoerr kurz vor der Jahrtausendwende seine bahnbrechende Entdeckung machte, welche die mRNA-Impfung erst ermöglichte. Spaziergänger und Touristen, die auf dem Weg zum nahe gelegenen Elysium, dem geografischen Mittelpunkt von Baden-Württemberg, hier vorbeikommen, ahnen wohl kaum, an welchem historischen Ort sie vorbeilaufen. Und nur wenige Insider wissen, dass im Flur dieses Instituts ein echter Andy Warhol hängt. In einer Stadt, in der Picasso auf der Rückbank eines Autos transportiert wird, vielleicht keine allzu große Überraschung.

23
Happy Birthday

»Da haben wir glatt achtzig Euro für dieses Bäumchen ausgegeben, und jetzt gibt es hier nicht einmal Bier oder Wein«, flüsterte unser Freund Hubert Wicker, der Ex-Chef der Staatskanzlei, seinem Nachbarn zu. Gemeinsam mit Klinikdirektor Michael Bamberg hatte er zum Geburtstag des grünen OB ein grünes Präsent mit roten Knospen mitgebracht. Doch Boris Palmer, bekanntlich kein großer Freund von Alkohol, hatte die üblichen Partygetränke auf seiner Einkaufsliste tatsächlich vergessen. Bevor die OB-Feier zum Kindergeburtstag zu mutieren drohte, nahmen Dieter Thomas Kuhn und ich die Sache in die Hand, fuhren zur Esso in die Westbahnhofstraße und tankten ausreichend Sixpacks für die Gäste. Fast hätten wir uns für Oettinger entschieden, aber wir wussten nicht, ob der gleichnamige EU-Kommissar als Gast auftauchen würde. Wobei beide ja weitaus besser sind als ihr Ruf.

Mit dem einstigen Ministerpräsidenten verbindet mich seit Langem eine schöne Freundschaft. Wir treffen uns in regelmäßigen Abständen, wenn Günther auf Besuch nach Tübingen kommt, im Weinhaus Schmid. Vieles dort erinnert an die gemütliche Atmosphäre einer Besenwirtschaft. Man sitzt im Hinterzimmer der Weinhandlung auf schlichten Holzstühlen oder einer großen Eckbank. Weil die Plätze schnell knapp werden, rutscht man traditionell zusammen. Ob Professoren, Hausfrauen, Arbeiter oder Studenten, sie alle kennen da keinerlei Berührungsängste. Selbst ein ehemaliger Ministerpräsident wird ohne großes Aufheben in die Reihen aufgenommen. Solche Begegnungen der weinseligen Art dürften Politikern kaum schaden. Für einen Emmanuel Macron wäre das aber vermutlich nicht vorstellbar, allenfalls im Doppelgänger-

Sketch der Satiresendung von Maren Kroymann – die, wie ich, mit vier Brüdern in Tübingen aufgewachsen ist. Begegnet sind wir uns bislang erst einmal, einen ihrer Brüder kenne ich hingegen gut, und gelegentlich treffen wir uns. Vielleicht hätte ich mir einen Kroymann-Auftritt zum Geburtstag wünschen sollen.

Meinen Sechzigsten feierte ich gleich doppelt, wenngleich zu jener Zeit, im Sommer 2021, keine einschneidenden Corona-Beschränkungen galten. Den engeren Freundeskreis lud ich in das Hofgut Rosenau, wo es ausreichend Platz gab. Michael und ich wollten gutes Essen und eine entspannte Atmosphäre für anregende Gespräche bieten und einfach mal wieder unsere Freunde treffen. Daneben hatten wir noch einen Plan B, von dem niemand etwas wissen sollte: Wir wollten eine Freundin von mir und einen Freund von ihm ohne deren Wissen verkuppeln – zumindest bahnten wir ein Kennenlernen an. Wir waren guter Dinge, und gegebenenfalls hätte ich noch ein paar mehr Freundinnen, die nicht abgeneigt wären, einen interessanten, unterhaltsamen Mann kennenzulernen. Doch die Rechnung ging auf: Eine neue Liebe feierte damals ebenfalls Geburtstag und nahm ihren zumindest bisher glücklichen Verlauf. Schon am selben Abend war nicht zu übersehen, dass die beiden Gefallen aneinander fanden. Am nächsten Morgen aber konnte es sogar ein Blinder erkennen. Nach dem Fest fragte mich eine Freundin, ob Michael nicht noch mehr solcher Freunde hätte, doch die sind fast alle unter der Haube.

Für die Familie nahm ich mir extra Zeit. Wir feierten gemeinsam in München in einem schönen Lokal. »Sechzig Jahre und kein bisschen weise«, sang Curd Jürgens einst so schön mit seiner Reibeisenstimme. »Ich habe manchen Kratzer abgekriegt« – wer könnte dieser Liedzeile widersprechen? »Sechzig Jahre und auch ziemlich stolz« würde der Song bei mir heißen, wenn ich meine Kinder betrachte.

Der große kleine Jonathan – er ist 1,93 Meter – gründete noch vor dem Studium ein Start-up. Nebenbei verdiente er als Model für große Mode-Labels sein Geld. Die Coolness auf dem Laufsteg kauft eine Mutter dem eigenen Sohn natürlich niemals ab, und manchmal dachte ich, wenn er verknittert und verschlafen aus dem Zimmer kam: Er sieht so gar nicht nach Model aus. Aber wenn ich meinen Sohn googelte, erkannte ich ihn fast nicht und dachte: Was man so alles aus einem Gesicht und mit entsprechenden Klamotten machen kann. Inzwischen hat er seinen Master in BWL mit Bravour abgeschlossen und bei all seinen Fähigkeiten eine unglaublich fürsorgliche und empathische Art behalten.

David, der in meine Fußstapfen treten will, arbeitet seit Kurzem als Arzt in München in der Kardiologie und übt mit Sicherheit seinen Beruf sehr verantwortungsvoll und einfühlsam aus. In Caro hat er eine liebenswerte und fröhliche Freundin – kein Wunder bei den Eltern, mit denen wir uns sofort bestens verstanden.

Beni, dessen Kinderträume in einer Karriere als Müllmann bestanden, hat sich dann doch lieber für ein BWL-Studium entschlossen und ist im Beruf sehr erfolgreich. Er wohnt mit seiner Frau, die für mich wie eine Tochter ist, und mit meinen Enkelkindern in unserem Mehrgenerationenhaus und bekocht uns oft. Gelegentlich machen wir auch gemeinsam Urlaub in einem Kinderhotel, was mir wegen des hohen Geräuschpegels einiges abverlangt.

Simone träumte als Kind davon, Bäuerin zu werden, machte stattdessen in London und Hongkong als Bankerin Karriere. Nun lebt sie mit ihrem Mann Oliver, mit dem ich seit vielen Jahren immer wieder unglaublich gute Gespräche führe, und den Töchtern in Zürich.

Ach ja, und dann sind da noch meine Enkelkinder. Die sechsjährigen Zwillinge, die vom Äußeren wie auch vom Charakter her unterschiedlicher nicht sein könnten. Ganze Galerien ließen sich mit den Bildern füllen, die sie mir gemalt haben. Schließlich Zoe und Ava, meine beiden Züricher Mädels, die eine vier, die andere fängt gerade an zu laufen. Sie gemeinsam mit Michael zu besuchen ist immer ein Highlight in meinem Leben. Zusammen bummeln wir dann durch die Altstadt, unternehmen Spaziergänge am Zürichsee, Besuche im Zoo oder gehen in den Zirkus Knie.

24
Irgendwas mit Medien

Die Bevölkerung war dankbar für die kostenlosen Tests, die wir dank des Roten Kreuzes und einer ganz großartigen Schar von Helfern in der Stadt anboten. Die Schlange der geduldig Wartenden reichte bisweilen vom Marktplatz über die Neckargasse bis hinunter zum Lustnauer Tor. Einmal mehr filmte OB Boris Palmer diesen Lindwurm und stellte die Bilder auf seine Facebook-Seite.

Er war nicht der Einzige. Der »Tübinger Weg« mit Testen, Testen, Testen entwickelte sich zu einem großen Hoffnungsträger in einer Pandemie, in der immer öfter Ohnmacht und Orientierungslosigkeit herrschten. Immer mehr Medien aus der ganzen Republik reisten an, wollten Bilder machen und Interviews mit Testwilligen – und eben auch mit mir. An manchen Tagen schwirrte ein halbes Dutzend TV-Teams gleichzeitig am Marktplatz herum, selbst von der BBC, vom *Wallstreet Journal* oder chinesischen Sendern kamen Reporter nach Tübingen, von holländischen, italienischen und österreichischen ganz zu schweigen.

Der Medienrummel wurde derart groß, dass ich eigens einen Pressesprecher engagieren musste, den ich in Raimund Weible fand, einem pensionierten Redakteur der *Südwest Presse*. Raimund hatte mich schon bei meinen Wahlkampfauftritten begleitet. Er war derjenige, der den etwas ominösen Urnengang bei der Wahl beobachtet und thematisiert hatte. Damals lernte ich ihn kennen, ihm vertraute ich. Und ich war froh, dass ein Profi mir die ganzen Terminanfragen nun möglichst vom Hals hielt. *Maischberger. die woche, Markus Lanz, Hart aber fair* mit Frank Plasberg, *stern* TV, *maybrit illner, 3 nach 9* mit Judith Rakers und Giovanni di Lorenzo, *Nachtcafé, Lan-*

desschau und zurück. »Bald holst du den Lauterbach noch ein«, spottete einer meiner Söhne. »Wird der Palmer oder Ingmar Hoerr nicht langsam neidisch?«, zog mich der andere auf.

Manchen Tübingern missfiel die plötzliche Medienpräsenz. »Wann gibt es endlich ein Bild mit den beiden Päpsten und Lisa gemeinsam« war noch einer der amüsanteren Leserbriefe im *Tagblatt*. Dort fand sich allerdings auch eine treffende Analyse: »Lieschen Müller hört doch keiner zu. Bewegung gelingt nur durch Medien«, schrieb eine Leserin. Worte wie diese freuten mich aufrichtig. Umgekehrt nahm ich mir Vorwürfe, und waren sie noch so haltlos oder bösartig, oft viel zu sehr zu Herzen. Manchmal verstand ich einfach nicht, dass Menschen so neidisch sein können, zumal in einer Zeit, in der wir alle zusammenhalten mussten, in der einige Menschen von morgens bis spätnachts arbeiteten, um in der Krise mitzuhelfen. Einmal schrieb ich einem solchen Kritiker zurück: »… und was tun Sie bitte in der Krise, außer andere zu kritisieren und zu beleidigen und von der Arbeit abzuhalten?« Ich bekam nie eine Antwort.

Ich solle diese Sachen doch einfach ignorieren, ebenso wie all die Hass-Mails auf meiner Facebook-Seite, riet mir ein befreundeter Journalist. Das sagt sich leichter, als es ist. Andererseits: Was sind solche anonymen gehässigen Pöbeleien schon gegen jene freundlichen Worte, die mir völlig Fremde im Vorbeigehen auf dem Marktplatz in Tübingen, aber auch zum Beispiel im Zug nach Hamburg oder in München sagen.

Die TV-Auftritte in Talkshows schmeicheln natürlich der Eitelkeit, ich müsste lügen, wenn ich das bestreiten würde. Wer fühlte sich nicht gebauchpinselt, wenn wildfremde Menschen um ein Selfie bitten. Der ganz große Ego-Shooter bin ich allerdings nicht. Die entscheidende Aufgabe liegt für mich vor allem darin, ein mir wichtiges Thema den Menschen nahezubringen, meinem Anliegen einen medialen Schub zu verleihen und im Idealfall vielleicht auch Entscheidungsträger zu erreichen. »BewegtEuch« lautet eines meiner Mottos, auch wenn ich zu Gast bin bei Maischberger, Lanz und Co.

Einen schönen Nebeneffekt habe ich dabei kennen- und sehr schätzen gelernt: die Gespräche hinter den Kulissen mit den anderen Gästen. Ohne Kamera läuft alles sehr viel entspannter. Von Rivalitäten ist dann nichts zu spüren, Parteigrenzen sind wie weggeblasen. Mit Karl-Josef Laumann etwa, dem Sozialminister von NRW, war ich sofort auf einer Wellenlänge. Er ist Landwirt, stammt aus einfachen Verhältnissen und möchte den Menschen wirklich helfen. Das glauben ihm die Leute, seine Beliebtheitswerte liegen seit Langem im Spitzenbereich. Ob er denn nicht Ministerpräsident werden wolle, wenn Laschet ins Kanzlerrennen gehe, wollte damals jemand wissen. Dafür sei sein Englisch nicht gut genug, gab er lachend zur Antwort. Authentische Menschen mit Bodenhaftung und Humor, das sind in der heutigen Zeit unter Politikern schon echte Raritäten. Ein in der Zeit ebenfalls wichtiger Kontakt für mich war Jens Spahn. Wir fanden schnell gemeinsame Themen, und ich war regelmäßig in seinen Schalten mit den Corona-Größen dabei und daher immer auf dem neuesten Stand.

Auch Christian Lindner lernte ich in einer der Talkshows kennen, und als wir auseinandergingen, hatte ich von ihm die Zusage zur Mitgliedschaft im Verein BewegtEuch in der Tasche sowie seine Handynummer, falls ich etwas auf dem Herzen hätte. Lauterbach verströmt hinter den Kulissen längst keine so pessimistische Stimmung wie manchmal davor. Er ist offen und zugänglich und sehr menschlich. Auch mit ihm ist es ganz spannend, sich zu unterhalten, wenngleich wir in Talksendungen immer wieder einmal aneinandergerieten – und wohl gerade deshalb öfter zusammen eingeladen wurden. Während er aber mit Abstand Platz eins im Ranking der Auftritte belegte, schaffte ich es nur, das immerhin, auf Platz 25. Offensichtlich war ich doch bei mehr TV-Talkrunden als gedacht.

25
Männersache

Ohne prahlen zu wollen, war es so, dass ich bei Jungs und Männern meist einen guten Stand hatte – bei Frauen war das früher nicht so der Fall, aber das änderte sich mit zunehmendem Alter. Auch finden sich in meinem Freundes- und Bekanntenkreis etliche queere Menschen. Die meisten machen kein großes Aufheben um ihre sexuelle Identität. Mir war es schon immer ziemlich egal, welche Geschlechter in Liebe zueinander finden oder was andere im Schlafzimmer praktizieren. Durch meine jahrelange Tätigkeit als Ärztin war mir diesbezüglich praktisch nichts mehr fremd.

Ich bin froh, dass in meiner CDU die Toleranz und Akzeptanz massiv gewachsen sind. Ehe für alle? Wir schafften das! Für viele, auch in der Führungsriege, ist Homosexualität der Normalfall. Im Tübinger Stadtmuseum gab es unlängst eine eindrucksvolle Ausstellung zu diesem Thema. Ausgestellt waren etwa leidenschaftliche Liebesbriefe des Prinzen Karl an seinen Lover. Hans Scholl von der Weißen Rose fand Männer interessant. Auch von Hölderlin weiß man das mittlerweile.

Als Kneipenwirtin mit jahrelanger Erfahrung kennt man Anmachen aller Art, von schüchternen über charmante bis zu übergriffigen. Gleichwohl überrascht mich das Verhalten mancher Machogockel doch immer wieder. Bei der Stallwache-Party der baden-württembergischen Landesvertretung wird traditionell gebechert, und manchen steigt der Trollinger in den Kopf, und zwar mehr, als ihnen guttut. Wie bei dem hochrangigen Politiker, dessen Arm ich plötzlich um mich spürte.

»Lisa, du gefällst mir«, kam es in lallenden Worten. Wir kannten uns, hatten aber gewiss kein enges Verhältnis.

»Du heiratest doch demnächst!«, entgegnete ich.

»Klar, und deswegen nehm ich jetzt noch alles, was ich kriegen kann«, lallte der Mann. Er wusste am nächsten Tag sicher nicht mehr, mit wem er sich am Abend unterhalten hatte, geschweige denn, worüber.

In der ähnlichen Kategorie verlief die unheimliche Begegnung in einem Kölner Hotel. Ein Mann beobachtete mich in der Lobby richtig penetrant, folgte mir in den Aufzug und im Flur bis zu meinem Zimmer. Es kam zu keinen tätlichen Übergriffen, allein, die Ohnmacht in solch einer Situation ist unerträglich. Ich fühlte mich total unwohl, als er mich ansprach und aufdringlich wurde. Darauf wechselte ich unverzüglich das Hotel, denn diesem Typen wollte ich nachts nicht nochmals begegnen.

Noch schlimmer war die Begegnung in einem Zugabteil auf der Fahrt nach München. Ich stieg in Stuttgart ins Erste-Klasse-Abteil, mein Platz war reserviert, setzte mich hin und packte mein Tablet aus, um E-Mails zu bearbeiten. Gegenüber saß ein Mann zwischen Anfang und Mitte dreißig. An den Fenstern und Türen des Abteils hingen blaue Vorhänge. Er stand auf und sagte in gebrochenem Deutsch, dass es zu hell sei und er die Vorhänge zuziehen würde. Ich war etwas erstaunt, dachte, dass er die Nacht vielleicht durchgemacht hätte, was ja in dem Alter noch öfter vorkommen soll. »Bitte nicht, ich muss arbeiten, und dafür brauche ich Licht«, war meine Antwort. Dennoch stand er auf und zog die Vorhänge am Fenster und zum Gang hin zu. Langsam wurde es mir mulmig. »Hier hört uns keiner«, waren seine Worte, und dann fing er an, die Schuhe auszuziehen und seinen Gürtel zu öffnen. Ich wusste, ich hätte keine Chance, aus dem Abteil zu fliehen, die Tür war in seiner Richtung, und meine einzige Chance wäre, ihm zwischen die Beine zu treten, sobald er sich in meine Richtung bewegen würde. Er war gerade im Begriff, seine Hose runterzuziehen, als die Tür aufging und eine Schaffnerin den Kopf hereinsteckte.

»Was ist denn hier los?«, rief sie. Ich sagte gar nichts, denn es war ihr sofort klar, dass hier irgendwas nicht stimmte. »Ihre Fahrkarte, bitte, sofort!«, sagte sie zu dem Mann.

Er hatte keine, und vermutlich hatte er dieses Spiel schon etliche Male betrieben, denn er war in keiner Weise erschrocken oder verängstigt. Die Schaffnerin rief sofort einen Kollegen, und in Ulm wurde der schwarzfahrende Frauenschreck abgeführt. Meine Anzeige folgte. Der Asylantenstatus ist mir da völlig gleichgültig. Schwein bleibt Schwein, egal mit welchem Hintergrund. Jedenfalls bin ich seither nie mehr in ein kleines Abteil eingestiegen, sondern nur noch in Großraumwagen. Und Vorhänge haben in den Abteilen inzwischen ausgedient. Solche Vorfälle scheint es wohl häufiger gegeben zu haben.

26
Migranten und die mobile Arztpraxis

»Wir schaffen das.« Mit diesen Worten, die in die Geschichtsbücher eingehen sollten, beschwor Bundeskanzlerin Angela Merkel am 31. August 2015 das Land. Und ich nahm das »Schaffen« wörtlich, fühlte mich als Ärztin verpflichtet, diesen Anspruch zu erfüllen. Zumal in den Medien, auf sozialen Plattformen, in politischen Reden nicht selten Panik geschürt wurde. In der Anfangsphase der Flüchtlingsthematik gab es zwar so etwas wie eine allumfassende Empathie, die auch ein wenig das gesamtgesellschaftliche Klima veränderte. Selbst wer sich als arm eingestuft hatte, dachte: So arm wie die bin ich nicht, ich muss mal helfend wirken. Aber langsam zerbröckelte dieses Verständnis. Ohne Vertrauen kommt man nicht weiter, erst dadurch entsteht Respekt vor dem anderen. Doch viele Deutsche hatten wenig Vertrauen zu Flüchtlingen.

Bei einem meiner ersten Einsätze bei Flüchtlingen wurde ich zu einem Ehepaar gerufen, das aus Syrien geflohen war. Leyla und Osman waren gerade angekommen, beide um die vierzig, ihre zwei Kinder vielleicht sechs und zehn Jahre alt. Man hatte die vier in einer der kleineren Notunterkünfte untergebracht. Als ich dort ankam, wurden schnell all die Vorurteile weggewischt. Oman empfing mich mit seinem Handy in der Hand, auf dem er die Worte und Sätze gesammelt hatte, die er mühevoll über ein Online-Wörterbuch zusammengesucht hatte. Mit dieser Hilfe sagte er: »Guten Tag, Frau Doktor. Ich freue mich, dass Sie gekommen sind. Vielen Dank, dass Sie da sind. Unser kleiner Sohn hat Fieber.« Es ging mir nahe, wie diese Familie innerhalb von vierzehn Tagen versucht hatte, sich irgendwie zu integrieren. Und uns zu zeigen, dass sie uns schätzten. Und es zeigte mir einmal mehr: Motivation hält uns am Leben. Nur wer nach Futter sucht, wird satt. Nur wer frisches Wasser findet, verdurstet nicht. Nur wer Hilfe zu schätzen weiß, begreift die Bedeutung von Gemeinschaft.

Natürlich gab es später auch andere Erlebnisse. Kranke Männer, zu denen meine Kollegin und ich nachts gerufen wurden, die dann erklärten: »Von einer Frau lasse ich mich nicht behandeln.« Meist riefen sie am nächsten Tag wieder den Notdienst. Es blieb ihnen auch nichts anderes übrig, wenn sie Hilfe brauchten. Wir erklärten, dass hier gerade nur Frauen arbeiteten, daran hätten sie sich zu gewöhnen. Ansonsten würde sie keiner behandeln.

Es war keine leichte Zeit damals, die Flüchtlinge riefen unentwegt beim Roten Kreuz an, schrien oder heulten ins Telefon, weil sie sich nicht verständlich machen konnten. Wegen Sprachproblemen scheiterten sie häufig in den Apotheken, oft waren sie nicht in der Lage, selbstständig einen Arzt zu finden. Die Mitarbeiter in den Unterkünften waren heillos überfordert, zumal es unter ihnen kaum medizinisch geschultes Personal gab. Die Folge war, dass oft wegen Kleinigkeiten viele Patienten in die Klinik geschickt wurden oder der Notarzt gerufen wurde, der dann mit Blaulicht zum Fieberanfall eines Kindes anrückte – und dadurch bei einem wirklichen Notfall, bei dem es auf jede Minute ankam, nicht verfügbar war. Ziemlich zügig war uns Ärzten klar, dass dieses Problem unbedingt und schnell behoben werden musste.

Die Lösung fand sich mit einem Arztmobil. Diese sicher ungewöhnliche Idee hat einen persönlichen Hintergrund, denn als leidenschaftliche Camperin besitze ich seit Jahren ein Wohnmobil. Die mobile Unabhängigkeit, die ich auf Urlaubsreisen genieße, könnte doch, so dachte ich, genutzt werden, um die Flüchtlinge medizinisch zu versorgen; immerhin gab es im Tübinger Raum inzwischen sechzehn Unterkünfte, die auf diese Weise erreicht werden könnten. Mit einem zur rollenden

Arztpraxis umgebauten Wohnmobil könnten wir von einer Unterkunft zur anderen fahren und regelmäßige Sprechzeiten anbieten – nach dem Motto: »Wenn die Flüchtlinge nicht zum Arzt kommen können, dann kommt der Arzt eben zu ihnen.«

So großartig die Idee für mich klang, billig würde die Umsetzung mit Sicherheit nicht werden. Das sah Jonas, ein befreundeter Journalist, dem ich von meinem Vorhaben erzählte, ganz ähnlich. Wie so oft saßen wir bei einem meiner Lieblingsitaliener, dem »Stern«, in der Altstadt. Dort trafen sich die lokale Prominenz ebenso wie gesellige Frauenkränzchen, verliebte Pärchen oder Studenten. Pata negra empfahl die Karte als Vorspeise, jenen spanischen Schinken von frei laufenden Schweinen, die sich von Eicheln ernähren. »Nicht ganz billig, aber das ist es unbedingt wert!«, war bei Jonas die Auswahl schnell erledigt. Was für den Schinken galt, galt auch für das Wohnmobil. Ich erzählte Jonas begeistert von meinem Plan. Weniger euphorisch klang ich wohl, als es um die fehlende Finanzierung ging.

75 000 Euro sollte das Wohnmobil in der Anschaffung kosten, Umbauten inklusive. »Frag doch mal Til Schweiger, ob er mit seiner neuen Stiftung da nicht helfen kann!«, schlug Jonas vor, als Tea, die Wirtin, mit dem Pata negra kam. Til Schweiger. Das war eine Möglichkeit. Wir kennen uns, weil wir auf Mallorca, wo wir beide ein Häuschen besitzen, fast Nachbarn sind. Wir hatten uns auf Anhieb sehr gut verstanden und schon öfter getroffen, zum Kaffee, zum Essen mit Freunden oder bei seinen Festen. Seine offene und freundliche Art gefiel mir, und ich hatte einige interessante Menschen bei ihm kennengelernt.

Ich sah auf die Uhr, es war halb zwölf, noch nicht zu spät, um meinem Nachbarn eine SMS zu schreiben: »Lieber Til, kannst du mir helfen? Es geht um eine mobile Arztpraxis für Flüchtlinge?« Keine fünf Minuten später erhielt ich eine Antwort: »Keine Frage, Lisa, ich kann dich mit meiner Stiftung finanziell unterstützen, wenn du das meinst. Auf jeden Fall erhältst du die Hälfte für das Mobil – was immer ein solches Gefährt kostet.« Einen hochgereckten Daumen hatte er als Symbol gleich mitgeschickt.

Ein Stein fiel mir vom Herzen, denn dass ich unter Umständen auf 75 000 Euro Schulden sitzen bleiben würde, das hatte ich in meiner Euphorie über meinen Einfall nicht bedacht. Ich hätte einen Kredit für mein Vorhaben bekommen, das war mir im ersten Moment am wichtigsten gewesen. Danach hatte ich mein Gehirn ausgeschaltet. Aber manchmal ist das auch gar nicht so verkehrt. Will man etwas bewegen, muss man hin und wieder etwas riskieren. Nach dieser Devise hatte ich gehandelt, äußerst impulsiv gehandelt.

»Den Rest wirst du auch noch zusammenkriegen«, sagte Jonas, nachdem ich ihm die SMS gezeigt hatte. »Dein erster Versuch einer Spendenaktion hat auf Anhieb geklappt, wenn das mal kein gutes Omen ist.«

Wie recht Jonas mit seiner Prophezeiung haben sollte, wurde bald schon deutlich. Mein Treffen mit dem Wohnmobilhersteller Hymer verlief sehr erfolgreich. So unkompliziert wie Til half auch das oberschwäbische Unternehmen. Die Firma ermöglichte den Umbau ihres Wohnmobils zu einem Arztmobil in Rekordzeit – und das zum Selbstkostenpreis. Als wahrer Engel erwies sich wenig später meine Freundin Elisabeth Frate, die Verlegerin des *Schwäbischen Tagblatts*. Traditionell wird von der Zeitung an Weihnachten eine Spendenaktion für unterschiedliche Organisationen veranstaltet. Diesmal gingen auch wir mit dem Arztmobil an den Start. Der Erfolg war überwältigend. 389 772 Euro kamen zusammen, weit mehr als bei jeder anderen Spendenaktion zuvor. Dass wir das nach fünf Jahren noch irgendwann steigern würden können, hätte ich mir niemals träumen lassen. Für alle Ärzte und Helfer, die sich entschlossen hatten, bei diesem mobilen Team mitzuwirken, war dieser Spendenrekord eine enorme Anerkennung, und wir waren ein ganz tolles Team.

Tübingen hatte mit dem Arztmobil bundesweit die erste Einrichtung dieser Art. Und die Stadtgesellschaft demonstrierte eindrucksvoll, wie viel möglich werden kann, wenn alle an einem Strang ziehen. Da war der Fünfeuroschein, den mir eine betagte Dame auf dem Marktplatz mit den Worten »Für Ihre Flüchtlinge« als Spende überreichte, ebenso wertvoll wie jener große Scheck des Modeunternehmers Helmut Schlotterer von Marc Cain aus dem benachbarten Bodelshausen, der fragte, ob er ein zweites Arztmobil finanzieren solle.

Nachdem die mobile Arztpraxis einsatzbereit war, ging es auch schon los. Was von außen aussah wie ein gewöhnliches Wohnmobil, offenbarte sich im Inneren als Arztpraxis im Miniformat: mit Umkleidekabine, Behandlungsliege und einer Besprechungsecke mit Schreibtisch. In Regalfächern stapelten sich Medikamente, Tropfen, Salben, Sprays, dazu EKG und alle anderen notwendigen medizinischen Utensilien. Monatelang konnten wir kostenlos Sprechstunden für die Flüchtlinge anbieten und sie mit Medikamenten versorgen. Recht schnell bekamen wir so das medizinische Problem der Migranten im Kreis Tübingen in den Griff.

Natürlich gab es schwierige, konfliktreiche Situationen, die zu bewältigen waren. Einmal wurden wir zu einer Unterkunft gerufen, in der 250 Menschen neu eingetroffen waren, ohne dass man uns darauf vorbereitet hatte. Etliche Nächte arbeiteten wir durch, standen teilweise im Freien, um die Leute zu untersuchen und sie notdürftig zu versorgen. Einige von ihnen hatten recht schwere Krankheiten wie Diabetes, Krätze, Angina, Herzleiden oder Bluthochdruck.

Vielfach waren wir mit verzweifelten Frauen konfrontiert, die sich bei uns ausweinten, nachdem es ihnen gelungen war, heimlich bei uns zu erscheinen, denn so mancher Mann verbot seiner Ehefrau, zum Arzt zu gehen. Die Verhältnisse einer patriarchalischen Gesellschaft wurden im Alltag deutlich spürbar, und es waren immer wieder bedrückende Erfahrungen.

»Mein Mann will ein Kind nach dem anderen«, klagten einige. Übersetzt wurde von einer Dolmetscherin oder einem Medizinstudenten aus dem Iran. »Sie nehmen überhaupt keine Rücksicht auf unsere Bedürfnisse. Wir sind als Familie hierhergekommen, unter anstrengendsten Bedingungen. Wir wissen nicht, ob wir in Deutschland bleiben können und wie es weitergeht. Noch ein Kind – dafür habe ich keine Kraft. Dazu ist alles zu ungewiss.«

Weil wir so oft mit diesem Leid konfrontiert wurden und die Not der Frauen nur zu gut nachvollziehen konnten, entschieden wir uns, ihnen die Pille umsonst zu geben. »Aber was ist, wenn mein Mann die Pille entdeckt? Er wird sie mir verbieten und wegwerfen«, klagten einige der Frauen. Das war ein berechtigter Einwand, zumal in den engen Verhältnissen der Unterkünfte keine Frau, im Grunde niemand eine Privatsphäre hatte – wo sollte man etwas vor den Augen anderer verstecken? Als Konsequenz schickten wir diese Frauen zu einer Gynäkologin (die sie wiederum heimlich aufsuchen mussten), die ihnen eine Spirale einsetzte. Auch das konnten wir mit unseren Spenden bezahlen. Diese Erfahrung nahm ich mit in den Kreistag mit der Forderung, sozial schwächeren Frauen auch bei uns die Spirale kostenfrei zu geben.

Ganz besonders auf unsere Hilfe angewiesen waren jene jungen Jesidinnen und deren Kinder, die von der Terrormiliz Islamischer Staat verfolgt, verschleppt, versklavt und missbraucht worden waren, bevor sie 2015 auf Initiative von Ministerpräsident Kretschmann nach Deutschland gebracht und an einem geheimen Ort untergebracht wurden. Die Frauen und Kinder waren völlig traumatisiert, viele von ihnen wiesen Narben auf, wo man ihnen Zigaretten auf der Haut ausgedrückt hatte.

Weil wir in unserem Arztmobil natürlich kein Wartezimmer hatten, mussten wir improvisieren. So stellten wir vor dem Camper eine Bank auf. Häufig drängelten sich junge Männer vor, egal, ob vor ihnen ältere Frauen saßen. Sie seien Männer und hätten das Recht dazu, erklärten sie frech, als wir sie darauf ansprachen. »Nein, so geht das nicht, hier läuft das anders«, wiesen wir sie in ihre Schranken. »Hier kommt als Erstes der dran, der zuerst da war. Und wenn jemand alt oder gebrechlich oder sehr krank ist, wird er ebenfalls zuerst drangenommen. Das ist in unserem Land so.« Es war manchmal nicht ganz leicht, ihnen unser Vorgehen klarzumachen, aber mit der Zeit rüttelte sich alles zurecht.

Nach gut einem Jahr konnten wir unsere mobile Arztpraxis einstellen, da die Migranten inzwischen alle einen Hausarzt hatten. Jeder aus dem Team hatte eine Menge Mehrarbeit geleistet, aber auch Erfahrungen gesammelt, wie es ist, ein solches Projekt auf die Beine zu stellen, wie es dank Spenden möglich ist, einen neuen Weg bei der medizinischen Versorgung und der humanitären Hilfe zu gehen. Zudem hatte die mobile Praxis dem Land Baden-Württemberg eine Menge Kosten gespart (Notarzteinsätze sind nicht billig) und die Kliniken sowie die Flüchtlinge entlastet.

Die rollende und damit flexible Arztpraxis hatte sich so gut bewährt, dass wir sie keineswegs aufgeben wollten. Sprechstunden vor Ort, um eine gesundheitliche Grundversorgung sicherzustellen und Schwellenängste abzubauen – da fielen uns noch andere Bevölkerungsgruppen ein. Seien es die Obdachlosen vom Männerwohnheim oder die Drogenabhängigen im Anlagenpark. Da unser Arztmobil bei den Flüchtlingen ein voller Erfolg gewesen war, gab es nicht die geringsten Hindernisse seitens der Gemeinde für unsere neuen Aktionen.

Zu den Sprechstunden kamen nun Leute, die durch das soziale Netz gefallen waren, die wenig Glück in ihrem Leben gehabt hatten, die keine Familie hatten, die sie stabilisierte. Durch die Zeit mit den Migranten war mir sehr bewusst geworden, dass bei den meisten von ihnen die Familie im Mittelpunkt stand. Sie gibt Schutz und soziale sowie finanzielle Sicherheit. Afghanen, Iraker, Iraner, Syrer, sie alle haben eine

Familienidentität. In westlichen Gesellschaften ist das nicht unbedingt selbstverständlich, da zählt das Individuum. Und was die Kinder betrifft, da heißt es bei uns oftmals: Jetzt bist du achtzehn, da wird es langsam Zeit, dass du aus dem Haus gehst, dein Leben selbst in die Hand nimmst und zusiehst, wie du klarkommst. In einer individualistischen Gesellschaft hat man den Halt bei sich selbst zu suchen, muss ihn auch bei sich selbst finden. Die Familie ist höchstens ein Addendum. In den Migrantenfamilien schien es undenkbar zu sein, nur etwa zweimal im Jahr den Bruder oder die Schwester zu sehen oder höchstens alle paar Monate miteinander zu telefonieren. Die Flucht war für viele Migranten nicht zuletzt auch deshalb ein riesiges Leid, weil dadurch genau diese tiefen und stabilisierenden Familienbande durchschnitten wurden.

Die Menschen, die nun unser Arztmobil aufsuchten, waren alles andere als Familienmenschen. Das trifft insbesondere auf die Drogensüchtigen zu. Oder anders gesagt: Diese haben sich in ihrer Szene eine neue Familie gesucht, fühlen sich anderen Abhängigen verbunden und empfinden die »Platte« ungeachtet des Drecks, des Schusses in öffentlichen Toiletten als eine Art Zuhause. In den seltensten Fällen war die Droge an sich die Ursache für die Abhängigkeit gewesen, Auslöser waren in vielen Fällen schmerzhafte Erfahrungen in den Familien. Das mussten nicht einmal Traumata wie Missbrauch sein, manchmal reichte schon die Erfahrung, dass Liebe an Bedingungen geknüpft ist, dass man Zuneigung nur erfährt, wenn man gehorsam ist, um ein Ungleichgewicht, einen unerträglichen Schmerz auszulösen. Wer einen derartigen Schmerz empfindet, versucht ihm zu entkommen. Wer seelisch belastet ist, sucht nach Entlastung – und greift dabei nicht selten zu Alkohol, Drogen oder Medikamenten, andere werden spiel- oder internetsüchtig.

Wilhelm Triebold, der Kulturredakteur des *Schwäbischen Tagblatts*, schrieb in seiner Kolumne einmal: »Kein Zweifel,

Lisa Federles Arztmobil ist ein geschichtliches Dokument des Widerstands, ein Monument des unermüdlichen Einsatzes. Dank Jan Josef Liefers‹ und Til Schweigers Unterstützung atmet es sogar ein bisschen den Wendegeist der Freiheit. Deshalb: Wenn das alles hier vorbei ist, gehört es ins Stadtmuseum! Denn es hat Zeitgeschichte geschrieben.«

27
Patienten bei mir zu Hause

»Mama, warum machst du nicht eine eigene Praxis auf, hier im Haus?«, fragte Benjamin scheinbar aus dem Nichts heraus. Gerade hatten wir über Umbaupläne für unser Haus gesprochen, wahrscheinlich hatte ihn das auf die Idee gebracht. Benjamin war 2006 mit seiner Freundin Moni ins Souterrain gezogen. Matthias hatte damals gerade das Haus verlassen, und der älteste Bruder wollte für seine zwei jüngeren Geschwister David und Jonathan, die noch zur Schule gingen, Verantwortung übernehmen, dafür sorgen, dass ihr Leben geregelt blieb – was bei meinen Diensten nicht immer garantiert war. Ich hatte im Souterrain ein Minibad und eine Küchenzeile einbauen lassen, aber nach einigen Jahren wurde Benjamin die Eineinhalbzimmerwohnung zu klein, da er heiraten und Kinder haben wollte. Da David inzwischen ausgezogen war, um in Ulm Medizin zu studieren, und es Jonathan ebenfalls zum Studium in die Ferne zog, schlug ich vor, das Erdgeschoss für Benjamin und Moni auszubauen, sodass sie genügend Platz für eine eigene Familie hätten, sofern sie sich vorstellen konnten, weiterhin mit mir unter einem Dach zu leben. Die beiden stimmten sofort zu, unser Einfamilienhaus zu einem Zweifamilien- beziehungsweise Mehrgenerationenhaus aus- und umzubauen. Im Zuge dieser Überlegungen erwähnte Benjamin die Praxis. Er hatte mich schon mehrmals zu einem solchen Wagnis drängen wollen, weil er sich wie auch meine anderen Kinder Sorgen um mich machte. In ihren Augen arbeitete ich viel zu viel, über all die Jahre fast jede Nacht Bereitschaftsdienst war wirklich nicht ohne.

»Du weißt doch«, antwortete ich, »ich bin keine Allgemeinärztin und gehe bestimmt nicht zurück in die Klinik, um eine mindestens zwei Jahre dauernde zusätzliche Ausbildung zu machen.«

Benjamin lachte auf, eine bekannte Reaktion auf meine Einwände. »Ich verstehe einfach nicht, wieso du so dagegen bist ... Du hast in den Notdiensten so viel Erfahrung mit kranken Menschen gesammelt, so viele Krankheitsbilder kennengelernt, du kannst super mit Menschen umgehen – was hindert dich daran, eine eigene Praxis zu eröffnen?«

Gute Frage. Was hinderte mich daran? Ich ging in mich und konnte keinen wirklichen Grund finden. Seit drei der Kinder aus dem Haus waren, war genügend Platz vorhanden. Und viele Menschen, die ich in Notdiensten behandelte, gaben mir zu verstehen, dass sie gern zu mir in die Praxis kommen würden. Jedes Mal musste ich ihnen erklären, dass ich keine eigene Praxis hatte und nur ausnahmsweise Patienten in einem kleinen Raum behandle, den ich in einer Praxis in der Innenstadt angemietet hatte. Immer wieder mal dachte ich, dass es doch schön wäre, Patienten längerfristig zu begleiten und zu betreuen. Als Notdienst- und Notärztin war das nicht möglich, da musste ich mir rasch ein Bild von der Situation machen und schnell handeln, ohne viel vom Hintergrund der Patienten zu kennen.

Die Vorstellung eines längeren Begleitens gefiel mir ausgesprochen gut, und ich begann mir auszumalen, wie ich die Räume gestalten würde. Ich hatte Blut geleckt. Und da mangels Weiterbildung zur Allgemeinmedizinerin nur eine Privatarztpraxis infrage käme, könnte ich meine Sprechzeiten sogar so einrichten, wie ich wollte. Dadurch könnte ich mir die Möglichkeit offenhalten, meine Nacht- und Wochenend- sowie den Notarztdienst fortzusetzen, wenn auch in deutlich geringerem Umfang. Ich wollte weiterhin auch als leitende Notärztin tätig sein oder Projekte in Gang setzen, die ich für sinnvoll hielt. Es ging mir dabei nicht ums Geld, vielmehr waren mir die Unabhängigkeit, Selbstbestimmung, Freiheit und vor allem der Sinn dahinter ungeheuer wichtig. Frei entscheiden zu können, wo und wofür ich mich einsetzte, mir meine

Zeit für die Patienten so einteilen zu können, wie ich es für gut und richtig hielt, mir Zeit nehmen zu können, wenn jemand in großer Not war oder im Sterben lag, all das war mir genauso ein Anliegen, wie immer für meine Patienten erreichbar zu sein.

Als der Umbau des Hauses abgeschlossen war, befand sich im Erdgeschoss wie von Anfang an geplant die Wohnung von Benjamin und Moni, im ersten Stock meine Praxis und darüber meine Wohnung. Über mangelnde Patienten konnte ich mich nicht beklagen, es war schön zu erfahren, wie viele Menschen mir vertrauten. Anfangs war es ungewohnt, im eigenen Haus zu praktizieren, doch es hatte den Vorteil, dass ich auch spätabends noch Notfälle behandeln konnte, ohne das Haus verlassen zu müssen. Lange davor hatte sich der Spruch »Lisa immer im Einsatz« etabliert, und immer wieder wurde ich sogar auf der Straße darauf angesprochen.

Ich genoss es, mir Zeit für Patienten nehmen und Prioritäten nach eigenen Maßstäben setzen zu können. So wie bei einem hochbetagten Ehepaar, das ich als Hausärztin betreute. Die Eheleute waren beide über neunzig und wohnten noch zu Hause. Jeden Abend schliefen sie Händchen haltend in ihrem alten Ehebett aus dunklem Holz, ganz im Stil von früher mit weiß bezogenen Federbetten ein. Sie kamen nicht zu mir in die Praxis, das war ihnen zu mühsam, aber ich sah relativ oft nach ihnen. Da ich EKG und vieles mehr immer im Auto dabeihatte, waren auch Untersuchungen und Behandlungen möglich. Eines Tages nahmen mir die beiden ein Versprechen ab.

»Wir möchten daheim sterben und nicht in einer Klinik«, sagten sie unisono. »Können Sie irgendwie dafür sorgen, dass das möglich wird?«

»Sie wissen«, entgegnete ich, »dass es schwierig ist, solche Versprechen zu halten, weil manche Umstände so sind, dass ein Aufenthalt in einem Krankenhaus unumgänglich ist.«

»Das ist uns klar, aber wenn nichts Dramatisches dazwischenkommt, wäre es dann denkbar, dass Sie sich an unseren Wunsch erinnern?«

»Sollte es so weit sein, werde ich alles versuchen, dass ich Ihren Wunsch erfüllen kann, um mein Versprechen, das ich Ihnen hiermit gebe, zu halten.«

Einige Monate später hatte der Mann einen Darmverschluss, eine äußerst schmerzhafte Angelegenheit. Es war ein ernsthafter Notfall, eine Operation unumgänglich, sonst wäre er unter Qualen gestorben. Die OP war ein hohes Risiko, denn eigentlich war er zu geschwächt für eine Narkose. Nach einigen Tagen in der Universitätsklinik verlegte man ihn in eine Klinik, die ältere Menschen entweder im Sterben begleitete oder sie pflegte, bis sie die Klinik wieder verlassen konnten. Als ich davon erfuhr, rief ich dort an, um mich über das Befinden meines Patienten zu erkundigen.

»Er wird nicht mehr lange leben«, erklärte der behandelnde Arzt. »Sein Zustand ist nicht gut, die OP hat ihn sehr mitgenommen. Aber er hat wenigstens keine Schmerzen.«

»Dann möchte ich, dass der Mann zu seiner Frau nach Hause gebracht wird, ich übernehme die Verantwortung und organisiere alles.«

»Frau Federle, es macht keinen Sinn, ihn zu transportieren, der Patient kriegt nichts mehr mit, er wird in den nächsten Stunden sterben.«

»Ich habe aber ihm und seiner Frau versprochen, dass ich dafür sorgen werde, dass er zu Hause sterben kann, in seiner vertrauten Umgebung.«

Der Arzt seufzte hörbar. »Ich verstehe, dass Sie Ihr Versprechen halten wollen. Die meisten Menschen wünschen sich das, nur wenige akzeptieren ein Sterben im Krankenhaus oder in einer Pflegeeinrichtung. Aber fast jeder Zweite stirbt nun einmal im Krankenhaus. Die Diskrepanz zwischen Wunsch und Wirklichkeit ist groß. Und glauben Sie mir, Ihr Patient ist schon bewusstlos, er wird nicht mehr mitbekommen, ob er im

Krankenhaus ist oder in seiner eigenen Wohnung. Der Transport wäre nur noch eine Last.«

Ich dachte: Natürlich weiß ich das alles, aber ich habe nun mal dieses Versprechen gegeben, und wenn irgend möglich will ich es halten, selbst wenn der Patient nichts mehr mitkriegt. Und weiter überlegte ich: Wenn er bewusstlos ist, wird er den Transport überstehen, ohne leiden zu müssen.

Gegen den Rat des Arztes ließ ich meinen Patienten in einem Krankenwagen nach Hause bringen. Außerdem organisierte ich eine Rettungsassistentin, die die nächsten Nachtdienste bei dem Mann übernehmen würde. Nachdem ich alles in die Wege geleitet hatte, fuhr ich selbst zu der Wohnung. Es war mir wichtig, nach meinem Patienten zu sehen und festzustellen, ob er tatsächlich keine Schmerzen hatte – ein äußerst wichtiger Punkt, wenn jemand im Sterben liegt. Ein Sterbender soll in Ruhe ohne Leid und ohne Angst von seinem Dasein auf Erden Abschied nehmen können.

»Wie geht es ihm?«, fragte ich die Pflegerin, die sich tagsüber um das Paar kümmerte.

»Ich kann es schwer einschätzen«, antwortete sie. »Aber er ist ganz ruhig. Ich habe das Gefühl, dass er zufrieden ist.«

»Reagiert er noch? Merkt er, dass er zu Hause ist?«

Sie zuckte mit den Schultern. »Ich habe keine Ahnung, Frau Doktor.«

Ich ging kurz zu der Frau und sprach ein paar Worte mit ihr. Trotz der ernsten Situation strahlte sie mich an und hörte gar nicht auf, sich zu bedanken. Danach setzte ich mich an das Bett ihres Mannes und nahm seine Hand. Mochte der Klinikkollege auch überzeugt sein, dass mein Patient nichts mehr mitbekommen würde, so war ich anderer Meinung und redete mit ihm: »Ich bin hier, Ihre Ärztin. Ich habe Ihnen versprochen, dass ich Sie heimhole, und jetzt sind Sie zu Hause. Sie dürfen jetzt hierbleiben, keiner bringt Sie zurück in die Klinik.«

Da drückte er meine Hand, nicht fest, aber doch so, dass ich wusste, es war nicht nur eine unkontrollierte Bewegung. Ich sprach weiter mit leiser, beruhigender Stimme, und er drückte immer wieder sanft meine Hand. Ich war überwältigt. Diese Reaktion berührte mich sehr, denn ich begriff, dass er alles gehört, alles verstanden hatte. Wortlos blickte ich seine Frau an. Sie lächelte, denn sie hatte alles mitbekommen, konnte nun sicher sein, dass ihr Mann wusste, wo er war. Bei einer solch engen Verbindung, wie diese beiden Menschen sie hatten, konnte man sehen, dass der andere spürte, wie es um den Partner stand und was er fühlte.

Als ich das Ehepaar verließ, dachte ich: Das war wieder eine Erfahrung, die ich mitnehmen konnte. Komme ich zu Menschen, die im Sterben liegen, muss ich sehr vorsichtig sein mit dem, was ich sage, denn sie scheinen noch viel zu registrieren, auch wenn sie zu schwach sind, um zu antworten. Der Patient hatte mir die Hand gedrückt, dazu war er noch in der Lage. Er hatte sich auf diese Weise bedankt, dass ich mein Versprechen gehalten hatte. Was für ein schöner und emotionaler Augenblick. Auch um solche Momente erfahren zu dürfen, bin ich Ärztin geworden. Kurz danach starb der Mann in seinem Zuhause, seine Frau folgte ihm wenig später. Ich denke noch oft an die beiden, stets mit einem guten Gefühl.

Dass meine Entscheidung für eine eigene Praxis richtig war, verdeutlichte mir ein Erlebnis mit Professor Wagner. Er war Theologe, ein feiner, ungemein intellektuell wirkender Mann, der großen Wert auf Bücher und gutes Essen legte. Bei ihm wurde Krebs diagnostiziert, als er schon einige Jahre mein Patient war. Ich sprach mit ihm über eine OP und erklärte ihm die Situation. Da der Professor schon älter war, unterbreitete ich ihm diese Möglichkeit eher vorsichtig. Ab einem bestimmten Alter der Patienten sollte man genau überlegen, welche Behandlungsart und vor allem, ob eine OP sinnvoll ist. Aber da der Allgemeinzustand meines Patienten nicht als sehr gebrechlich bezeichnet werden konnte, er eine Narkose verkraften und sich wohl auch nach der OP schnell erholen würde, hatte ich keine Bedenken, ihm zu dieser Therapie zu raten. Die Entscheidung musste er letztendlich selbst treffen.

»Natürlich will ich mich operieren lassen.« Professor Wagner ging seine Krankheit an wie seinen Glauben, unerbittlich, streitbar und ziemlich rational. Er wurde in der Tübinger Uni-Klinik operiert und anschließend zum Regenerieren in ein anderes Krankenhaus verlegt. Mehrmals rief ich dort an, um zu erfahren, wie es ihm ging, besuchte ihn sogar, was eher eine Ausnahme war, weil ich aus Zeitgründen nicht jeden Patienten im Krankenhaus besuchen kann. Diese Ausnahme hatte ich bei ihm gemacht, weil wir uns öfter über den Pietismus meiner Mutter und über Religion und Glauben unterhalten hatten. Er hatte mir zugestimmt, dass jegliches Erpressen von Sittlichkeit durch Angstmachen vor dem Jenseits, dass jede Moralisierung abzuwehren sei, sich niemand als Richter über andere aufspielen, niemand über Gut und Böse aus eigenem Vermögen befinden dürfe. Theologie dürfe auch nicht mit einem christlich-frommen Bewusstsein verwechselt werden, es sei besser, sich seines Verstandes zu bedienen, doch er plädierte immer für eine Aussöhnung. Manchmal blitzte der Schalk in seinen Augen auf, etwa wenn er von der Hoffnung erzählte, dass ihn nach dem Tod keine böse Überraschung erwarte. Er hatte Humor und war nicht so strenggläubig.

Eines Tages, während Professor Wagner noch im Krankenhaus lag, hatte ich Dienst als Notärztin. Mit Thomas, einem Rettungsassistenten, saß ich auf dem Marktplatz vor der Weinstube Beck. Wir tranken einen Milchkaffee, die Sonne schien, wir nutzten die Pause, um uns ein bisschen von den Einsätzen zu erholen und die Seele baumeln zu lassen. Während ich meinen Kaffee trank, fiel mir Professor Wagner ein, und ich griff zum Telefon, um mich nach ihm zu erkundigen.

Der behandelnde Arzt, der sich ich am Telefon meldete, sagte: »Der Herr Professor liegt im Sterben.«

»Wieso liegt er im Sterben? Das kann doch gar nicht sein, als ich ihn letztens besuchte, schien er sich recht gut von der OP erholt zu haben.«

»Das mag ja sein, ist aber schon ein paar Tage her, und in diesem hohen Alter kann sich das schnell ändern.« Außerdem, fuhr der Arzt fort, hätte sich der Patient von Anfang an geweigert, Krankengymnastik zu machen.

»Krankengymnastik? Wenn Sie ihn kennen würden, wüssten Sie, dass er noch niemals auch nur ansatzweise Sport oder Ähnliches betrieben hat, schon zum Spazierengehen war er kaum zu überreden. Allenfalls lief er mit Hut und Stock bekleidet ein paar Schritte den Berg auf und ab. Aber auch nur dann, wenn ich ihm ins Gewissen redete.« Ich kam aus meiner Verwunderung nicht heraus. Was war da vorgefallen?

Ja, damit hätte es schon angefangen, meinte mein Gesprächspartner am anderen Ende der Leitung. »Sie wissen es selbst, werte Kollegin, die Krankengymnastik abzulehnen ist ein Ausdruck von Lebensverweigerung. Insgesamt macht Herr Wagner den Eindruck, dass er keinen Lebenswillen mehr besitzt.«

Nicht zu fassen, was dieser Arzt da von sich gab. Die Krankengymnastik zu verweigern, mal ehrlich, ist für mich kein Zeichen dafür, dass jemand sterben will. Das ist ja lächerlich.

Der Klinikkollege versuchte eine andere Argumentation, um mir den Sterbewillen des Professors zu verdeutlichen: Dieser habe Essen und Trinken eingestellt.

»Hat er denn eine Infusion gelegt bekommen?«, hakte ich nach.

»Nein, noch nicht.«

Was sollte das schon wieder heißen? Langsam wurde ich zornig. »Wie, noch nicht?«

»Ich sagte es Ihnen schon, wir sind zu dem Ergebnis gekommen, dass der Herr nicht mehr leben will. Seine Organe machen ebenfalls nicht mehr mit.«

Wie sollen sie das auch, dachte ich, wenn er Essen und Trinken verweigert und dennoch keine Infusion erhält. Ich beendete das Gespräch, indem ich erklärte, dass ich sofort vorbeikommen würde.

Mit Thomas fuhr ich im Notarztwagen in das Krankenhaus, in dem mein Patient sich erholen sollte, nicht sterben. Von unterwegs aus organisierte ich einen Rettungswagen. Ich hoffte inständig, dass kein Notarzteinsatz kam und mir einen Strich durch die Rechnung machte. Mein Plan war, mir Professor Wagner zu schnappen und in eine andere Klinik zu bringen. Man wollte mich mit der Begründung davon abhalten, der Patient sei zu schwach. Ich widersetzte mich dieser Feststellung, sagte, ich würde meinen Patienten kennen, ich wüsste, dass er leben wolle. Niemand hinderte die Rettungswagenbesatzung, als sie Professor Wagner auf die Liege hob und wir seine Sachen zusammensuchten. Der Transport ging zur Universitätsklinik. Ich hatte in der Zwischenzeit mit dem Chef der dortigen Intensivstation telefoniert und ihm die Situation geschildert. Ich erklärte ihm, dass es sich um einen meiner Patienten handelte, ihm musste ich nicht sagen, man solle doch bitte sorgsam mit dem Mann umgehen. Wir kannten uns gut, da ich einen Teil meiner Ausbildung bei ihm gemacht hatte.

Am nächsten Morgen rief er an.

»Wie geht es Professor Wagner?«, fragte ich aufgeregt, nachdem wir uns begrüßt hatten.

»Dein Patient sitzt munter in seinem Bett und verlangt nach Prosecco.«

Aha, so sieht also ein Sterbewille aus.

Nachdem er aus dem Krankenhaus entlassen wurde, setzte mich mein Patient als Vorsorgebevollmächtigte ein, um seinen festgelegten Willen durchzusetzen, sollte es jemals wieder nötig sein.

Die Praxis zu eröffnen war eine Entscheidung, die ich nie bereute. Ich hänge an meinen Patienten, und ein wenig hoffe ich, dass sie es umgekehrt auch tun. Sicher, es ist ungewöhnlich, sich so für seine Patienten einzusetzen. Vielfach bekam ich zu hören: »Das wäre mir zu viel. So viel Energie hätte ich nicht.« Das kann ich nachvollziehen, denn bisweilen überschreite ich die Grenzen meiner Kraft. Aber es macht mir nach wie vor große Freude, anderen Menschen helfen zu können.

Vor einiger Zeit rief mich ein Kollege aus Italien an, ein deutscher Arzt, der in Rom praktiziert.

»Frau Federle«, sagte er, »Sie kennen mich nicht, aber Sie haben vor einiger Zeit meine Mutter als Notärztin betreut. Nun ist sie schwer krank und zum Sterben nach Hause verlegt worden.«

»Wie alt ist denn Ihre Mutter?«, wollte ich wissen.

»Zweiundneunzig. Mein Vater war Medizinprofessor in Tübingen.« Langsam dämmerte es mir. »Ich habe eine Bitte an Sie. Meine Schwester wohnt bei unserer Mutter, aber sie kommt mit der Situation nicht zurecht. Und ich kann gerade aus Italien nicht weg, weil es hier gesundheitliche Probleme in meiner Familie gibt.«

»Und was ist mit der Hausärztin Ihrer Mutter?«

»Die habe ich schon kontaktiert, aber sie sagte mir, dass sie aus Zeitgründen keine Hausbesuche machen könne, das schaffe sie nicht neben ihrer Praxis. Dann bat ich meine Schwester, Sie anzurufen, aber sie wollte Sie nicht belästigen. Ich weiß, dass Sie nicht die Hausärztin meiner Mutter sind. Dennoch würde ich Sie herzlich bitten, einmal nach meiner Mutter zu sehen.«

Wie sollte ich antworten? Das Wochenende stand bevor, und ich hatte einige Termine auf meinem Kalender. Und die Sterbebegleitung der Mutter würde mich mindestens diese beiden Tage beschäftigen.

Am Ende dieses Telefonats hatte ich zugesagt, bei der Mutter die Sterbebegleitung zu übernehmen und der Schwester bei diesem Prozess zur Seite zu stehen. Ich konnte einfach nicht Nein sagen, alle drei taten mir leid. Sah ich einen Notstand, konnte ich nicht anders, ich musste tätig werden. Unterließ ich eine mögliche Hilfe, würde ich mir hinterher Vorwürfe machen – das war schon immer so. Mir war bewusst, dass ich mich nicht auf alles einlassen durfte und mir Grenzen setzen musste. Tat ich zu viel des Guten, konnte es eventuell passieren, dass ich Fehler machte. Gerade im Umgang mit kranken Menschen bestand diese Gefahr, eine Gefahr, deren Folgen gravierend sein konnten. Und mit denen ich als Ärztin dann leben musste. Das Gewissen war also doppelt belastet: nicht helfen, um meine Kräfte zu schonen, und dann mit mir hadern oder helfen und wegen Überlastung womöglich einen Fehler begehen? Ich hatte für mich entschieden, dass die anderen Termine nicht so wichtig waren, und mir so einen inneren Freiraum geschaffen, um die Patientin betreuen zu können. Ich wusste, dass Grübeln nicht half – meist sagte mir mein Bauchgefühl, was ich zu tun hatte. Damit war ich bisher immer gut beraten. Und damit war dann auch der Entschluss gefallen, ohne weiteres Zögern.

Die Mutter des Kollegen starb innerhalb von vier Tagen. Ich war jeden Tag für eine längere Zeit bei ihr und erklärte ihrer Tochter, was sie tun konnte, um der Mutter das Sterben zu erleichtern. Ich stellte die hochbetagte Dame mit Medikamenten ein und ermöglichte ihr ein sanftes Hinübergleiten in den Tod. Ich wünschte, dass auch ich eines Tages so würde gehen können.

Der Sohn der Verstorbenen schickte mir später eine E-Mail: »Sie haben meine Mutter in den letzten Stunden ihres Lebens betreut, Sie haben meine Familie wunderbar unterstützt und meiner Mutter ein Sterben zu Hause ermöglicht. Sie haben meiner Schwester einen Schnellkurs in Palliativmedizin gegeben, Sie haben ihr die Sicherheit gegeben, dass sie nicht allein war in dieser schweren Zeit. Und mir haben Sie, da Sie so spontan bereit waren, meine Mutter zu führen, einen Teil meines schlechten Gewissens genommen, weil ich nicht an ihrer

Seite habe sein können. Sie haben das alles getan, ohne uns zu kennen und obwohl meine Mutter nicht einmal Ihre Patientin war. Für all das möchte ich Ihnen danken.« Leider schaffte ich es bis heute nicht, dem Sohn zu antworten. So, wie ich es nicht schaffe, auf alle Mails zu antworten, die ich täglich mit Sorgen und Nöten, aber auch mit Dank bekomme.

Wieder einmal dachte ich an die Phasen, in denen ich Angst gehabt hatte, in denen ich gedacht hatte, ich würde es nicht schaffen. So oft hatte ich mir dann gewünscht, dass jemand da wäre und sagte: »Komm, ich helfe dir.« Aber lange Zeit hatte ich niemanden, hatte ich mir selbst helfen müssen. Ältere und kranke Menschen können sich aber oft nicht selbst helfen, und Angehörige sind vielfach überfordert.

28
Diagnose Brustkrebs

Familie ist mir das Wichtigste. Deshalb funktioniert es mit unserem Mehrgenerationenhaus, mit dem Zusammenleben mit Benjamin und Moni, die inzwischen meine Schwiegertochter ist. Wir leben zusammen und doch getrennt, haben einen gemeinsamen Eingang, und doch hat jeder von uns sein eigenes privates Reich. Manchmal gibt es Zoff, wenn der Flur von dem einen oder anderen voll gestellt ist, ansonsten herrscht überwiegend Harmonie.

Als die beiden heirateten, wurde die standesamtliche Trauung in Deutschland gefeiert, die kirchliche Hochzeit in Polen. Jonathan, David und ich fuhren – natürlich im Wohnmobil – nach Polen, Simone in einem Mini, dem Hochzeitsgeschenk von Benjamin für seine Frau. Acht Tage hatte ich mir freigenommen, für mich eine ungewöhnlich lange Zeit. Auf der Hinfahrt machten wir in Krakau halt, trafen dort Rezzo und schauten uns die Stadt an.

Die Hochzeit wurde in dem Dorf gefeiert, in dem Monis Eltern lebten. Jeder, der nur annähernd verwandt war, war eingeladen, und alle brachten etwas zu essen mit. Die Tische im Saal bogen sich buchstäblich unter der Last. Diese Feier war völlig anders als eine deutsche Hochzeit, auf der abends vielleicht getanzt wird und am nächsten Morgen alles vorbei ist. Nicht so in Polen: Drei Tage lang wurde gegessen, getrunken und gefeiert. Durch die vielen Stunden, die man miteinander verbrachte, lernten sich alle näher kennen, die Polen und die Deutschen. Auch spürte ich einen großen Zusammenhalt unter den polnischen Gästen. Als jemand erzählte, dass seine Tochter eine OP brauche, er sie aber nicht bezahlen könne, war es für alle selbstverständlich zu helfen. Jeder holte seine

Geldbörse hervor, gab, was er zu geben vermochte – und es reichte für den Eingriff. Wieder einmal dachte ich, dass Benjamin die richtige Frau geheiratet hatte (was ich sowieso schon lange wusste). Ihre Familie ist wie die unsrige: Alle sind sehr eng miteinander verbunden, führen aber, was ganz wichtig ist, trotzdem ihr eigenes Leben. Auch bei uns ist Zusammenhalt etwas Selbstverständliches. Meine Kinder sind füreinander da, auch wenn mal einer um vier Uhr aufstehen muss, um den anderen zum Flughafen zu fahren. Andere würden sagen: »Bestell dir doch ein Taxi.«

Als meine Lampe im Wohnzimmer, die ich mir nach der Trennung von Matthias gekauft hatte, kaputtging und sich nicht mehr reparieren ließ, war ich richtig traurig, da ich sehr an ihr hing. Das bekamen meine Kinder mit und recherchierten im Internet, um die gleiche Lampe aufzutreiben – und sie haben es tatsächlich geschafft. Letztlich bestellten sie die Lampe in dem Laden, in dem ich sie Jahre zuvor gekauft hatte. Als ich mich in dem Laden nach genau diesem Modell erkundigte, sagte man mir, die Lampe würde nicht mehr hergestellt – meine Kinder hatten den Besitzer des Geschäfts gebeten, mir diese Auskunft zu geben, sollte ich bei ihm auftauchen. Genau so etwas verstehe ich unter Herzenswärme.

Eines Tages rief mich Moni an und meinte, Benjamin und sie würden mich und Jonathan, der gerade in Tübingen war, zum Essen einladen wollen. Seltsam, sie hatte ganz feierlich geklungen, dabei waren sie doch schon verheiratet. Was war da los? Um sieben Uhr abends versammelten wir uns alle in einer Kneipe, und irgendwann zog meine Schwiegertochter eine kleine Tüte aus buntem Papier aus ihrer Tasche und hielt sie mir entgegen. Als ich die Tüte öffnete, sah ich darin zwei Paar Babysöckchen und eine Karte. Konnte das möglich sein, was ich gerade dachte? Vorsichtig holte ich die Karte heraus. Darauf stand: »Du wirst Oma. Und das gleich zweimal.« Ich saß nur still da, und mir kamen die Tränen. Freudentränen. Zwillinge – und meine ersten Enkelkinder. Jonathan hatte ebenfalls Tränen in den Augen, und wir freuten uns unbändig.

Als die Geburt näher rückte, entschied der Gynäkologe nach einer Untersuchung, die Zwillinge per Kaiserschnitt zu holen, und zwar so schnell wie möglich, das hieß quasi sofort. Da Benjamin bei einem Arbeitstermin in Stuttgart war und etwas Zeit brauchte, um nach Tübingen zu kommen, fuhr ich zu meiner Schwiegertochter in die Frauenklinik. Dort hatte ich während meiner Ausbildung in der Anästhesie gearbeitet. So viele Jahre waren inzwischen vergangen, aber die Atmosphäre war immer noch herzlich, hell und freundlich. Ich kannte noch einen Großteil der Kollegen und freute mich, sie zu sehen. Als Benjamin dann eintraf, wollte ich gehen, aber die beiden baten mich zu bleiben. Ich war dann die Erste, die Sophia und Elias zu Gesicht bekam, weil mein Sohn hinter dem Vorhang bei seiner Frau stand. Da die Babys Frühchen waren, mussten sie augenblicklich mit Sauerstoff versorgt werden und kamen nach einer ersten Untersuchung in die Kinderklinik.

Heute schlafen die quirligen Kinder gelegentlich bei mir, wenn die Eltern mal ausgehen wollen oder beruflich verreisen müssen. Sie sind unglaublich süß, und ich hätte gern viel mehr Zeit für sie.

Dann über Nacht der große Schock! Ein kleiner Knoten in meiner Brust, ich konnte ihn tasten. Ich brauchte einige Sekunden, um dieser Tatsache ins Auge zu sehen. Da war etwas, was vorher nicht da war und vermutlich auch nicht an diese Stelle gehörte. Als Ärztin wusste ich nur zu gut, was das bedeuten konnte. Ich stand in meinem Badezimmer, versuchte die Fakten zu sammeln und den ersten Schrecken zu ignorieren, und schob alle weiteren Gedanken erst mal beiseite. Ich ging meiner Arbeit nach und versuchte die Sorge zu verdrängen. Da ich aber in der Regel vernünftig bin und auch nicht gleich das Schlimmste vermutete, rief ich meine Frauenärztin an. Klarheit erzeugt weniger Angst, als im Ungewissen zu verharren. Als ich meiner Gynäkologin meine Entdeckung schilderte, bekam ich sofort einen Termin bei ihr.

»Ja«, sagte sie nach dem Abtasten meiner Brust und der Untersuchung mit Ultraschall, »da könnte ein kleiner Knoten sein, aber das kann auch eine vorübergehende kleine Entzündung sein, eine Zyste. Um Schlimmeres auszuschließen, solltest du eine Mammografie machen lassen.«

Ein Rat, den ich sofort befolgte. Noch am selben Tag erhielt ich einen Termin. Der Arzt, der die Mammografie-Bilder und auch die Ultraschallaufnahmen der Frauenärztin begutachtete, meinte: »Machen Sie sich keine Gedanken, Frau Kollegin, da ist nichts, ich sehe weder bei der Mammografie noch im Ultraschall etwas. Kommen Sie in einem Jahr wieder, dann machen wir noch einmal eine Mammografie.«

Ich nahm an, dass meine Ärztin die Diagnose des Kollegen nicht infrage stellte, denn sie hatte Ähnliches vermutet. Ich zog die übereinstimmenden Befunde nicht in Zweifel, war wahrscheinlich insgeheim froh über den unproblematischen Ausgang. Doch mein Bauchgefühl regte sich. Hätte ich mal nur darauf gehört.

Ein Dreivierteljahr später wollte ich von Stuttgart aus nach Wien fliegen, wo sich Sachverständige aus verschiedenen Notarztleitstellen treffen und Erfahrungen austauschen wollten. Der Flug fiel witterungsbedingt aus, und ich hatte auf einmal einen freien Tag. Da ich immer mal wieder den Knoten getastet und in letzter Zeit den Eindruck bekommen hatte, dass er größer wurde, rief ich bei meiner Frauenärztin an und bat, sie möge mich noch einmal untersuchen, obwohl noch kein ganzes Jahr vergangen war.

Auch dieses Mal erhielt ich sofort einen Termin.

»Ich taste einen Knoten«, sagte die Kollegin und machte eine Ultraschalluntersuchung. »Ich veranlasse, dass sofort noch eine Mammografie gemacht wird.«

Ich war froh, dass sie so resolut reagierte, wollte jetzt Klarheit. Erneut begutachtete der Fachkollege die Aufnahmen. Bevor er das tat, schüttete er mir aber sein Herz aus.

»Wissen Sie, das Leben ist manchmal recht schwer. Ich hatte Krebs, das hat mich für eine Weile aus der Bahn geworfen, aber langsam habe ich mich wieder gefangen. Dennoch ...«

In diesem Moment fiel mir ein, dass er mir schon vor einem Dreivierteljahr einiges von sich erzählt hatte, auch, dass er krank sei. Damals war ich über sein Schicksal erschrocken, weshalb ich das Gespräch auch nicht vergessen habe. Meine eigene Diagnose stellte ich in den Hintergrund, obwohl ich dachte, dass ich ihn mehr auf den Knoten hinweisen müsste. Aber irgendwie erschien mir das in dem Moment unangemessen, und als er sagte, da wäre nichts, nahm ich es so hin. Ein großer Fehler, wie sich nun herausstellen sollte.

»Und, was können Sie auf den Bildern sehen?«, unterbrach ich seine Ausführungen.

»Nichts Genaues«, erwiderte er.

»Könnten Sie das präzisieren?«

»Eine eindeutige Beurteilung ist mir nicht möglich. In der Mammografie ist nichts zu sehen und im Ultraschall ebenfalls nicht, aber tasten tue auch ich etwas.«

Daraufhin sagte ich: »In diesem Fall hätte ich gern eine Biopsie, um Gewissheit zu haben.«

»Machen Sie sich keine Sorgen, da ist bestimmt nichts.«

»Mir ist es aber lieber, wenn eine Biopsie gemacht wird.«

»Das verstehe ich.«

Der Fachkollege schüttelte betrübt den Kopf und griff zum Telefonhörer, um eine Gewebeprobe zu veranlassen, mit der ein Verdacht auf Brustkrebs abgeklärt werden konnte. Auch die Biopsie erfolgte noch am selben Tag, und die Kollegin, die sie durchführte, meinte ebenfalls, es wäre mit großer Wahrscheinlichkeit kein Krebs, das Gewebe würde nicht danach aussehen. Ich war erleichtert und versuchte, meine wieder aufkommenden Zweifel zu unterdrücken, was mir auch gut gelang.

Zwei Tage später, ich war gerade im Notarzteinsatz bei einem Schlaganfallpatienten, klingelte mein Handy. Es war die Frauenärztin.

»Es tut mir leid«, sagte sie, »aber du hast einen bösartigen Tumor. Der Befund ist nicht gut.«

Mir stockte der Atem. »Wenn du es so formulierst, dann scheint es ernst zu sein.«

»Du hast Krebs, einen bösartigen und aggressiven Krebs. Das wurde in der Pathologie festgestellt. Es tut mir leid, dir das am Telefon mitteilen zu müssen.«

War das gerade wahr, was ich da hörte? Einen Moment lang war alles still um mich herum, der Befund war eindeutig, die Pathologie konnte sich nicht täuschen. Und mein Bauchgefühl hatte nicht getrogen.

»Ist mit dir alles okay?«

»Falls du wissen willst, ob ich umgekippt bin, nein, ich bin gerade bei einem Notarzteinsatz.«

»Aha.« Als wenn das die Situation erklärt hätte. Ich beendete das Gespräch.

Ich versorgte den Schlaganfallpatienten weiter und ließ ihn in die Neurologie bringen. Danach, es war inzwischen halb drei nachmittags, rief ich den Chef der Tübinger Frauenklinik an, Professor Diethelm Wallwiener, mit dem ich befreundet war. Zu der Klinik gehörte auch ein Zentrum für Brustkrebspatientinnen.

»Ich habe ein Problem«, gestand ich. »Gerade habe ich erfahren, dass ich Krebs habe.« Meine Stimme zitterte, zum ersten Mal benutzte ich diese Worte. Nur wenige Augenblicke zuvor war ich noch eine gesunde Frau gewesen – hatte ich zumindest gedacht –, nun konnte ich das nicht mehr behaupten. »Der Befund ist eindeutig.«

»Komm sofort«, sagte er.

Auf dem Weg zur Klinik wiederholte ich den Satz: »Ich habe Krebs.« Ein Satz, der womöglich mein Leben in der Zukunft bestimmen würde. Ein Satz, der mir mitten in einem Notfalleinsatz einen brutalen Schlag versetzt hatte. Bislang hatte ich immer um das Leben anderer gekämpft, nun musste ich mein eigenes retten.

Der Freund und Arzt umarmte mich, als ich sein Büro betrat, führte mich zu einem Stuhl an seinem Schreibtisch.

»Ich bin so froh, dass du dich sofort um mich kümmerst, du bist doch sicher total beschäftigt«, sagte ich.

»Das spielt in diesem Moment keine Rolle«, antwortete er. »Jetzt kümmere ich mich um dich.«

Obwohl ich Ärztin bin, so oft in meinem Leben Diagnosen gestellt habe und fast täglich damit konfrontiert werde, so war es nun, da ich selbst betroffen war, doch etwas ganz anderes. Tausend Gedanken schossen mir durch den Kopf. Ich dachte an meine Kinder, meine Enkelkinder, an meinen Partner Michael, den ich erst vor einigen Monaten kennengelernt hatte und mit dem ich so glücklich war. Es ist schon verrückt, wie sich das ganze Leben urplötzlich verändern kann, von einer Minute auf die andere. Alle Pläne und alle Träume auf einmal in die Ferne rücken, das Leben endlich wird. Ich hatte so oft schon Situationen erlebt, in denen Menschen verunglückten oder plötzlich starben. In jenem Moment dachte ich, ich habe wenigstens noch eine Chance, andere haben die nicht mehr. Ich war jetzt 57 Jahre alt, und nun hatte der Krebs beschlossen, sich an meine Fersen zu heften, besser gesagt an meine Brust, ausgerechnet in einer Zeit, als ich begann, neue Pläne zu schmieden, mir am Wochenende öfter mal freizunehmen, etwas weniger zu arbeiten.

»Gibt es eigentlich Brustkrebs in deiner Familie?«, riss mich Diethelm aus meinen Gedanken.

»Nein.« Ich musste nicht lange nachdenken. »Weder meine Mutter noch meine Großmutter oder Tanten hatten, soweit ich weiß, Brustkrebs, auch sonst keine bösartigen Tumorerkrankungen.«

»Dann ist es wohl nicht erblich bedingt. Aber inzwischen hat man ja herausgefunden, dass bei den meisten Frauen, bei denen Brustkrebs auftritt, keine besondere Ursache dingfest gemacht werden kann.«

»Was mache ich jetzt? Wie geht es weiter?« Ich brauchte einen Plan, etwas, womit ich rational umgehen und woran ich mich festhalten konnte. Nichts ist schlimmer, als in einer solchen Situation erst einmal ohne klare Perspektive hängen zu bleiben. Das hatte ich all die Jahre oft bei meinen Patienten gesehen und mich deshalb auch immer für eine umgehende Diagnostik eingesetzt. Ich glaube, der Mensch kommt mit einigem klar, wenn er einen Weg und ein Ziel hat sowie Menschen, die sich um ihn kümmern und für ihn da sind.

»Wir machen jetzt noch mal eine Mammografie und Sonografie, und ich lasse mir in der Zwischenzeit deinen Befund kommen. Den werde ich mir genau anschauen. Danach entscheiden wir, wie es weitergeht.«

Der Befund war eindeutig: aggressiver Tumor, und die ganze Maschinerie ging los. Eine Woche später hatte ich einen OP-Termin, im Vorfeld wurde ich über die Chemotherapie aufgeklärt. Ein Kernspin wurde gemacht, eine Computertomografie, um zu sehen, ob der Krebs schon in die Knochen gestreut hatte. Das Ergebnis konnte jedoch nicht hundertprozentig abgeklärt werden, weil die Untersuchung ohne Kontrastmittel erfolgen musste, da ich es nicht vertrage. Es sah aber so aus, als hätte der Krebs noch nicht gestreut.

Ich spürte eine Angst wie nie zuvor in meinem Leben. Alles war so unbestimmt, ich war mit einer Situation konfrontiert, in der ich mich machtlos fühlte, nicht aktiv nach einer Lösung suchen konnte, wie ich es sonst gewohnt war. Immer hatte ich andere beruhigt und getröstet, nun war ich die andere. Ich gehörte zu den rund 58 000 Frauen, die in jenem Jahr in Deutschland mit der Diagnose Brustkrebs konfrontiert wurden. Die, nachdem der erste Schock überstanden war, vor einem Berg offener Fragen standen. Dennoch wollte ich diese schwierige Zeit der Ungewissheit nicht einfach ertragen, erdulden, sondern bis zur OP wenigstens alles so geregelt haben, dass kein Chaos entstand. Es reichte schon das innere Durcheinander.

Zwischendurch hatte ich das Gefühl, als würde ich mich in einem einzigen Albtraum befinden. Ich fragte eine Kollegin, ob sie mich in meiner Praxis unterstützen würde, denn wegen der anstrengenden und körperlich zehrenden Chemo konnte es sein, dass ich immer wieder ausfiel. Auch einigen Patienten erzählte ich von meiner Krebserkrankung, da ich das Empfinden hatte, ich müsste ihnen die Wahrheit sagen. Es konnte ja sein, dass ich bald entweder ohne Haare vor ihnen sitzen würde oder auf einmal gar nicht mehr da wäre. Da ich ein sehr enges Verhältnis zu vielen Patienten habe, hielt ich das für notwendig und angebracht. Hätte ich gewusst, was kommen würde, hätte ich wahrscheinlich nichts erzählt.

Eines Abends, ich lag erschöpft und müde neben Michael auf der Couch, denn trotz täglicher Untersuchungen und bevorstehendem OP-Termin hatte ich jeden Tag gearbeitet, begann ich mit Michael über die Zukunft zu reden. Am Morgen hatte mich David an eine Patientenverfügung erinnert, am Abend überrollte mich dann die Tragweite der Situation. Ich wollte Michael, den ich erst so kurz kannte, nicht zumuten, womöglich einen Menschen zu verlieren, den er gerade erst lieb gewonnen hat, die Leidenszeit mitzuerleben, nicht helfen zu können und dann Abschied nehmen zu müssen. Aber für ihn stand das überhaupt nicht zur Diskussion. Seine Entscheidung war klar, er würde mich auf diesem Weg begleiten, egal, wohin er führen würde.

Die OP fand kurz vor meinem 58. Geburtstag im Juli statt. Als ich aus der Narkose erwachte, musste ich die Welt erst einmal neu ordnen. Man hatte brusterhaltend operieren können, nur ein relativ kleiner Schnitt war nötig gewesen. Das war schon mal eine gute Nachricht, und ich schöpfte wieder Mut. Jeden Tag bekam ich Besuch von meinen Kindern und Freunden. Ganz besonders kümmerte sich Christine um mich, eine Freundin, die selbst Krebs hatte. Sie machte mir Mut, indem sie mir von ihren eigenen Erfahrungen erzählte. Nach einer Woche, ich war inzwischen wieder zu Hause, wurde mir gesagt, dass ich ein weiteres Mal operiert werden müsse, da an den OP-Rändern der Tumor nicht komplett entfernt worden wäre.

Wieder begleitete mich David zur Operation, der wie alle anderen Kinder die ganze Zeit an meiner Seite geblieben war. Schon früh am Morgen war ich für die OP vorbereitet, meine Patientenakte lag auf dem Bett. David nahm sie in die Hand und las sie sich genau durch. Er hatte als Medizinstudent natürlich Interesse an den Unterlagen. Dabei fielen ihm zwei unterschiedliche Befunde auf, die ihn irritierten. Er sagte mir aber nichts davon, als er mich bis zum OP begleitete, um mich nicht weiter zu beunruhigen. Als der Arzt nach dem Eingriff in das Krankenzimmer kam, fragte er meinen Sohn, was ihm Seltsames aufgefallen wäre.

»Ich wundere mich, dass der Befund der Biopsie ein anderer ist als der von der ersten OP«, sagte David.

»Mir ist das auch schon aufgefallen«, erwiderte der Chirurg. »Lassen Sie mir bis morgen Zeit, ich werde es bis dahin geklärt haben.«

Am nächsten Morgen trat Professor Diethelm Wallwiener an mein Bett, David und Rezzo waren da und wie ich in Erwartung des Befunds und des weiteren Prozederes. Diethelm druckste ein wenig herum, bis er uns das Ergebnis seiner Nachforschungen mitteilte: »Ich habe eine gute Nachricht und gleichzeitig eine schlechte. Es tut mir schrecklich leid, Lisa, so etwas darf nicht vorkommen, aber die Pathologie hat offenbar deinen Befund verwechselt.«

»Wie, verwechselt?«, hakte ich nach. Was war das denn? Das

klang nach einem schrecklichen Albtraum. War jetzt alles noch schlimmer?

»Der Befund der Biopsie war von einer 91-Jährigen. Diese Frau hat den aggressiven Krebs. Du hast eine ganz andere Form von Brustkrebs und damit eine viel, viel bessere Prognose.«

»Nur, um sicher zu sein: Also, meine Mutter hat schon Krebs?«, mischte sich David an, weil ich ob der Worte des Professors keinen klaren Gedanken fassen konnte. »Nur eine deutlich weniger schlimme Form?«

Diethelm nickte. »Genau. Diese Form von Krebs ist in keiner Weise mit dem anderen zu vergleichen. Ich will ihn nicht verharmlosen, doch wird eine Chemo nicht nötig sein, es reichen Bestrahlungen.«

Als er gegangen war, nahm David meine Hand. »Es klingt jetzt so, als hättest du noch mal großes Glück gehabt«, sagte er. Erneut wurde mein Vertrauen in die Medizin erschüttert, und ich fühlte mich zurückversetzt in jene Tage, als mein Vater durch den Kunstfehler starb.

Zuerst einmal war ich richtig sauer und geschockt. Drei Wochen Angst um die Zukunft und um mein Leben, drei völlig sinnlose Wochen. Nach der Aufklärung über die geplante Chemotherapie hatte ich mich bereits nach einer Perücke umgeschaut, hatte einen traurigen Geburtstag hinter mich gebracht und mich emotional ziemlich erschöpft gefühlt. Aber langsam breitete sich Erleichterung in mir aus. In den vergangenen Wochen hatte ich nicht gewusst, wie alles enden würde. Ich hatte in dem Bewusstsein gelebt, dass meine Diagnose eine Katastrophe sei. Dabei hatte ich die größte Angst nicht um mein eigenes Leben gehabt. Auch wenn es nicht immer einfach gewesen war, so hatte ich, nach den ersten Tiefs, in dieser Zeit des Bangens und mit all den Belastungen öfter gedacht: Trotz allem habe ich ein gutes Leben gehabt, mit vielen tollen Möglichkeiten, die ich auch immer genutzt habe. Die meiste Angst hatte ich um meine Kinder – wie würden sie damit zurechtkommen, wenn sie zusehen mussten, wie ihre Mutter sich langsam aus dem Leben verabschiedete.

David war vor jeder OP im Krankenhaus gewesen, war bei mir, wenn ich aus der Narkose aufwachte. Auch Rezzo hatte mich als Freund ganz eng begleitet, und Michael war an den Wochenenden immer für mich da. Meine Schwiegertochter Moni hatte, als es noch hieß, dass ich eine Chemo bekommen sollte, mit ihrem Chef geredet und ihm zu verstehen gegeben, dass sie wegen mir ein halbes Jahr Auszeit brauchte. Sie hatte das von sich aus so entschieden, sie wollte einfach nach mir schauen können, sollte es mir schlecht ergehen. Das würden sicherlich nicht viele Schwiegertöchter machen, und es zeigt einmal mehr mein inniges Verhältnis zu ihr.

Als ich dann jeden Tag bestrahlt wurde, musste ich nie allein zur Strahlentherapie gehen, immer begleitete mich einer aus meiner Familie, auch Rezzo stand mir bei. Nach drei Wochen war diese Behandlung überstanden, mit jedem Tag wich ein wenig jener erste Schock, der sich in meinen Gliedern eingenistet hatte. Auch deshalb, weil ich mit Diethelm einen Arzt hatte, dem ich vertraute, der sagte: »Lisa, es geht immer weiter. Du brauchst keine Angst zu haben.« Er hatte, selbst bei den möglichen Nebenwirkungen der Behandlung, alles aktiv angesprochen und Lösungen für eventuelle Probleme angeboten. Unwägbarkeiten und Ungewissheiten können tatsächlich sehr an den Nerven zerren und einen beherrschen. Wie bei den meisten Menschen in so einer Situation war mein Leben außer Kontrolle geraten, kurzfristig war ich der Diagnose ausgeliefert gewesen und damit auch der Prognose samt Therapie. Es war eine große Erleichterung, zu wissen, wie es jetzt weitergehen würde, einen klaren Weg vorgezeigt zu bekommen, an dem ich mich orientieren konnte. Im Nachhinein konnte ich auch wieder wahrnehmen, dass ich Dinge durchaus beeinflussen und Ungewissheit in einem gewissen Maß akzeptieren konnte.

Mir fielen meine Patientinnen und Patienten ein, denen ich

immer gesagt hatte, ich sei telefonisch jederzeit für sie erreichbar. Die meisten hatten sich überrascht gezeigt, waren über dieses Angebot erstaunt gewesen. Aber erst in meiner jetzigen Situation wurde mir klar, wie sehr sie das geschätzt haben mussten. Sie hatten es mir oft gesagt, worauf ich stets geantwortet hatte, das sei selbstverständlich. Erst jetzt verstand ich wirklich, was es für einen Patienten bedeutet, wenn sein Arzt Tag und Nacht erreichbar ist. Denn auch Diethelm hatte gesagt: »Du kannst mich jederzeit anrufen.« Nie hatte ich es gemacht, nie hätte ich es ausgenutzt, aber allein die Tatsache, dass ich ihn jederzeit hätte sprechen können, empfand ich als großartige Möglichkeit.

Ich bekam in dieser Zeit unglaublich viel Zuspruch, und es wurde mir viel Verständnis entgegengebracht. Es war so, als würden mir viele Menschen etwas zurückgeben, weil ich ihnen in der Vergangenheit etwas hatte geben können.

29
Was bedeutet eigentlich Gesundheit?

Die Diagnose Krebs war nur langsam in mein Bewusstsein gesickert. Mein Kopf versuchte sie zu verstehen, während mein Körper wohl schon längst begriffen hatte, dass es in ihm um Leben und Tod ging. In dieser Situation machte ich mir des Öfteren Gedanken über das Leben und den Tod. Und ich erinnerte mich an tragische Fälle, die mich sehr berührt hatten.

Etwa an jenen an dem Tag, als meine Mutter ihren achtzigsten Geburtstag feierte. Ich hatte ihre Einladung angenommen, auch meine Geschwister waren gekommen. Meine Brüder treffen sich gern mit meiner Mutter, der Glauben verbindet sie, das ist ihr familiärer Zusammenhalt, gemeinsam besuchen sie den Gottesdienst. Es war schön, dies zu beobachten, zu wissen, dass sie sich auf diese Weise gegenseitig stützen können. Genauso schön war es, dass mich niemand mehr in ihre religiöse Welt hineinziehen wollte oder konnte.

Ich hatte mich anlässlich dieses Tages zwar nicht als Notärztin abgemeldet, aber gesagt: »Wenn möglich, mich bitte nur dann kontaktieren, wenn niemand anderes erreichbar ist, denn ich bin auf einer Familienfeier.«

Wir wollten uns gerade zum Mittagessen an den Tisch setzen, als mein Telefon sich meldete, die Leitstelle. »Wir bekommen keinen anderen Notarzt …«, entschuldigte sich der Anrufer.

»Ist okay«, sagte ich. »Worum geht es denn?«

»Ein Mann von der Feuerwehr, er muss reanimiert werden. Ein Heli kann da nicht landen, ist ein Waldgebiet, da muss jemand mit dem Auto hinfahren.«

»Ich mache das«, sagte ich. »Leg mir den Einsatz auf.« Ich

stieg ins Auto und fuhr mit Blaulicht und Signal los. Manchmal macht das Fahren Spaß, dann, wenn die Autos alle auf die Seite fahren, man freie Bahn hat und sich nicht an die gängigen Vorschriften halten muss, irgendwie ein Gefühl von Freiheit. Ich versuchte mich in dem Waldgebiet zurechtzufinden und sah schon von Weitem eine Menschenansammlung. Die Feuerwehr hatte sich diese kleine Lichtung ausgesucht, um gemeinsam Vatertag zu feiern, Bier zu trinken und Schnitzel zu essen.

»Unser Kollege hat sich verschluckt und ist nicht mehr ansprechbar«, erklärten die Feuerwehrleute bleich. »Wir können kaum noch Puls bei ihm feststellen, eigentlich gar keinen mehr.«

Der Rettungswagen war in der Zwischenzeit ebenfalls eingetroffen, und wir begannen sofort mit der Versorgung. Ein Stück Schnitzel samt weiteren Kleinteilen hing dem Mann in den Bronchien, wie auch immer er das geschafft haben mochte. Ich intubierte und beatmete ihn – und schaffte es tatsächlich, dass er überlebte. Wie so oft dachte ich, dass es manchmal wichtig ist, die eigenen Bedürfnisse zurückzustellen (in diesem Fall die Familienfeier), wenn man ein Leben retten kann.

Ich musste auch an die neugeborenen Zwillinge eines Ehepaars aus der Umgebung denken. An Heiligabend war eines der beiden Babys plötzlich gestorben. Ausgerechnet an Weihnachten, jenem ganz besonderen Feiertag, wurde diese Familie von dem unfassbaren Schicksalsschlag getroffen. Ich habe lange mit den Eltern geredet, versucht, Trost zu spenden. Als ich schließlich nach Hause kam, war für mich die weihnachtliche Stimmung vorüber. So etwas nimmt mich mit, selbst nach Jahren gibt es da keine Routine. Fast alle Kolleginnen und Kollegen kommen irgendwann in eine Situation, deren Tragik unvorstellbar ist. Wie man damit umgeht, muss jeder für sich selbst ausmachen.

Solch ein Fall war auch der 49-jährige Mann, der sich 2014

in Tübingen hinter der Stiftskirche mit Benzin übergoss. Er brannte lichterloh, als ich ankam. Es sah entsetzlich aus. Bei solch massiven Verbrennungen, wie er sie davontrug, kann man keinen Zugang finden, keine Vene. Ich legte einen intraossären Zugang – dabei bohrt man quasi ins Knochenmark. Das war die einzige Möglichkeit, um diesem Menschen im Todeskampf zumindest die Schmerzen zu lindern. Wenig später erlag der Mann, der aus dem Iran stammte, seinen schweren Verletzungen. Warum er sich selbst tötete, was sein Motiv war, konnte nie ergründet werden, da es keinen Abschiedsbrief gab. Bekannt wurde nur, dass er nach Deutschland geflohen war, weil er in seiner Heimat als Menschenrechtsaktivist gefährdet gewesen war.

Oder das kleine Mädchen, dessen Mutter ihm nicht sagen wollte, dass der Vater tot ist. Diese Aufgabe sollte ich übernehmen, was gewiss kein leichtes Unterfangen ist. Ein Gespräch mit einem verzweifelten Kind braucht unbedingte Empathie und emotionale Nähe. Das mag anstrengend sein und geht an die eigene Substanz. Letztlich aber bleibt dieses Gefühl, geholfen zu haben. Das macht einen stolz. Es macht einen glücklich. In Momenten wie diesen weiß man, den richtigen Beruf gewählt zu haben.

Auch vor meiner Familie machte das Leid nicht halt. Meine Tochter Simone sollte ihr zweites Kind bekommen. Als es geboren wurde, hatte ich mein Handy nicht eingeschaltet. Eigentlich schalte ich es nie aus, weil immer ein Notfall sein kann, ein Patient mich dringend erreichen will. Aber wegen meiner Brustkrebs-OP hatte ich Krankengymnastik, und die Krankengymnastin hatte Probleme damit, dass mein Telefon ständig klingelte. Ich konnte das nachfühlen, denn meine ständige Einsatzbereitschaft war nicht unbedingt immer einfach für meine Umwelt. Als ein Freund und Patient mich bat, ob ich ihm wegen einer Harnwegsinfektion per WhatsApp ein Rezept in den Oman schicken könne, deutete sie an, sie würde mir nur helfen können, wenn sie in Ruhe mit mir arbeiten könne, wenn ich Ruhe hätte und nicht alle fünf Minuten mein Handy läuten würde. Was bedeutete, ich sollte das Gerät ausschalten und mich entspannen. Innerlich gab ich ihr recht und stellte das Gerät stumm.

Als ich ihre Praxis verließ, sah ich auf meinem Display, dass ich zehn Anrufe in Abwesenheit hatte, von meiner Tochter, meinen anderen Kindern sowie drei Patienten.

Als Erstes rief ich Simone zurück, die eine Tochter zur Welt gebracht hatte. Irgendetwas stimmte wohl nicht mit dem Kind, denn man hatte es nach einem Kaiserschnitt sofort in eine Kinderklinik gebracht. Simone hatte in einer Privatklinik entbunden, an die keine Kinderklinik angeschlossen war, deshalb die Trennung von Mutter und Kind. »Mama, kannst du bitte sofort kommen? Und kannst du gleich zu der Kleinen fahren?«, bat mich Simone. »Durch den Kaiserschnitt kann ich noch nicht zu ihr.« Das war für mich überhaupt keine Frage, schließlich kannte ich es aus eigener Erfahrung, wie es ist, wenn das Kind direkt nach der Geburt nicht bei einem sein kann und man nicht weiß, was los ist.

Ich sagte alle Termine ab und fuhr mit David, der ebenfalls alles stehen und liegen ließ, umgehend nach Zürich. Dort teilten wir uns auf. David ging zu Simone und ich zu Ava, so der Name der kleinen Maus. Untersuchungen in der Kinderklinik hatten ergeben, dass das Baby Trisomie 21 hatte, eine Anomalie der Chromosomen. Dabei liegt das Chromosom 21 in jeder Körperzelle dreifach statt doppelt vor. Die typischen äußeren Anzeichen der Trisomie 21, besser bekannt als Downsyndrom, sind, wenn man sich auskennt, schon bei einem Neugeborenen sichtbar.

Da saß ich also mit dem völlig hilflosen Wesen. Trotz Corona hatten mich die Schweizer zu meinem Enkelkind gelassen. Um uns herum ging ständig der Alarm los, denn wir befanden uns auf der Intensivstation. Ich hielt die kleine Ava im Arm und betrachtete sie, und in dem Moment schwor ich mir, dass ich für dieses Kind immer besonders da sein würde. Ava ist jetzt ein Jahr alt, und wir betrachten sie alle als ein Geschenk. Ich habe noch nie ein Kind erlebt, das so viel lacht wie sie. Sie ist ein glückliches und total lebendiges Mädchen. Ist es nicht letztlich das, was am Ende zählt? Dieses kleine Wesen hat mir einmal mehr gezeigt, worauf es im Leben ankommt. Es ist nicht ausschlaggebend, was man hat oder ist, sondern wie man mit dem Leben umgeht und wie man die Ereignisse annimmt. Und meine Tochter wäre nicht meine Tochter, wenn sie nicht innerhalb kürzester Zeit die Situation angenommen hätte.

Was heißt Gesundheit? Wer Gesundheit als Verpflichtung versteht, einer gewissen Normalität zu folgen, nicht zu sehr vom Durchschnitt abzuweichen, hängt einem ziemlich statischen Konzept von Gesundheit an. Ist ein Mensch, der durch Trisomie 21 vielleicht nicht die »normale« Körpergröße erreicht, allein deshalb schon krank? Oder einer, der nicht so gut in seinen Abläufen funktioniert, vielleicht insgesamt nicht so gut funktioniert? Wer entscheidet darüber? Ich denke, dass die Maßstäbe, was als gesund und was als krank gilt, sich mit der Zeit gewandelt haben. Simones und Olis Tochter jedenfalls würde sich, wäre sie schon alt genug, selbst kaum als krank bezeichnen.

30
In der Pandemie – das Tübinger Modell

»Wir müssen Schutzmäntel anziehen, und ohne Mundschutz gehen wir in kein Haus«, sagte ich zu David, der mich – damals noch als Rettungssanitäter – begleitete. Ich arbeitete gern mit ihm zusammen, wir verstanden uns gut, und ich konnte mich blind auf ihn verlassen. Ähnlich war es bei Benjamin gewesen, als er im Notdienst an meiner Seite stand. Auch in dieser Hinsicht war ich stolz auf meine Kinder.

»Ist es wirklich so gefährlich?«, fragte er, während er sich den blauen Kittel anzog und Schutzhandschuhe überstreifte.

»Davon kannst du ausgehen. Und weil das Virus so gefährlich ist, sollten Menschen mit grippeartigen Beschwerden nicht in die Praxis kommen. Husten oder niesen sie, können sie sehr ansteckend sein. Deshalb müssen wir uns schützen.«

Es war Winter 2009, und Erreger einer neuen Grippevariante hatten Deutschland erfasst. Der bislang unbekannte Virussubtyp A/H1N1 war Mitte April 2009 bei zwei Patienten in den USA entdeckt worden, Ende März waren sie unabhängig voneinander daran erkrankt. Dieses Virus und weitere genetisch eng verwandte Varianten breiteten sich schnell über die Landesgrenzen aus. Ende April 2009 warnte die Weltgesundheitsorganisation vor einer Pandemie. Anfang Juni wurde die Warnung auf die höchste Alarmstufe 6 hochgestuft, da immer mehr Staaten eine Infektion mit H1N1 gemeldet hatten, so auch Deutschland. »Schweinegrippe« wurde sie genannt, weil man ähnliche Viren schon länger bei Schweinen beobachtet hatte, bis dahin waren sie aber so gut wie nie vom Tier auf den Menschen übergesprungen. Bei dieser neuen Grippe zeigte sich jedoch, dass das Virus Teile menschlichen Erbguts aufwies, aber auch welche von Schweinen und Vögeln, es war also ein Mischvirus.

Ganz neu war das Virus dann doch nicht, wie sich zeigte, denn vom Subtyp H1N1 war auch der Erreger der Spanischen Grippe, die 1918/1919 weltweit Millionen von Todesopfern gefordert hatte, und das in nur wenigen Monaten. Kurz nach dem Ersten Weltkrieg waren die Menschen sehr geschwächt, vielfach unterernährt. Allein in Deutschland starben rund eine halbe Million Menschen an akutem Lungenversagen. Schon damals hatte man in öffentlichen Verkehrsmitteln oder in Büros Mundschutz tragen müssen, insbesondere in Großstädten wie Berlin. Man war aufgefordert worden, sich mehrmals am Tag die Hände zu waschen, auch hatte es geheißen: »Gehen Sie nicht davon aus, dass Sie selbst die Krankheit nicht bekommen könnten oder sie nicht weitergeben könnten.« Je kälter es in Deutschland wurde, desto mehr stiegen tagtäglich die Fallzahlen, also die Zahl der Menschen, die erkrankten.

»Sind die Symptome wie bei einer normalen Grippe?«, wollte mein Sohn wissen, bevor wir ins Auto stiegen und den ersten Hausbesuch machten.

»Was ich bislang gehört habe – ja. Hohes Fieber, Kopf- und Gliederschmerzen, Husten und Halsweh. Auf jeden Fall ist es eine Erkrankung der Atemwege, wenngleich zusätzlich auch Symptome wie Übelkeit und Durchfall auftreten können.«

»Wie willst du dann unterscheiden können, ob es sich um eine übliche oder die Schweinegrippe handelt?«

»Das kann ich nicht, das kann nur das Labor. Das geht nur, indem man einen Abstrich macht.«

Insgesamt machten David und ich an dem Tag 54 Hausbesuche. Fast alle Patienten hatten sehr hohes Fieber, viele über vierzig Grad. Sie alle brauchten einen Arzt, der sie beruhigte und fiebersenkende Mittel gab, der die Lunge abhörte und eine Krankschreibung ausstellte. David und ich arbeiteten wie am Fließband: rein in den Kittel, Handschuhe und Mundschutz an, schnell den Patienten ansehen, ob es ernst ist, Medikamente verschreiben und ab zum nächsten. Wir hatten nur zehn Minuten pro Patienten, da wir alle Aufträge abarbeiten mussten und ich zwischendurch noch zwei Stunden Sprechstunde abhielt. Es war absolut verrückt, aber gleichzeitig eine Erfahrung, dass irgendwie fast alles machbar ist. Die Patienten bedauerten uns und waren dankbar und froh, dass wir überhaupt kamen.

Bis dahin hatte ich noch keine Pandemie dieses Ausmaßes erlebt, und es war das erste Mal, dass ich dachte: Da müssen wir aufpassen, die Grippe scheint wesentlich mehr Menschen zu erwischen als in früheren Influenzawellen. Sicher, die Welt wurde immer wieder von verschiedenartigen Viren aufgeschreckt, etwa von SARS oder der Vogelgrippe, aber sie schienen nur bedingt bedrohlich. Auch 2009 war die Situation längst nicht so beunruhigend wie Jahre später bei COVID-19, weil die Leute nicht in Massen starben. In Deutschland waren damals rund 250 Todesopfer zu beklagen, einige Menschen in den Altersheimen überlebten die Infektion nicht. Die Krankenhäuser waren ziemlich ausgelastet, den Rettungsdienst konnten wir nur mit Mühe und Not besetzen, Kollegen, die nicht krank waren, mussten doppelt so viel arbeiten. Ich musste damals zum Glück nicht erleben, dass Kollegen oder junge Menschen starben, aber die Patienten, die David und ich besuchten, waren immerhin zwei, drei Wochen krank, eine lange Zeit, in der sie nichts tun konnten, nicht arbeiten durften.

Damals fing ich an, mir Gedanken darüber zu machen, was wohl passieren würde, wenn plötzlich sehr viele Menschen erkrankten, das gesamte Arbeitsleben zusammenbräche, weil sich so viele gegenseitig ansteckten. Wenn in den Krankenhäusern die Pflegekräfte und Ärzte ausfielen, die Hälfte der Mitarbeiter im Rettungsdienst. Wer sollte dann die Hausbesuche machen und den Menschen helfen? Ein sich schnell verbreitendes Virus konnte eine Gesellschaft lahmlegen, wenn diese nicht besondere Schutzmaßnahmen traf. Dazu musste das Virus noch nicht einmal sonderlich gefährlich sein. Doch wie wollte man ein solches Pandemie-Szenario auffangen? Wir entwickelten im DRK einen Plan, um für zukünftige Pandemien gerüstet zu sein. Vor diesem Hintergrund und noch mit Bildern von Hausbesuchen bei Schweinegrippe-Patienten im Kopf, wurde ich hellhörig, als die ersten Bilder und Berichte aus Wuhan zu uns nach Deutschland kamen.

Der chinesische Augenarzt Li Wenliang starb im Februar 2020 an COVID-19. Bereits im Dezember 2019 hatte er bei einem Patienten Symptome wahrgenommen, die denen bei einer Infektion mit dem SARS-Erreger (SARS = Schweres Akutes Respiratorisches Syndrom) sehr ähnlich waren, und vor dem Coronavirus gewarnt. Er hatte deshalb Ärger mit den Polizeibehörden bekommen, und es war behauptet worden, er verbreite Gerüchte. Und jetzt war er tot. Erst war mir die Millionenmetropole Wuhan weit weg erschienen, doch durch den Tod des Arztes war ich aufgerüttelt. Ein 34-Jähriger stirbt nicht so einfach, außer er hat schwere Vorerkrankungen.

Im Februar wurden auch die täglich steigenden Todeszahlen in Italien bekannt, und ein Wort geisterte durch die Medien wie ein Schreckgespenst: Triage – ein Verfahren, um medizinische Hilfeleistung zu priorisieren, Menschen nach Kategorien ihrer Überlebenschancen einzuteilen, wenn es an Rettungsmitteln oder Personal fehlt. Ich kannte den Begriff durch meine Ausbildung zur leitenden Notärztin, und mir graute davor, wenn es bei uns so weit kommen würde. In Italien mussten die Ärzte auf einmal furchtbare Entscheidungen treffen: Wenn es nicht genügend Beatmungsgeräte gibt, wer soll dann beatmet werden? Wer soll eine Therapie bekommen und wer nicht? Bei welchen Patienten ist aus Kapazitätsgründen eine Behandlung abzulehnen? Wir telefonierten mit italienischen Kollegen und bekamen zu hören: »Ihr habt noch eine Chance, tut alles und verhindert mit aller Macht, dass es bei euch so kommt wie bei uns! Es ist grauenvoll. Die Patienten können nicht mehr versorgt werden und sterben im Auto vor dem Krankenhaus.«

In meiner Funktion als Präsidentin des DRK Kreisverbands Tübingen rief ich mein Team zusammen. Gemeinsam mit der ärztlichen Leiterin des Gesundheitsamtes trafen wir uns bei mir zu Hause. Ich erinnere mich noch genau an einen Satz von mir. »Da kommt was auf uns zu, wir müssen uns sofort vorbereiten.« Insgeheim dachten die anderen: Die spinnt ein bisschen und übertreibt. Es traute sich aber keiner, mir das direkt zu sagen. Erst eine Woche später, als sich die Ereignisse dramatisch überschlugen, gestand mir Martin, einer der beiden Geschäftsführer beim DRK, was sie über mich gedacht hatten. Noch heute bin ich ihm und den anderen sehr dankbar, wie sie mit angepackt und alles mitgetragen haben, bis an den Rand der totalen Erschöpfung, und das über so lange Zeit. Wer von uns hätte das damals geahnt?

Ich erinnerte mich, dass wir bei den ganz schweren Fällen unter den Schweinegrippe-Patienten von 2009 durch Abstriche abklären konnten, ob sich jemand mit dem Virus infiziert hatte. Deshalb war klar, dass wir jetzt mit diesem Mittel arbeiten mussten, dass wir umgehend Tests für Menschen anbieten mussten, die Symptome hatten oder aus einem Risikogebiet wie beispielsweise Italien kamen. Das war die einzige Chance, um das Geschehen möglichst schnell einzudämmen und um zu verhindern, dass sich die schrecklichen Bilder aus Italien bei uns wiederholten.

Wir bekamen von der Stadt einen Platz auf dem Bergfriedhof zugewiesen, stellten dort unser Arztmobil auf und begannen zu testen. Schon am ersten Tag kamen so viele Menschen, dass wir ohne Ordnungsdienst nicht zurechtkamen. Die Menschen waren verunsichert und gleichzeitig dankbar, und die Medien fragten nach Interviews. Es gab aber auch etliche Stimmen, die meinten, das wäre alles Quatsch und man solle nicht so viel Theater um eine Erkrankung machen, die einer Grippe entspräche. Schon früh bekam ich Unterstützung vom Landrat. OB Boris Palmer sah anfangs keine Notwendigkeit, sich groß mit der Corona-Infektion auseinanderzusetzen, doch das sollte sich alsbald ändern. Das rechne ich ihm hoch an, denn schnell zeigte sich, dass diese Epidemie nicht im Entferntesten mit einer Grippe vergleichbar war.

Testen, testen und nochmals testen. Darin sah ich zu dem frühen Zeitpunkt die beste Möglichkeit, um insbesondere auch Menschen in einem hohen Alter vor COVID-19 zu schützen – neben anderen Maßnahmen wie Mundschutz tragen, Abstand halten, lüften und Kontakte auf ein Minimum reduzieren. Es gab ja noch keinen Impfstoff. Neben anderen arbeitete das biopharmazeutische Unternehmen CureVac aus Tübingen an der Entwicklung eines Vakzins, und ganz viele setzten ihre Hoffnung in dieses Unternehmen.

Ich hatte vor allem Angst um die Menschen in den Altersheimen und konnte und wollte mir nicht vorstellen, dass sie sterben müssten, weil wir nicht reagierten. Da die Tests bezahlt werden mussten, wandte ich mich an das Sozialministerium und bat darum, dass zumindest in Altersheimen routinemäßig getestet werde. Davon wollte niemand etwas wissen. Seitens der Politik hieß es, man wolle die Kosten für die Tests nur beim Auftreten von Symptomen übernehmen. Ich könne ja vor das Sozialgericht gehen, wenn ich mich nicht an die Vorschriften halten wolle. Die Gespräche, die ich dazu führte, kosteten mich mehrere schlaflose Nächte. Was war das für eine Ignoranz! Konnten sie nicht erkennen, was für Auswirkungen ein solches Vorgehen haben würde? Waren den Politikern die Menschen in den Einrichtungen denn völlig egal? Besaßen sie denn gar keinen Respekt gegenüber diesen Menschen, die nach dem Zweiten Weltkrieg das Wirtschaftswunder zuwege gebracht hatten, die ihr Leben lang hart für uns gearbeitet hatten?

Viele Politiker hatten die Älteren in unserer Gesellschaft

überhaupt nicht im Blick, das offenbarte sich im Verlauf der Pandemie immer wieder. Das zeigte sich besonders bei den 2021 anlaufenden Impfungen. Termine gab es nur über ständig überlastete Hotlines oder das Internet – für ältere Menschen eine Zumutung. Viele waren mit der Online-Anmeldung überfordert, und wer keine Kinder oder Enkel hatte, die dabei halfen, war verloren. Viele ältere Leute riefen mich an und baten verzweifelt, ob ich ihnen helfen könne. Für mich war das ein weiteres Mal ein Zeichen dafür, dass sich unsere Gesellschaft nicht in die Situation älterer Menschen versetzt. Später sollte sich die gleiche Ignoranz gegenüber Kindern herausstellen. Doch jetzt mussten wir uns erst einmal um die älteren Menschen kümmern, damit sie nicht alle wegstarben.

Zuerst mit Tests. Und weil das Gesundheitsministerium mir keine Kostenübernahme zusagen wollte, ging ich wie bei dem Arztmobil in Vorleistung – in der Hoffnung, dass bald die Einsicht kommen würde, wie notwendig ein solches Vorgehen war. Natürlich hätte ich mir die Tests von den Getesteten bezahlen lassen können, wahrscheinlich hätte ich sogar daran verdient, aber genau das hatte mir nicht vorgeschwebt. Ich wollte, dass die Tests niederschwellig und unentgeltlich angeboten und die Menschen besser geschützt wurden. In dem ersten Altersheim, in dem ich testete, hatten wir auf der ersten Station gleich sechzehn Positive – fast keiner von ihnen hatte zu diesem Zeitpunkt Symptome. Leider sind trotzdem etliche an COVID-19 gestorben.

Ich ahnte, was noch auf uns zukommen würde, und versuchte mithilfe der Medien öffentlichen Druck zu erzeugen, damit in Altersheimen regelmäßig getestet würde. In dieser Zeit gab der Landrat mir immer wieder zu verstehen, dass er mich nicht allein auf den Kosten sitzen lassen würde. Ich war ihm für seine Zusage und Unterstützung sehr dankbar. Irgendwie würde ich die Gelder schon zurückerhalten. Was in der Vergangenheit geklappt hatte, konnte auch dieses Mal funktionieren, und ich wusste, dass es einige Menschen in meinem Umfeld gab, die mir im Notfall unter die Arme greifen würden. Trotzdem war es ein gewisses Risiko, abgesehen von dem Ärger mit den zuständigen Landes- und Bundesbehörden.

Zum Glück bekam ich zwei, drei Wochen später grünes Licht aus Berlin: Die Krankenkassen würden die Kosten für die Tests in den Heimen tragen. Da konnte man in der Hauptstadt nicht ahnen, dass sich in meinem Kopf längst der Gedanke eingenistet hatte, dass sich viel mehr Menschen testen lassen sollten, nämlich über kurz oder lang jeder, der sich oder andere schützen wollte.

In dieser Phase steckte noch alles in den Kinderschuhen, keiner von uns wusste genau, wie wir organisatorisch vorgehen sollten. Es existierte keine entsprechende EDV, und die fehlte schmerzlich, denn wir mussten jeden Test mit der Hand auf einen Bogen Papier eintragen und die Aufkleber einzeln beschriften. Dann mussten wir die Etiketten auch noch aufs Röhrchen kleben und die Tests eigenhändig einschicken. Ich war heilfroh, dass ich das Team vom Roten Kreuz im Rücken hatte. Ohne diese Mitstreiter hätte alles nicht funktioniert.

Mit den Sommermonaten gingen die Infektionszahlen zurück, wobei wir nicht aufhörten, weiter und weiter in den Heimen zu testen. Inzwischen war auch Boris Palmer absolut überzeugt von meinen Ideen und unterstützte uns mit all seiner Tatkraft und Energie, auch medial. Ich war froh, dass er meine Strategie mittrug, und dankbar, dass wir einen so tatkräftigen und klugen Oberbürgermeister hatten.

Der Erfolg des »Tübinger Wegs« blieb dank der enormen Medienresonanz nicht lange unbekannt. Es gab die üblichen Meckerfritzen und Besserwisser vom Spielfeldrand, aber nun wurde unser Konzept auch von Experten aufgenommen und diskutiert. Anerkennung gab es zudem von höchster staatlicher Stelle: Im September 2020 erhielt ich das Bundesverdienstkreuz.

Am Abend vor der Verleihung aß ich mit Jan Josef Liefers in einer Berliner Szenekneipe, und wir redeten ewig, über Corona, unsere Kids, seine Drehs ... Zwischendurch kamen immer wieder junge Schauspieler an unseren Tisch, und es wurde ein lustiger Abend – und spät. Als ich am nächsten Morgen aufstand – die Übergabe des Ordens war für elf Uhr angesetzt –, hatte ich vielleicht drei Stunden geschlafen. Von Jan Josef erhielt ich eine SMS: »Wie schaffst du es jetzt, zum Bundespräsidenten zu gehen?« Ich musste schmunzeln, als Ärztin war ich es gewohnt, wenig zu schlafen. Bevor ich in ein Taxi stieg, zog ich mein Lieblingskleid an, dunkelblau, kurz, aber festlich. Am vorherigen Abend war alles eher locker und spaßig gewesen, jetzt schaltete ich auf konventionell.

Außer mir wurden der Virologe Christian Drosten und fünfzehn weitere Personen ausgezeichnet. Ich erhielt das Bundesverdienstkreuz auch für meine Idee einer »rollenden Arztpraxis«, die dabei geholfen hatte, nicht nur nach Deutschland geflüchtete Menschen in ihren Unterkünften besser zu versorgen, sondern danach auch Bewohner eines Obdachlosenheims und Drogensüchtige. In der Corona-Pandemie war sie zu einer mobilen Teststation umstrukturiert worden. In Frank-Walter Steinmeiers Begründung hieß es: »Lisa Federle handelt immer wieder vorausschauend, um anderen zu helfen.« Und weiter: »Menschen wie sie bilden den Kitt in unserer Gesellschaft – und das nicht nur in Krisenzeiten.« Vorausschauend handeln und helfen hatte ich erst lernen müssen und konnte es auch nur, weil es immer Menschen an meiner Seite gab, die tatkräftig mit anpackten.

Es war eine große Ehre gewesen, den Orden aus der Hand des Bundespräsidenten zu empfangen, ein besonderer Moment in meinem Leben, doch am meisten hatte mir im Nachhinein ein Satz eines Fernsehjournalisten zu denken gegeben. Ich saß als Gast auf dem roten Sofa der SWR Landesschau Baden-Württemberg und sollte etwas über die Verleihung und aus den letzten Monaten erzählen. Nach der Sendung meinte der Moderator Jürgen Hörig, auf den ich zufällig jedes Mal traf, wenn ich vom SWR eingeladen wurde, und mich immer darüber freute: »Frau Federle, jetzt haben Sie erreicht, dass Sie gehört werden. Sie werden anders wahrgenommen, Sie brauchen nicht mehr so furchtbar zu kämpfen.«

Erst schaute ich ihn etwas fragend an, denn ich hatte bislang nicht über die Konsequenzen dieser Auszeichnung nachgedacht. Doch als die Bemerkung in mein Bewusstsein drang, konnte ich ihm nur zustimmen. Genau, das war das Beste, was mir hatte widerfahren können. Es konnte nur zu einer Verbesserung der Situation beitragen, denn das Schlimme an der Pandemie war tatsächlich das ständige Kämpfen an verschiedenen Fronten, das viel Kraft und mich etliche Nächte und Nerven gekostet hatte und vielfach unnötig gewesen war. Menschen waren gestorben, die womöglich nicht hätten sterben müssen. Die Politik hatte anfangs die Augen vor dieser Tatsache verschlossen. Und all die späteren politischen Skandale, etwa die Maskenaffäre, die Anfang 2021 publik wurde, hatten mich nicht so aufgeregt wie die Behandlung der Menschen in den Pflege- und Seniorenheimen. Ungemein ohnmächtig hatte ich mich gefühlt, zumal ich wusste, wie man es besser machen könnte. Es war nicht gehört, nicht akzeptiert worden. Als Gesundheitsminister Jens Spahn am 22. Mai 2020 seine Pläne für präventive Reihentests in Heimen und Kliniken ankündigte, waren im Landkreis Tübingen die 1349 Bewohner und 1441 Mitarbeiter der 29 Pflegeeinrichtungen bereits getestet, und wir begannen gerade wieder von vorn. Sicher hatten wir mit unserem Vorgehen den einen oder anderen Menschen gerettet, aber man hätte mehr retten können.

31
Das Testen geht weiter

Als im Oktober 2020 die Schnelltests auf den Markt kamen, bestellten wir sofort Tausende davon und boten sie kostenlos an. Innerhalb von drei Stunden hatte ich mit den Oberbürgermeistern und Bürgermeistern im Landkreis gesprochen und mir die Zusage geben lassen, dass sie Schnelltests für die Alten- und Pflegeheime bestellen würden – und zwar, um die Besucher testen und ihnen wieder Zutritt ermöglichen zu können, denn unter den Bewohnern dieser Institutionen hatten die Einsamkeit und das Gefühl des Verlassenseins durch die Corona-Maßnahmen massiv zugenommen. Aus menschlicher Sicht war und ist eine solche Ausgrenzung eine Katastrophe, obwohl dadurch Leben gerettet wurden. Und nicht nur die Bewohner litten. Fast täglich erhielt ich Briefe, E-Mails und Anrufe von verzweifelten Angehörigen, die mir erzählten, wie sehr es sie schmerze, dass sie ihren Partner oder ihre Eltern seit Wochen, ja Monaten nicht besuchen durften.

Dank Christa, der Frau unseres ehemaligen Bürgermeisters, konnten wir innerhalb kürzester Zeit das Pflegepersonal in den Heimen auf die Tests einlernen und gaben jedem Heim regelmäßig Pakete mit Schnelltests. Endlich konnte der Enkel wieder seine Großmutter besuchen, die Tochter ihren betagten Vater.

Zur selben Zeit rief ich erneut im Sozialministerium an und bat landesweit um Unterstützung. Wieder erhielt ich die Auskunft, das müssten die Heime selbst regeln. Es war aber klar, dass das gar nicht so einfach war, und sowieso hatte jedes Heim schon die Belastungsgrenze erreicht. Auch wurden die Tests täglich teurer. Es dauerte wieder viel zu lange, bis die Regierung endlich zur Einsicht kam. Ich möchte hier niemanden namentlich erwähnen, aber ich verzweifelte und zweifelte zunehmend an den zuständigen Personen in den Ministerien. Ich stieß immer nur auf Unverständnis und Unkenntnis der Situation, gepaart mit dem Unvermögen, einfach einmal Entscheidungen zu fällen, so wie es in einer Krise notwendig ist. Die *Neue Zürcher Zeitung* beschrieb dieses Dilemma mit einem Zitat von mir: »Wir bewegen alles x-mal, wir kontrollieren es noch zehnmal, schreiben es dann aus, lassen es noch mal prüfen, ob es überhaupt so schon geprüft ist, und haben noch irgendwelche rechtlichen Bedenken. Und das ist in der Krise vollkommen falsch.« Als Kommentar fügte die NZZ hinzu, meine Worte gehörten eingerahmt in jede Amtsstube. Weil die bürokratischen Mühlen erneut langsam mahlten, war Eigeninitiative in den Heimen gefragt. Natürlich gab es Ausnahmen. Die eine oder andere Einrichtung war mit dem regelmäßigen Testen überfordert, sodass die Teststäbchen im Keller landeten statt in der Nase oder im Rachen von Angehörigen der Heimbewohner. Aber das machte nur einen Bruchteil aus, die meisten waren froh über die neuen Schnelltests.

Nicht nur die Senioren in den Heimen litten unter der erzwungenen Einsamkeit, sondern natürlich auch die rund neunzig Prozent der älteren Menschen, die noch zu Hause wohnten. Deshalb bestellte ich nach Rücksprache mit meinem DRK gleich noch für 100 000 Euro weitere Schnelltests, und am 26. November begannen wir mit unserer kostenlosen Weihnachtstestaktion unter dem Motto »Stille Nacht, einsame Nacht«.

Ab einem bestimmten Alter bleibt nicht mehr ewig Zeit, da ist es nur verständlich, dass die Familie wenigstens an Weihnachten zusammenkommen will. Jeden Tag standen nun unzählige Menschen geduldig Schlange vor unserem Arztmobil, um einen Schnelltest machen zu lassen. Von Tag zu Tag wurden es mehr, bis die Schlange der Wartenden sich durch die ganze Stadt bis zum Neckar zog. Wir machten einen Abstrich nach dem anderen – draußen in der Kälte, nicht im Arztmobil, um die Infektionsgefahr einzudämmen. Es war der totale Wahnsinn. Immer mehr Medien berichteten über die Wunderstadt Tübingen, bis weit über deutsche Grenzen hinaus. Lieber wäre mir gewesen, das Sozialministerium hätte endlich mitgemacht. Eines hatte ich jedoch erreicht. In einem Gespräch unter vier Augen mit dem Ministerpräsidenten von Baden-Württemberg bekam ich die Zusage, dass an Weihnachten für zwei Tage kostenlose Tests zur Verfügung gestellt würden. Darüber war ich wirklich glücklich und dankbar. Wieder ein paar Menschen mehr, die Weihnachten etwas sicherer feiern konnten. Die Tests konnten zwar keine hundertprozentige Sicherheit bieten, aber das Risiko erheblich minimieren. Damals ahnte auch ich nicht, dass es nicht das letzte Weihnachten mit diesem dramatischen Kampf gegen das Virus sein würde.

Wie schon bei der Aktion für das Arztmobil für die Flüchtlinge konnte ich mich auch dieses Mal auf Elisabeth Frate, die Verlegerin des *Schwäbischen Tagblatts*, verlassen. Einmal mehr zeigte sie ihr großes Herz. Und mit ihr die Leser und Leserinnen ihrer Zeitung, die tief ins Portemonnaie griffen. Mit den Spenden konnten wir weitere Tests anschaffen, und insgeheim dachte ich, Tübingen ist und bleibt etwas Besonderes. Die Spendensumme übertraf sogar den Rekord für unsere mobile Arztpraxis.

Eine Bezahlung für uns gab es zu jener Zeit nicht, alle arbeiteten weiterhin ehrenamtlich. Fast mag es paradox klingen, aber unser Testmobil wurde für viele eine Station der sozialen Kommunikation. Regelmäßig kamen Freunde und Bekannte vorbei, ließen sich testen und unterhielten sich mit uns. Manche wollten ein Selfie von unserem prominenten Helfer Dieter Thomas Kuhn, hofften, Boris Palmer zu treffen oder mit mir ein Gespräch über Corona führen zu können. Einige Menschen kamen jeden Tag, viele brachten als ein Dankeschön Kuchen, Leberkäsebrötchen oder Kaffee vorbei. Der Optiker von gegenüber holte regelmäßig unsere Brillen zum Reinigen, um uns etwas Gutes zu tun. Es kamen sogar Menschen vom Bodensee oder von weiter her, nur um uns etwas mitzubringen und uns ihre Solidarität zu bekunden. Kurz vor Weihnachten hatten wir an einem Tag an die tausend Testwillige. Das war fast nicht mehr zu bewältigen. Die ganze Stadt war voll Menschen, die sich testen lassen wollten. Manche hatten Klappstühle mitgebracht, zwischendurch schneite es immer wieder, und es herrschte eine ganz besondere Stimmung in der Stadt. Die Menschen waren so dankbar, und wir hatten das Gefühl, in der Krise etwas Sinnvolles tun zu können, einfach anzupacken, statt sich dem Virus sowie seinen Leugnern auszuliefern. Auch Heiligabend verbrachten wir bis nachmittags auf dem Marktplatz. Abends war meine Familie dran, das war mir heilig.

Im Nachhinein war es für mich und uns alle eine ganz besondere Zeit. Unser Team wuchs immer enger zusammen, und wir freuten uns richtig auf das gemeinsame Testen. Viele freiwillige Helfer bewarben sich bei uns, und meine Kinder halfen mit, wann immer sie konnten. Die Lähmung, die sich in der ganzen Republik mehr und mehr ausbreitete, war in Tübingen nicht spürbar – ganz im Gegenteil. Die »kleine große Stadt«, wie Walter Jens sie einst beschrieb, zeigte sich von ihrer besten Seite. Doch es sollte noch Monate dauern, bis unsere Teststrategie vom Bund übernommen wurde.

Nach Silvester begannen wir zu überlegen, wie es weitergehen solle. Gemeinsam mit Boris arbeiteten wir ein Konzept aus, wie man Schüler und Lehrer mit Tests schützen könnte. Die Schulen waren im Lockdown gewesen, alle waren verunsichert, und das Virus verschwand nicht, auch wenn einige immer wieder argumentierten, dass es jetzt dann vorbei wäre. Wie oft habe ich das von Politikern gehört, auch im direkten Gespräch, und manchmal war ich geradezu entsetzt ob der Naivität, die unaufhörlich wiederkehren sollte, sei es bei der dritten und vierten

Welle oder bei der Impf- und Teststrategie. Kurz vor der vierten Welle spielte dann nur noch der Bundeswahlkampf eine Rolle, sodass man den Eindruck gewinnen konnte, dass die Wiederwahl wichtiger war als das Leben der Wähler. Tübingen hatte trotz immenser Tests die niedrigste Inzidenz in ganz Baden-Württemberg. Immer wieder versuchte ich mir gemeinsam mit OB Boris Palmer Gehör zu verschaffen, dass die Inzidenz logischerweise höher ausfällt, sobald viel getestet würde. Aber nicht einmal Karl Lauterbach wollte das Argument gelten lassen. Auch in diesem Punkt schwenkte die Politik erst viel später um und setzte die Hospitalisierungsrate als Marker an.

Anfang Februar 2021 schlug ich Palmer vor, in ganz Tübingen Teststationen zu betreiben und Lockerungen zuzulassen. Da wir so viel getestet hatten, hatten wir alles genau im Blick, und ich fand es im Hinblick auf die Pandemie wichtig und vertretbar, Erkenntnisse über einen solchen Weg zu gewinnen. Es war mir wichtig gewesen, dass die Tübinger durch die Schnelltests eine gewisse Sicherheit hatten und ihnen begrenzte soziale Kontakte ermöglicht wurden, und ich bekam tatkräftige Unterstützung durch Boris. Ich kenne keinen anderen OB, der so schnell begreift und Dinge unkompliziert umsetzt, und ich weiß, wovon ich spreche. Drei Tage später war der Plan an der Öffentlichkeit, und das Ganze wurde auch wissenschaftlich begleitet. Monatelang verging kein einziger Tag, an dem Boris und ich nicht mindestens viermal miteinander telefoniert hätten. Ich hätte ihn niemals missen wollen, nur wenige Politiker haben sich in dieser Krise so engagiert wie er.

»Danke Boris! Danke Lisa« stand in roten Buchstaben auf einem Schild, das ich im Schaufenster der Konditorei Il Dolce entdeckte, als ich mir dort ein Stück des leckeren Käsekuchens holen wollte. Der Handels- und Gewerbeverein der Stadt hatte sich diese Aktion ausgedacht, um sich dafür zu bedanken, dass die kleinen Läden nicht unter die Corona-Räder kamen. Ich musste schmunzeln, als ich das Schild sah. Auf dem Heimweg entdeckte ich noch fünf weitere. Ich war gespannt, wie lange es dauern würde, bis Boris Palmer ein Bild davon auf Facebook posten würde. Und wie schnell dann wieder alle möglichen Hasskommentare und höhnische Beleidigungen folgen würden.

Noch süßer war eine Geste der Dankbarkeit auf dem Schokoladenmarkt chocolart ausgefallen. Aber das ist schon Jahre her. Man hatte kleine Lutscher mit dem Konterfei von Prominenten kreiert. Den Palmer gab es, den Hölderlin und die Federle. Verkauft wurden die Süßigkeiten für einen guten Zweck. Als ich mir selbst einen erstehen wollte, war er fast schon ausverkauft – den Boris gab es noch, und er schmeckte gar nicht so schlecht.

Unsere Teststrategie in Kombination mit dem Modellversuch unter dem Motto »Öffnen mit Sicherheit« hatte jedoch einen Nachteil. Auf den Plakaten stand »Mit dem Tagesticket ist Tübingen für Sie geöffnet! Erst kostenlosen Schnelltest machen, Tübinger Tagesticket erhalten und dann schlemmen, shoppen und Kultur schauen. Diese Regelung gilt jetzt für alle …« Das sahen viele Ortsfremde als Einladung, in unsere Stadt zu reisen und sich zu amüsieren. Auf einmal gab es Massentests für einen Massentourismus. Aus ganz Deutschland, aus Holland und wer weiß woher kamen die Menschen, um zu feiern, zu trinken und so zu tun, als wäre alles gut. Ich fühlte mich in manchen Momenten eher wie eine Eventmanagerin als wie eine Ärztin.

Die Tübinger blickten schon skeptisch auf diejenigen, die in ihre Stadt gekommen waren, um hier das zu tun, was sie zu Hause nicht machen konnten, weil dort sämtliche Restaurants, Geschäfte und Museen geschlossen waren. Die Gäste kamen sich vor wie im Paradies. Nach monatelangem Entzug konnten sie plötzlich wieder einen Kaffee oder Aperol Spritz trinken gehen, und ich verstand sie, aber mir wurde zunehmend unheimlich ob des Andrangs. Und ständig wurde ich von Bürgermeistern, Landräten und Abgeordneten aus ganz Deutschland angerufen, die Genaueres über unser Konzept wissen wollten. Ich musste tief durchatmen. Am Anfang hatte ich gegen Windmühlen gekämpft, war zum Testen auf den Bergfriedhof »verbannt« worden, hatte Vorträge über mich ergehen lassen müssen, warum man Tests in Altenheimen nicht finanzierte, und nun wurde die Tübinger Teststrategie auf ganz Deutschland, eigentlich auf die ganze Welt ausgeweitet – so jedenfalls konnte man die Formulierung »Diese Regelung gilt jetzt für alle« auch verstehen.

Einmal besprach ich mit meinem Medienprofi Raimund Weible in der Küche die aktuelle Situation. »Ich finde schon toll, wie Palmer die Sachen anpackt, umsetzt und die Menschen dafür begeistern kann«, bemerkte Raimund und ließ sich meinen Apfelkuchen schmecken. »Keine Frage«, entgegnete ich. »Aber manchmal bugsiert er mich in Situationen, in denen ich in Zugzwang komme. Natürlich müssen wir weitertesten, aber muss man das gleich an die große Glocke hängen? Er hat die Idee mit der Öffnung gleich auf Facebook gestellt.« Wir wussten, dass es auch eine Kehrseite des großen Erfolgs gab. »Als erste Stadt in Baden-Württemberg haben wir die niedrigste Inzidenz, obwohl wir viel mehr getestet haben. Doch wenn die Leute von überallher kommen, wird das nicht so bleiben. Die Inzidenz wird wieder steigen, wie jetzt bereits im ganzen Land, was keiner der Politiker hören will. Es ist ein Unterschied, ob ich fünfhundert oder fünftausend Tests durchführe, die Inzidenz richtet sich nach den Fällen.«

»Du befürchtest, dass durch die Öffnung wieder alles umkippen kann?«

»Genau. Und wie soll man das dann den Bürgern erklären? Wie sollen sie verstehen, dass das, was sie heute noch dürfen, morgen nicht mehr erlaubt ist? Wenn das Tübinger Modell nicht auf alle Städte hierzulande ausgeweitet wird, werden wir ein Problem bekommen. Da nützt das konsequenteste Testen nichts. Aus diesem Grund sind unsere medialen Aktionen auch so wichtig. Unser Modellprojekt darf keine Aufforderung sein, nach Tübingen zu kommen, sondern eine, ähnliche Projekte in allen Ortschaften in Gang zu setzen, um mögliche Wege kontrolliert auszuprobieren.« Ich ahnte damals schon, dass das Drama so schnell kein Ende finden würde. Und so sollte es auch kommen, denn das nächste Weihnachten verlief nicht besser.

Raimund rückte seine Brille zurecht und strich sich über den Kopf. »Immerhin ist es möglich, das Tübinger Modell jederzeit zu beenden. Durch das Testen seht ihr ja sofort, ob die Zahlen wieder hochgehen.« Tatsächlich wurde das Modellprojekt »Öffnen mit Sicherheit« sechs Wochen nach Beginn durch die Bundes-Notbremse gestoppt, aber bis dahin wurde getestet und getestet.

Irgendwann ging ich dazu über, Verantwortliche aus Betrieben, Vertreter der Industrie- und Handelskammern sowie Lehrer und Lehrerinnen einzuladen, um ihnen zu erzählen, wie sie sich selbst testen können, statt auf Apotheken oder sonstige Anbieter zurückzugreifen. »So können Sie unabhängig werden«, erklärte ich, »außerdem können Sie dadurch den Staat entlasten.« Denn ein von Dritten durchgeführter Test kostete anfangs rund achtzehn Euro, was ein irrsinniger Preis war. Das Testen in Eigenregie vorzunehmen hielt ich noch aus anderem Grund für notwendig, denn wie bei den Masken gab es Anbieter, die Tests von schlechter Qualität verwendeten, um möglichst viel Profit zu machen. Das Thema Verhütung überlässt man den Menschen selbst, und die allermeisten gehen verantwortungsvoll damit um. Warum sollte das beim Thema Testen nicht auch möglich sein?

Als im Frühjahr 2021 das Impfen gegen Corona Fahrt aufnahm, bekamen wir es erneut mit Corona-Leugnern und mit Impfgegnern zu tun. Anonyme Schreiben landeten in meinem Briefkasten, und es gab Beleidigungen am Telefon, auch gegenüber meinen Mitarbeitern. War das der Dank für meine Arzthelferin Corinne, die seit über einem Jahr oft bis spät in die Nacht arbeitete? Es blieben zum Glück Ausnahmen. Sehr viele meiner Patienten bedankten sich ganz ausdrücklich auch bei Corinne für ihren engagierten, umsichtigen Einsatz und dafür, dass sie mir den Rücken freihielt. Kollegen schilderten mir häufig ähnliche Erfahrungen. Was das Pflegepersonal und die Mediziner an Arbeit stemmten, brachte sie an ihre Grenzen. Schön, dass es dafür Applaus gab. Noch schöner, wenn die Pflegeberufe endlich das Gehalt bekämen, das sie verdienten, und die nötige Freizeit, um sich nach anstrengendem Schichtdienst ausreichend erholen zu können.

Die Pandemie hatte offensichtlich großen Einfluss auch auf die Psyche der Menschen. Und wird der Bekanntheitsgrad größer, mehren sich die Feinde, die einen treibt der Neid, die anderen, weil sie nicht deine Meinung teilen, und die dritten, weil sie durchdrehen und jemanden brauchen, an dem sie sich abarbeiten können. In Kommentaren auf Social-Media-Plattformen bezweifelte man sogar, dass ich überhaupt Ärztin sei, denn wäre ich Medizinerin, dann würde ich wissen, dass das Virus Unfug sei. Manchmal war es schwer, das alles nachzuvollziehen und zu tolerieren.

Natürlich muss man die Sorgen der Menschen ernst nehmen, eine Impfung ist nichts, was man mal so nebenbei macht. Dahinter steht eine klare Risikoabwägung, und die Gefahren einer COVID-19-Erkrankung sind deutlich höher als die einer Impfung gegen das Virus. Bei jeder Impfung, ob gegen Masern, Gelbfieber oder eben Corona, können Nebenwirkungen auftreten, so wie bei jedem Medikament. Natürlich muss ich als Ärztin auch das individuelle Risiko betrachten. Und natürlich war es mir wichtig, dass die Daten zu den Nebenwirkungen der Impfung genau erhoben und ausgewertet wurden, damit vor allem unsichere Bürger Klarheit und Vertrauen haben konnten.

Wenn jemand sich nicht impfen lassen wollte, weil er Angst

davor hatte, aber sich zugleich bei sozialen Kontakten zurückhielt, konnte ich seine Haltung in Grenzen nachvollziehen, aber versuchte dennoch, ihn zu überzeugen. Versuchte ihm zu erklären, dass jeder Verantwortung gegenüber der Gesellschaft trägt und die eigene Freiheit auch an Verantwortung gegenüber sich und anderen geknüpft ist. Über die Jahre habe ich sehr viele Angstpatienten erlebt, Patienten, die Angst vor Medikamenten haben, vor Spritzen, davor, dass der Blutdruck zu hoch ist, dass sie keine Luft mehr bekommen oder einen Herzinfarkt erleiden könnten. Mancher denkt dann, der oder die spinnt ein bisschen, doch diese Menschen haben wirklich Angst, und man darf ihre Ängste nicht einfach abtun. Praxisärzte haben allerdings kaum Zeit, sich ausreichend um Angstpatienten zu kümmern und ihnen die Furcht zu nehmen. Diese Patienten befinden sich in einer schrecklichen Situation: Sie haben Angst vor Corona, aber auch Angst vor den Nebenwirkungen der Impfung. Sie haben Angst vor Allergien, haben vielleicht sogar schon mal entsetzlich unter einer allergischen Reaktion gelitten, die durch Medikamente ausgelöst worden war. Längst schon hätte ich den Vorschlag gemacht, zumindest für diese Menschen ein Impfsorgentelefon einzurichten.

Als Politiker sich erst einmal nicht impfen zu lassen, so wie Hubert Aiwanger, Bundes- und bayerischer Landesvorsitzender der Freien Wähler, ist indiskutabel. Als Politiker hat man eine Vorbildfunktion, so wie ich als Ärztin eine habe. Obwohl ich hochallergisch bin, obwohl ich wusste, dass ich nach jeder Impfung drei, vier Tage im Bett liegen würde, bin ich geimpft, um mich und andere dadurch zu schützen.

32
Auf dem Teppich bleiben mit dem Bundespräsidenten

Mit der Zeit hatte ich zunehmend mit anonymen Briefen, Hass-Mails und unterirdischen Anrufen zu kämpfen, in denen ich beschuldigt wurde, die Menschheit zu vernichten, sei es durch Testen oder Impfen. Es waren übelste Beleidigungen darunter, die mittlerweile auch strafrechtlich verfolgt werden. Ein kleiner Teil der Gesellschaft driftete immer mehr in eine Parallelwelt ab, kam mit unserem Verständnis von Demokratie nicht zurecht oder fühlte sich vom Staat unterdrückt durch Vorschriften wie Masken, Lockdowns, Testen oder später auch Impfungen. Da der Staat nicht greifbar war, mussten in Tübingen Menschen wie Boris Palmer und ich herhalten. Ich versuchte das Ganze auf die leichte Schulter zu nehmen, aber manchmal gelang es mir nicht. Natürlich bekam ich auch unglaublich viele rührende und dankbare Mails, selbst gebastelte Geschenke oder wurde um ein Autogramm gebeten von Menschen, die große Hoffnung in mich setzten. Somit war ich hin- und hergerissen zwischen Frust und Angst auf der einen und Freude und Berührtheit auf der anderen Seite. Meistens blieb mir aber gar nicht die Zeit, um mir große Gedanken zu machen, denn es gab so unglaublich viel zu tun, dass ich froh war, wenn ich abends todmüde ins Bett fallen konnte und ein paar Stunden Schlaf erhielt.

Als ich zum ersten Mal hörte, dass ich für das Bundesverdienstkreuz vorgeschlagen worden war, traute ich dem Ganzen nicht so richtig. Doch immer öfter wurde ich in den kommenden Wochen darauf angesprochen. Es war ein unbeschreibliches Gefühl, eine Anerkennung für all meine Arbeit in den letzten Monaten, und ich war insgeheim stolz. Als dann der Brief mit dem Siegel des Bundespräsidenten im Briefkasten lag, war ich richtig glücklich und freute mich außerordentlich. Bisher kannte ich das Schloss Bellevue nur aus dem Fernsehen und aus der Ferne. Nun stand ich mit Michael in einem der Empfangsräume. Am Stehtisch links von uns sah ich Mai Thi Nguyen-Kim, rechts unterhielt sich Igor Levit mit einem uns Unbekannten. Die Räume waren beeindruckend.

Nach kurzer Zeit kam eine Mitarbeiterin Steinmeiers auf mich zu und erzählte, Vorschläge für die Auszeichnung hätten nicht nur die Stadtverwaltung erreicht, sondern auch den Bundespräsidenten direkt. Etwas verdutzt schaute ich Michael an, der nicht minder verwundert war. Zudem, erklärte die Dame weiter, würde der Bundespräsident lediglich zweimal im Jahr persönlich diese Auszeichnung vornehmen. Von dieser ganz besonderen Ehre wusste ich bislang nichts, sie machte mich fast noch ein bisschen stolzer als ohnehin schon.

Wir wurden in einen großen Saal geführt, in dem coronabedingt die Stühle in ausreichendem Abstand standen. Alle Anwesenden trugen Maske, die man zur Überreichung der Auszeichnung durch den Bundespräsidenten allerdings kurz abnehmen durfte. Ich hatte immer gedacht, beim Bundesverdienstkreuz handle es sich um eine kleine Anstecknadel, tatsächlich befanden sich in dem Etui eine größere Medaille mit Anstecknadel, eine kleinere Schleife zum Anstecken sowie ein kleines Abzeichen. Lustig fand ich, als mich einige Tage später ein Bestatter anrief, weil er ein paar Fragen zu Corona hatte, mir dann zum Bundesverdienstkreuz gratulierte und meinte, dass es bei Beerdigungen ein eigenes Kissen gäbe, auf dem das Verdienstkreuz hinter dem Sarg hergetragen würde. Ich bedankte mich herzlich, meinte aber, dass ich noch vorhätte, etwas am Leben zu bleiben, und es mir derzeit auch ziemlich egal wäre, was danach ist.

Als alle Preisträger ihre Auszeichnung erhalten hatten, begeisterte Igor Levitt mit einigen fantastischen Klavierstücken. Beim anschließenden Stehempfang mit Sekt und Häppchen nutzte ich die Gelegenheit zu einem kurzen Gespräch mit Christian Drosten, dem man die Anstrengungen der letzten Wochen ansah. Selbst an diesem feierlichen Tag wurde er von Angriffen nicht verschont: Vor dem Schloss Bellevue hatte sich eine Gruppe von Corona-Gegnern formiert, die mit Postern und Sprechchören lauthals gegen den Virologen der Charité demonstrierten. Keiner von uns ahnte zu dem Zeitpunkt, dass solche Proteste noch lange Zeit anhalten und sich verschärfen sollten. Während Drosten und ich noch plauderten, betrat Frank-Walter Steinmeier gemeinsam mit seiner Frau Elke Büdenbender den Saal und kam auf uns zu.

Beide waren ausgesprochen zugewandt, sprachen mich auf mein Engagement für Flüchtlinge und in Sachen Corona an. Frau Büdenbender erkundigte sich insbesondere nach meiner Arbeit mit den Obdachlosen, denn da hätten wir, wie sie sagte, eine Gemeinsamkeit. Auch sie selbst engagiert sich ehrenamtlich für Obdachlose und hilft bisweilen auch beim Austeilen von Essen. Die Bescheidenheit und Herzlichkeit des Präsidentenpaares beeindruckten mich sehr. Zum Abschied bestellte ich ihnen Grüße von Rezzo, die er mir aufgetragen hatte und die der Bundespräsident erfreut annahm. Ich wusste zu dem Zeitpunkt noch nicht, dass ich Frank-Walter Steinmeier bald wieder begegnen würde, da mich die CDU zur anstehenden Wahl des Bundespräsidenten in der Bundesversammlung nominierte. Auch das war eine ganz große Ehre und eine besondere Anerkennung für mein Engagement seitens meiner Partei und ihres Fraktionsvorsitzenden im baden-württembergischen Landtag, Manuel Hagel.

Im Anschluss an die Verleihung besuchten Michael und ich auf Einladung der Tübinger CDU-Abgeordneten, Staatsministerin und Integrationsbeauftragten Annette Widmann-Mauz das Bundeskanzleramt. Leider blieb nicht allzu viel Zeit für einen Kaffee im Zentrum der Macht. Wir mussten zu unserem Flieger nach Stuttgart, denn eine volle Praxis wartete auf mich.

Dann hatte mich der ganz normale Alltag wieder. Diesmal mit einigen Glückwünschen meiner Patienten, die mich stolz und zugleich demütig stimmten.

Ich erfuhr noch eine weitere Würdigung meiner Arbeit. Mit meiner guten Freundin Constanze, der Präsidentin der Bürgerstiftung, war ich da gerade zu einem Fototermin in der Redaktion des *Schwäbischen Tagblatts* in der Uhlandstraße. Es galt, das großartige Ergebnis der Weihnachtsspendenaktion zu würdigen, und während wir uns zum gemeinsamen Foto aufstellten, klingelte mein Telefon.

»Bundesministerium für Gesundheit«, meldete sich der Sprecher von Jens Spahn. »Wir hätten Sie gern für unsere nächste Bundespressekonferenz am Freitag. Könnten Sie sich das vorstellen?«

Ich dachte kurz nach, es war Mittwochnachmittag. »Also übermorgen?«

»Ja, genau, es wäre schön, wenn Sie Ihre Tübinger Teststrategie vorstellen könnten.« Beginn sei um zehn Uhr im Haus der Bundespressekonferenz, in Berlin.

Ich sagte einfach zu, ohne zu wissen, ob ich so schnell meine Patienten verlegt bekommen würde. Aber irgendwie würde es schon klappen. Ich freute mich riesig. Erstens war es mir eine Herzensangelegenheit, endlich kostenlose Tests für ganz Deutschland durchzusetzen, zweitens war es eine unglaubliche Anerkennung meiner Arbeit, gemeinsam mit dem Präsidenten des Robert Koch-Instituts, Lothar Wieler, und dem Bundesgesundheitsminister auf einem Podium zu sitzen.

Mit Schrecken stellte ich wenig später fest, dass coronabedingt die meisten Flüge gestrichen waren und am Freitag kein einziger rechtzeitig nach Berlin ging. Den Zug zu nehmen war keine Alternative, weil ich dann zwei Tage verloren hätte. Das konnte ich mir in dieser angespannten Zeit mit so vielen Tests und Patienten nicht erlauben. Da kam mir eine Idee. Ein Freund von mir, Helmut Schlotterer, der Inhaber des Modeunternehmens Marc Cain, hat einen Privatflieger und flog des Öfteren geschäftlich nach Berlin. Vielleicht hätte ich Glück. Und Volltreffer! Helmut bot sogar an, seine Flugzeiten nach mir zu richten, und so flogen wir gemeinsam am frühen Freitagmorgen nach Berlin. Es war ein großartiges Erlebnis, in einem privaten Flieger zu reisen, das übliche Anstehen und lästige Warten erübrigten sich. Man könnte sich fast daran gewöhnen. Mit Blick auf das Klima ist sonst freilich die gute alte Eisenbahn mein bevorzugtes Transportmittel. Aber dies war gewissermaßen ein Notfall. Und ich freute mich, dass ein Freund mir mit solcher Selbstverständlichkeit seine Hilfe anbot.

Im Saal der Bundespressekonferenz wimmelte es bereits von Journalisten, Fotografen und Kameraleuten. Einige Medienvertreter kamen auf mich zu, um ein anschließendes Interview zu verabreden. Den einen oder anderen kannte ich bereits, und schnell kamen wir ins Gespräch. Dann erschien Jens Spahn zusammen mit Professor Lothar Wieler. Den Präsidenten des Robert Koch-Instituts kannte ich bislang nur aus den Medien, mit dem Gesundheitsminister hatte ich bereits mehrfach telefoniert. Ich war etwas aufgeregt, als ich mit den beiden auf dem Podium Platz nahm. Den Umgang mit Medien war ich mittlerweile zwar einigermaßen gewohnt, aber ein Auftritt vor der nationalen und internationalen Presse war dann doch etwas Besonderes. Die Stimmung schien etwas aufgeheizt. Spahn wurde immer wieder zu seiner Strategie und seinem Konzept auch in Bezug auf Tests gefragt. Er hatte kurz zuvor kostenlose Test angekündigt, konnte sich damit aber nicht durchsetzen. Mein Gott, was war ich froh, dass ich keine solchen Erfahrungen mit der Presse machen musste. Der Unterschied war eben, dass ich keinerlei politische Absichten mit meinem Engagement verband und mich glücklicherweise frühzeitig für einen Weg entschieden hatte, der sich im Nachhinein als richtig herausstellen sollte.

Auf dem Weg zurück dachte ich über das Erlebte nach. Da ich im Flugzeug keinen Empfang hatte, fand ich endlich mal Zeit dazu. Und ich war erstaunt, wie sich mein Leben in so kurzer Zeit verändert hatte. Plötzlich war meine Meinung gefragt, und ich musste keine großen Hürden mehr überwinden, um an Handynummern zu kommen oder direkt durchgestellt zu werden. Was für eine große Chance, um etwas zu bewegen und zu erreichen in der Krise.

33
BewegtEuch

Jan Josef Liefers und Anna Loos spielen in meinem Leben eine besondere Rolle. Ich hatte das Schauspielerehepaar vor einigen Jahren auf einem Fest von Til Schweiger auf Mallorca kennengelernt. Wir alle haben in demselben Ort auf der spanischen Mittelmeerinsel ein Häuschen. Es ist ein malerisches Dorf mit einer Kirche und einer Bäckerei, die das weltbeste Baguette backt – knusprig und goldbraun, und ich freue mich jeden Morgen darauf.

Das Haus meiner Familie liegt auf einem Hügel. Auf der einen Seite hat man einen herrlichen Blick auf Palma und das Meer, auf der anderen ragt die Serra de Tramuntana, ein Gebirgszug, hoch in den Himmel hinauf. Es ist ein Ort, an dem meine Seele zur Ruhe kommt, sich von dem Ballast befreit, der sich über die Monate anstaut, an dem ich wieder zu mir selbst finde und einfach nur ich sein kann. Dort fühle ich mich zu Hause und geborgen in einer heilen Welt, ohne Probleme und Krankheiten, ohne Verpflichtungen und durchgetaktetem Terminplan, einfach frei. Nachts, wenn die Glut auf dem Grill noch mal kurz aufflammt, lausche ich dem Zirpen der Zikaden und verfolge das Blinken der Sterne. Manchmal kommt es mir vor, als wollten sie mich grüßen, mir zeigen, dass es auch auf Erden kleine Paradiese gibt, die das Leben schöner machen. Wenn ich frühmorgens als Erste wach bin, mache ich mir einen Kaffee und setze mich bei Sonnenaufgang auf die Terrasse, um zu lesen, still die Ziegen auf dem Nachbargrundstück zu beobachten oder einfach nur übers Meer in die Ferne zu blicken, und finde das Leben einfach großartig. Es ist eine ganz besondere Stimmung, wenn die Nacht in den Morgen übergeht, es noch ein bisschen dunstig und ruhig ist und die Sonne langsam hervortritt. Sofern es das Wetter zulässt, setze ich mich auch im Winter dick eingepackt morgens hinaus. Meist wird es gegen Mittag dann so warm, dass ein T-Shirt reicht.

Manchmal treffen wir uns mit Jan und Anna und ab und an auch mit Til. Wir reden über unsere Familien, über unsere Träume, auch über Politik und ihre Verantwortung den Menschen gegenüber. Vor mehreren Jahren begegnete ich bei Jan dem Filmproduzenten Jörg Hoppe. Er hatte gerade eine Krebserkrankung überstanden und plante eine Initiative, die er yeswecan!cer nennen wollte, eine digitale Selbsthilfegruppe, die sich für einen angst- und tabufreien Umgang mit der Krankheit einsetzen soll, eine App nicht nur für Krebserkrankte, sondern auch für Angehörige. Mir gefiel diese Idee, und schon bald sollte sie realisiert werden. Im Oktober 2021 nahm ich an einem Kongress von Jörg teil, bei dem ich neben vielen anderen von meiner eigenen Krebserkrankung berichtete, aber auch von den Sorgen und Nöten der Krebspatienten in meiner Praxis. Ein Beispiel ist der ständige Wechsel der behandelnden Ärzte in Kliniken. Dabei ist es in einer solchen Situation ungemein wichtig, einen Arzt als Bezugsperson zu haben, der einen kennt, sodass man nicht in jeder Sprechstunde wieder von vorn anfangen muss.

Wir waren alle enttäuscht, als wir zu Silvester 2020 wegen des Lockdowns nicht nach Mallorca reisen konnten. Aber Ostern 2021 konnten wir fliegen – und trafen uns gleich am ersten Abend. Wir sprachen viel über Corona, die Auswirkungen der Schulschließungen, ganz zu schweigen der Kontaktbeschränkungen auf Kinder und Jugendliche. Wir hatten uns in Berlin schon darüber unterhalten, wie es weitergehen könnte, dass viele Kinder kaum noch Kontakt hatten und die meiste Zeit vor dem Computer verbrachten, keinen Sport mehr machen konnten und körperlich wie seelisch verkümmerten. Jeder von uns kannte genügend Beispiele. Wir kamen überein, dass man nach den älteren Menschen nun unbedingt die Kinder in den Vordergrund rücken müsste. Deshalb beschlossen wir, aktiv zu werden und uns um Kinder sowie Jugendliche zu kümmern, die in der Pandemie völlig ins Abseits geraten waren und bei Politikern keine Lobby hatten. Ich hatte mit einigen Politikern gesprochen und immer das Gefühl, dass sie die Pandemie entweder völlig unter- oder überschätzten. Die einen malten Horrorszenarien an die Wand, die anderen sagten, mit der Impfung würde sich bis zum Sommer 2021 sowieso alles erledigen. Aber keiner machte sich ernsthaft Gedanken um die junge Generation.

Nicht alle Kinder und Heranwachsenden hatten es so gut wie unsere. Viele lebten mit ihren Eltern in einer kleinen Wohnung ohne Balkon oder Garten, oft hatten die Eltern noch finanzielle Sorgen. Vor allem für sie wollten wir uns einsetzen, für Kinder und Jugendliche aus sozial schwachen Verhältnissen, für Kinder und Jugendliche mit Migrationshintergrund, aber auch solche mit Handicap. Bei der Rückreise nach Deutschland sollte ich somit eine neue Aufgabe mit im Gepäck haben.

Wir unterhielten uns auch darüber, wie es mit Deutschland weitergehen würde, sollte die Pandemie erst einmal beherrschbar sein. Wir waren uns einig, dass die meisten nicht mehr so leben könnten wie zuvor, dass sie ihren Lebensstandard einschränken müssten. All die Hilfen, auch die Sozialhilfeleistungen würden sicher gekürzt werden müssen und soziale Projekte nicht mehr in dem Maß unterstützt werden, da nicht mehr bezahlbar. Außerdem würden viele das Überbrückungsgeld zurückzahlen müssen. Besonders unser medizinisches System, fürchtete ich, würde Kürzungen hinnehmen müssen. Und das Pflegepersonal, das nach über eineinhalb Jahren völlig ausgepowert war, würde nicht mehr so weitermachen können, was sich im Winter 2021 ebenfalls bewahrheiten sollte.

Am nächsten Tag kamen Anna und Jan zum Kaffee vorbei, auch ein Kollege und Freund von mir stattete uns kurz einen

Besuch ab. Irgendwann holte ich ein paar Tests aus dem Haus und zeigte Jan und Anna, wie man sie richtig anwandte. Beide waren begeistert ob ihrer neu gewonnenen Testfreiheit, denn sie bekamen von mir ein Zertifikat. »Cool«, meinte Jan, »jetzt können wir uns am Set täglich testen.« Wir saßen bis tief in den Abend auf der Terrasse, und mit jedem Glas Wein wurde die Runde lustiger.

Viel zu schnell war der Urlaub vorüber. Wir waren gerade erst am Flughafen von Palma angekommen, da stürmte ein Fernsehsender auf mich zu und wollte mich interviewen. Diesmal verlor Michael die Geduld, denn wenigstens auf Mallorca wollte er davon verschont bleiben, und ich musste gleich auch noch an einer Konferenzschaltung mit Ministerpräsident Kretschmann teilnehmen, die Zeit drängte also. Ich hatte Michael und mich beide kurz vor der Fahrt zum Flughafen getestet, und beim Einchecken zeigten wir brav unsere Testzertifikate vor. Da sagte die Dame am Schalter, Michael könne sie einchecken, mich jedoch nicht. »Sie können sich nicht selber testen, das ist unzulässig«, meinte sie. Auch mein Arztausweis half nicht. So ein Mist, das Testzentrum war auf Tage ausgebucht, und ich fand das wirklich eine Zumutung. Jetzt begann auch noch die Schalte. Während ich an der Konferenz teilnahm und immer wieder Kommentare abgab, verhandelte ich nebenher mit dem Testzentrum – erfolgreich, denn während ich dem nächsten Tagesordnungspunkt zuhörte, schob mir eine junge Frau ein Teststäbchen in die Nase, bis ganz oben. Die Kamera hatte ich geistesgegenwärtig ausgemacht, sodass die Konferenzteilnehmer nicht sehen konnten, was bei mir gerade ablief. Sie hätten wahrscheinlich nicht schlecht gestaunt.

Im Flieger sann ich über unser neues Projekt nach: Wir wollten uns für Kinder und Jugendliche engagieren und aktiv etwas unternehmen. Viele Gedanken gingen mir durch den Kopf, und mir fielen die Jugendlichen und Studenten unter meinen Patienten ein, die dringend eine begleitete Psychotherapie gebraucht hätten, wie etwa das Mädchen mit massiven Essstörungen oder der Junge, der seine Aggressionen immer wieder an der Mutter ausließ, sie gelegentlich sogar ins Bad sperrte. Sie alle waren hilflos, aber sämtliche Plätze in der Kinder- und Jugendpsychiatrie waren belegt. Das Mädchen mit den Essstörungen und ihre Freundin waren begeisterte Schwimmerinnen gewesen. Über ein Jahr war das Schwimmen nun schon ausgefallen, und die beiden sahen sich nur noch selten. Wie enorm wichtig wäre es, diesen Mädchen und auch anderen Kindern Sport wieder zu ermöglichen, sie wieder am sozialen Leben teilhaben zu lassen, ihr Selbstwertgefühl zu steigern und ihnen durch Sport Bewegung zu verschaffen. Nun war der Grundstock zu BewegtEuch gelegt.

Wir konnten noch den Moderator Michael Antwerpes als Gründungsmitglied unseres gemeinnützigen Vereins gewinnen, der die sportliche Aktivität von Kindern und Jugendlichen fördern und unterstützen sollte. Dann legten wir gemeinsam los. Natürlich hatten wir alle viel anderes zu tun und konnten immer nur nebenher für BewegtEuch arbeiten. Wir hatten genügend Kontakte, um auf uns aufmerksam zu machen, und sammelten prominente Sportler, Musiker, Schauspieler, Politiker und andere bekannte Persönlichkeiten um uns und starteten einen Aufruf. Oft fragte ich mich, warum sich nicht die Sportverbände einsetzten, warum zum Beispiel nur die Profifußballer eine Lobby hatten.

Der Tag der Gründung des Vereins war etwas Besonderes. Die Köpfe der Patienten drehten sich nach rechts, als jemand in Boxershorts an ihnen vorbeilief, die dunklen Haare nach allen Seiten abstehend. Verwundert blickten sie der Erscheinung nach. War das nicht der aus dem Fernsehen, der im Münsteraner *Tatort* den Gerichtsmediziner spielt? Aber das konnte doch nicht sein, was hatte der hier in Tübingen in einer Arztpraxis zu suchen, noch dazu so verschlafen und in Unterwäsche? Doch, er war es. Jan Josef Liefers hatte bei uns übernachtet, und weil die Gästezimmer hinter der Praxis liegen, musste er diese durchqueren, um zu mir in die oberste Etage zu gelangen, wo wir alle zusammen frühstücken wollten, bevor der Notar anmarschierte. Am Abend zuvor war er nach Tübingen gekommen, und aus Berlin war der Filmproduzent und politische Aktivist Jaka Bizilj zu uns gestoßen. Beim Abendessen hatten wir uns lange über Alexej Nawalny unterhalten. Jaka hatte nach dem Giftgasanschlag auf den Kreml-Gegner dessen Flug nach Deutschland mitorganisiert. Nawalny hatte gegen die von Putin ausgehende Korruption gekämpft, gegen den Machtmissbrauch der russischen Eliten, für Menschenrechte, ein Kampf, der ihn die Freiheit und fast das Leben kostete. Dieser Tag im Juni 2021 galt aber nicht Nawalny, sondern der Gründung des Vereins BewegtEuch.

Einen Monat später, bei einer Veranstaltung in Schutterwald nahe Offenburg, gab ich zusammen mit dem damaligen Bundestagspräsidenten Wolfgang Schäuble bekannt, dass er die Schirmherrschaft von BewegtEuch übernehmen werde. Zuvor hatte mir Schäuble erklärt, dass er sich eigentlich vorgenommen hätte, keine Schirmherrschaft mehr zu übernehmen, mit seinen 78 Jahren sei es nun genug, aber für diesen Verein würde er eine Ausnahme machen. Ich bekam mit, wie er am Rande der Veranstaltung augenzwinkernd der Presse mitteilte: »Du kannst der Frau nichts abschlagen. Sie schwätzt nicht nur, sondern sie packt an.«

Ich fragte bei Menschen an, die ich bei meinen vergangenen Auftritten kennengelernt hatte, etwa Christian Lindner und Hartmut Engler. Firmen boten gleichfalls gute Gelegenheiten, Patenschaften oder Spendengelder zu rekrutieren. Als ich von McKinsey eingeladen wurde, bei einer Veranstaltung mit vierzig Unternehmern und Vorstandsvorsitzenden die Teilnehmer auf Corona zu testen, gab man mir die Gelegenheit, über BewegtEuch zu sprechen. Es war mir fast ein wenig unangenehm, denn ich konnte mir gut vorstellen, dass sie alle schon genug Spendenanfragen bekamen und das auch mal lästig werden konnte, doch dann dachte ich, eine solche Chance sollte ich nicht ungenutzt verstreichen lassen. Am Ende sollten sie dem Verein eine fünfstellige Summe überwiesen. Wir erhielten sehr viel Unterstützung, und bald konnten wir die ersten Kinder glücklich machen, indem wir ihren Karatekurs finanzierten, das Tenniscamp bezahlten oder für Basketballschuhe aufkamen.

Im nächsten Schritt suchten wir nach Paten, die sich für bestimmte Projekte wie Schwimmtraining oder bewegte Pausenhöfe einsetzten oder auch für einzelne Kinder. So übernahm zum Beispiel das Familienunternehmen Gerhard Rösch in Gestalt von Arnd-Gerrit Rösch die Patenschaft für einen Jungen, weil ihr der Tübinger Modellweg so gut gefallen hatte. Der Lieblingssport des Jungen ist Karate. Er mag daran, dass er sich selbst verteidigen kann, sollte er einmal angegriffen werden. Weil seine Eltern den Kurs nicht mehr bezahlen konnten, übernahm der Textilhersteller Rösch für ein Jahr den Beitrag. Es berührte mich sehr, als der Junge mir erzählte, wie sehr er sich freue, endlich wieder mit seinem Freund trainieren zu können. Sogar seine Zeugnisnoten schickte er uns, weil er so glücklich war.

Es gibt auch Paten, die sich nicht nur finanziell einbringen, sondern auch persönlich um die Kinder kümmern, vor allem um Kinder von Migranten oder Flüchtlingen, um ihnen einen möglichst unkomplizierten Start in Deutschland zu ermöglichen. Meist sprechen die Eltern kaum oder gar kein Deutsch. So nimmt sich eine Patin eines Siebenjährigen aus Eritrea an. Sie begleitet ihn nun ein Stück weit auf seinem Lebensweg. Sie vertritt seine Eltern, die kein Wort Deutsch sprechen und damit nicht in der Lage sind, ihren Sohn schulisch zu unterstützen, in der Schule, bringt ihn zum Fußballtraining, fährt ihn zu Fußballturnieren oder sonstigen Ereignissen und hilft ihm so dabei, sich zu integrieren. Die Frau erzählte, dass sie sich schon früher um ein Migrantenkind gekümmert habe. Der Junge habe sie am Anfang beklaut, doch sie habe ihn nicht fallen gelassen, sondern ihm erklärt, wenn sie sich weiter seiner annehmen solle, dann müsse ein Vertrauensverhältnis zwischen ihnen bestehen, und dazu gehöre, dass er sie nicht bestehle. Brauchte er etwas, dann solle er es offen ansprechen. Nie wieder machte sie schlechte Erfahrungen mit dem Jungen, der inzwischen seinen Weg gegangen ist. Ich dachte, dass durch das Verhalten der Patin sicher ein Kinderleben gerettet war. Was wäre aus dem Jungen geworden, wenn sie anders reagiert, ihn zurückgestoßen hätte?

Ich wollte auch Unterstützung von ganz oben, von der Politik, und versuchte nach der Bundestagswahl 2021 die Grünen für BewegtEuch zu gewinnen. Nicht mein politisches Spektrum, aber egal, ob es meinen Einsatz für Migranten betraf oder die Testkampagne: Nichts, was ich in den letzten Jahren unternommen habe, stand unter einem parteipolitischen Ansinnen. Und ich denke auch, dass mich kaum noch jemand mit der CDU identifiziert, sondern eher mit einem allgemein sozialen Verhalten.

Wir nahmen Kontakt mit Professor Ansgar Thiel auf, dem Direktor des Instituts für Sportwissenschaft der Universität Tübingen. Zusammen mit einem Team aus Sportpsychologen, Psychotherapeuten und Sportmedizinern leitet er eine wissenschaftliche Begleitstudie zu den Vereinsaktivitäten von BewegtEuch. Ziel ist es, die Auswirkungen von Bewegung auf verschiedene psychosoziale Faktoren von Heranwachsenden in Krisenzeiten wie der Corona-Pandemie zu untersuchen. Das Besondere der Studie ist eine tägliche Betrachtung mehrerer Faktoren wie Schlaf, digitales Verhalten oder soziale Interaktion. Bisher gibt es eine solch detaillierte Betrachtung auf wissenschaftlicher Basis kaum.

Für Ansgar Thiel deuten sich bereits jetzt drei zentrale Ansatzpunkte für die Bewegungsförderung von Heranwachsenden an: Schule, Infrastruktur und Sportverein. Er fordert als erste Säule eine Ausweitung des Sportunterrichts in der Schule und eine bewegungsfreundlichere Gestaltung der Schulinfrastruktur (zum Beispiel bewegte Pausenhöfe). Erste Studien hätten gezeigt, so Thiel, dass beispielsweise der Mathematikunterricht effizienter aufgenommen werde, Kinder also besser lernten, wenn sie sich während des Unterrichts auf einem Laufband bewegten. Auch eine engere Zusammenarbeit von Schulen und Vereinen zur weiteren Förderung und Vermittlung von Sportangeboten an Schülerinnen und Schüler sieht er als zentralen Ansatzpunkt. In letzter Konsequenz könnte daraus eine ganz neue Gesundheitspolitik entstehen.

Walter Döring, einst stellvertretender Bundesvorsitzender der FDP und Wirtschaftsminister von Baden-Württemberg, gründete inzwischen in Schwäbisch Hall zusammen mit einem Kardiologen eine weitere BewegtEuch-Dependance. Das war von Beginn an eines unserer Ziele gewesen: BewegtEuch auch in anderen Städten zu etablieren, um Menschen zu helfen und im Leben weiterzubringen, damit sie – gegebenenfalls trotz ungünstiger Ausgangsbedingungen – eine Chance im Leben haben. Vielleicht ist das ein kleines Überbleibsel meines Kindertraums, Missionsärztin zu werden.

34
Alltag

Es ist sieben Uhr morgens, und wie immer klingelt in der Praxis bereits das Telefon. Es ist der Beginn des täglichen Konzerts, das durch das chronische Gebimmel meines Handys noch massiv unterstützt werden wird. Für eine Arztpraxis sind Anrufe Routine, für die meisten Patienten steckt dahinter ein Ausnahmezustand. Wer ist schon gern krank? Wer erträgt die Unsicherheit, ob es sich um ein harmloses Zipperlein handelt oder ein lebensbedrohliches Symptom, das schnellste Hilfe benötigt? Der erste Anrufer an diesem Tag ist besorgt, weil das Ergebnis seines Schnelltests positiv ausfiel und er nicht weiß, was er nun tun soll. Die zweite Patientin möchte eine Krankmeldung wegen Bronchitis, die nächste benötigt einen Termin zur Vorsorgeuntersuchung. Es folgt der dringende Wunsch nach einem Beratungsgespräch wegen zu hoher Zuckerwerte, und ein älterer Herr möchte einfach nur einen Rat.

Bevor ich mich ins Getümmel stürze, gönne ich mir einen Milchkaffee, eine Scheibe Toast mit selbst gemachter Himbeermarmelade und das *Schwäbische Tagblatt*. Viel Zeit bleibt nicht. Wie oft haben die Kinder mit Engelszungen auf mich eingeredet, ich solle gefälligst in aller Ruhe frühstücken. Ab acht ist die Praxis regulär besetzt, Termine versuche ich erst ab neun zu vergeben, damit ich mir noch Arztbriefe, Laborbefunde und Sonstiges durchsehen kann. Heute stehen wieder viele Patienten im Kalender, es erwartet mich und mein Team ein straffes Programm.

Während ich meinen Kaffee trinke, höre ich Corinne einen Stock tiefer bereits herumwirbeln und genieße noch ein paar Minuten die Ruhe vor dem Sturm. Corona hat längst auch den Alltag meiner Arztpraxis fest im Griff. Die Verunsicherung der

Patienten ist deutlich spürbar, der Gesprächsbedarf viel größer. Der erste Patient kommt, um seinen INR-Wert prüfen zu lassen. Er muss blutverdünnende Medikamente nehmen, was eine regelmäßige Kontrolle erfordert. Nebenbei reden wir über die Probleme in seiner Firma. Persönliche Gespräche wie mit ihm sind auch für mich als Ärztin immer wieder ein angenehmes Erlebnis. Dann muss der nächste Patient eben ein bisschen warten, der grandiose Blick über Tübingen vom Wartezimmer aus dürfte dafür allemal entschädigen. Mir ist es wichtig, dass sich die Menschen in meiner Praxis wohl- und gut aufgehoben fühlen.

Das gilt auch für Routinefälle wie die Corona-Impfung eines befreundeten Journalisten. Bevorzugt wurde er bei der Terminvergabe nicht, mit seinem Alter gehört er zur aktuellen Impfgruppe. »Jetzt ruh dich kurz aus. Wir messen dann den Blutdruck, und dann kannst du auch schon wieder los.« Bei den Werten war ich allerdings etwas überrascht. Solch ein hoher Blutdruck und keinerlei Symptome wie etwa Kopfschmerzen? Sofort bekam er ein blutdrucksenkendes Medikament. Doch der erhoffte schnelle Effekt wollte sich nicht einstellen. Alles deutete auf einen chronischen Fall von Bluthochdruck hin, der nur mit dauerhafter Medikation, mit Sport und angepasster Ernährung in den Griff zu bekommen ist – was uns letztlich auch gelingen sollte. Ohne die Impfung und das anschließende routinemäßige Blutdruckmessen wäre die oft nicht wahrgenommene, vielfach bedrohliche Krankheit vermutlich nie aufgefallen. Als der Journalist einem Freund davon erzählte, ließ auch er sich den Blutdruck messen. Mit einem ähnlich dramatischen Ergebnis. So hat die Aktion Corona-Impfung zumindest bei zweien ein Gesundheitsrisiko erkennen lassen und sie vor Schlimmerem bewahrt.

Die nächste Patientin schüttete mir ihr Herz aus, während ich ihr Blut abnahm. Der Mann wurde immer dementer, hatte immer wieder aggressive Momente, worunter sie zunehmend litt. Sie hatte bisher aber nie mit jemandem darüber gesprochen. Ich bot ihr an, einen Termin in der Memoryklinik auszumachen, und unterstützte sie in der Beantragung einer Pflegestufe für ihren Mann. Ein wichtiger Schritt, um wenigstens ein bisschen Entlastung zu bekommen. Bevor ich den nächsten Patienten hereinholte, musste ich etliche Telefonate erledigen, die nicht warten konnten. Corinne hatte mir fast unbemerkt einen ganzen Stapel Notizen zu Patienten auf den Schreibtisch gelegt. Der eine wollte dringend seine Blutwerte wissen, die andere war im Pflegeheim gestürzt, nicht schlimm, aber doch so, dass ich vorbeischauen musste. Da ich sowieso etliche Hausbesuche auf der Liste hatte, kam es auf einen mehr oder weniger nicht mehr an.

Nachdem ich das Handy aus der Hand gelegt hatte, fiel mir ein, dass ich noch den Rehbraten für den ersten Weihnachtsfeiertag bestellen musste. Heute war der letztmögliche Tag dafür, und Weihnachten ohne meinen traditionellen Rehbraten ging gar nicht. Diesmal wollte ich doppelt so viel Soße machen, um einen Schwund wie im Vorjahr aufzufangen. Der Grund dafür hieß Oli, mein Schwiegersohn, der nachts zum Kühlschrank geschlichen war und Soße gelöffelt hatte. Weihnachten spielte immer eine sehr große Rolle in unserer Familie. An Heiligabend kommen alle zusammen, und das Haus ist randvoll. Am Nachmittag gehen wir in der Regel in die Stadt und treffen dort Freunde. Manchmal schaffe ich es rechtzeitig in die Stiftskirche. Da sitze ich dann ganz still mit der Familie und genieße die Atmosphäre und Besinnlichkeit. Anschließend gibt es Abendessen, und danach dürfen die Kinder und Enkelkinder die Geschenke auspacken. Bei einer so großen Familie ein etwas längerer Akt. Seit Jahren kommt dann gegen 22 Uhr mein Onkel Martin mit seiner Frau und feiert ein bisschen bei uns mit. So kuschelig und gemütlich ich meine Wohnung dekoriert hatte, so auffallend zurückhaltend war 2021 die Stadt geschmückt. Die Menschen fürchteten einen erneuten Lockdown. Alle hatten das Coronavirus samt aller Schutzmaßnahmen mittlerweile mehr als satt.

Während ich noch überlegte, ob ich bei meiner Bestellung etwas vergessen hatte, kam ein Notfall in die Praxis. Der Patient wog sicher 150 Kilogramm und kämpfte sich schwer atmend die Treppe hoch. Er war von seinem Hausarzt abgewiesen worden, worauf die Ehefrau beschlossen hatte, ihn zu mir nach Tübingen zu fahren – was durchaus kein Einzelfall ist. Wie schlecht es um den Patienten stand, erkannte ich sofort. Ein unverzüglich geschriebenes EKG bestätigte meine Verdachtsdiagnose: akuter Herzinfarkt. Sofort legte ich einen Zugang und verabreichte alle notwendigen Medikamente, während Corinne das DRK samt Notarzt rief. Hätte ich Zeit gehabt, hätte ich ihn ins Krankenhaus begleitet, aber das Wartezimmer war voll, und die Hausbesuche standen auch noch an. An Pausen war an diesem Tag, wieder einmal, nicht zu denken.

Als ich mich nach Feierabend endlich meinen E-Mails widmen konnte, ging der Stress gleich weiter. »1237 ungelesene Mails«, meldete das Programm. Post von Menschen, die Ängste hatten. Angst vor Corona. Angst vor dem Impfen. Angst vor den Folgen der Beschränkungen. Angst vor dem Leben. Menschen, die dringend auf Antwort warteten, einen Rat brauchten oder sich einfach nur bei mir bedanken wollten. Ich war schlicht zu müde, um all diese Mails zu beantworten, und täglich kamen über hundert dazu. Ist das nicht auch ein Zeichen, dass in unserer Gesellschaft etwas schiefläuft? Dass vielen in der Krise ein Ansprechpartner fehlt? Und der Grund dafür, dass sie sich in Ängste und Parallelwelten flüchten? Ich beschloss, an diesem Abend mein schlechtes Gewissen zu ignorieren und bezüglich der Mails zu kapitulieren. Was mir natürlich nur teilweise gelang. Trotzdem ging ich mit einem guten Gefühl ins Bett. Weil ich helfen kann, weil man mir großes Vertrauen entgegenbringt, weil ich einen Traumberuf habe und weil ich mich riesig auf Weihnachten und meine Familie freute.

35
Welten bauen für Zufriedenheit

Glück ist immer etwas Flüchtiges, ein Zustand, der in Erwartung zu etwas steht, in unserem Gehirn ein Feuerwerk entfacht, das aber auch schnell abbrennt. Zufriedenheit ist etwas völlig anderes. Sie entsteht, wenn Bedürfnisse weitgehend und auf Dauer befriedigt werden. Die Bedürfnisse anderer können wir nach meiner Erfahrung nur dann nachempfinden, wenn wir in der Lage sind, uns in unterschiedliche Welten einzufühlen und uns in ihnen zurechtzufinden.

Wir alle leben in einer Welt, die wir selbst erschaffen haben, in unserer eigenen Realität. Was bedeutet, dass es nicht nur die eine Wahrheit gibt. Eine solche Erkenntnis ist Voraussetzung für die Art und Weise, wie und worauf wir uns einlassen, wie wir mit anderen reden, welche Aspekte unserer Gesellschaft wir forcieren wollen, immer in dem Wissen, dass andere Menschen nicht so erleben oder empfinden wie wir selbst. Oder dass sie eine Situation ganz anders auffassen, weil sie ihr Erleben und ihr Empfinden vollkommen anders darin einbauen, sich mit etwas völlig anderem identifizieren.

Zu diesem Denken brachte mich der österreichische Erkenntnistheoretiker und große Baumeister der Wirklichkeit Paul Watzlawick, den ich für meine Doktorarbeit (zum Thema Alkoholismus) herangezogen hatte. Er sagte, die Welt, in der wir leben und wie wir sie erleben, ist unsere Erfindung. Man kann »Erfindung« aber auch mit »Empfinden« gleichsetzen. In dem Klassiker *Rashomon* des Meisterregisseurs Akira Kurosawa wird ein Verbrechen aus unterschiedlichen Perspektiven erzählt. Die drei Beteiligten und ein Zeuge erzählen dem Richter verschiedene Versionen des Tathergangs. Vier Versionen, die in sich logisch sind, sich aber widersprechen. Mit anderen Worten: Wir können unsere Meinung oder auch unser Empfinden nicht zum alleinigen Maßstab machen. Der eine kann extrem unter einer Situation leiden, die einen anderen kaum berührt. Hat man das einmal verstanden und akzeptiert, entwickelt man eine viel größere Toleranz gegenüber den Bedürfnissen und Ängsten anderer, gegenüber ihren Egoismen, ihrer psychischen Verfassung, was auch immer. Und man ist eher in der Lage, etwas abstrakt zu sehen, sodass man nur die Hilfsbedürftigkeit eines Menschen im Blick hat und nicht seine womöglich befremdlichen Anschauungen.

Das hat mir auch ermöglicht, ganz anders auf meine Mutter zu schauen und meinen Frieden mit ihr zu finden. Mein Großvater mütterlicherseits hatte das Blaue Kreuz nach Deutschland gebracht, eine christliche Antialkoholiker-Vereinigung, die Ende des 19. Jahrhunderts von dem Genfer reformierten Geistlichen Louis-Lucien Rochat gegründet worden war. Bei meinen Großeltern und letztlich auch meiner Mutter wurde die Abstinenz extrem gehandhabt, sodass es nie einen Nachtisch gab, der auch nur einen Schuss Alkohol enthalten hätte. Es war verboten, ein Stück Schwarzwälder Kirschtorte zu essen, denn sie enthielt ja Kirschwasser. Es galt die Devise 0,0 Prozent Alkohol. Durch ihre Frömmigkeit, ihre tief im Glauben verwurzelte Haltung und die Gestaltung ihres alltäglichen Lebens ganz nach dem Willen Gottes lebte und lebt meine Mutter stets in einer anderen Welt. Durch die geistliche Erbauung im Kreise Gleichgesinnter empfindet sie völlig anders als ich. Es gibt wenig Schnittmengen zwischen ihr und mir, da die Bibel ihre Lebensrichtschnur ist. Seit ich mir all das bewusst gemacht habe, ist es viel leichter, damit zurechtzukommen, und Frustration, Enttäuschungen oder Verbitterung können sich nicht mehr breitmachen.

Als Wirtin einer Kneipe lief ich nie Gefahr, Alkoholikerin zu werden, selbst in den härtesten Phasen nicht, aber ich fand es spannend, diese andere Welt kennenzulernen, sie nachvollziehen zu können, wollte herausfinden, warum Menschen in Situationen geraten, in denen sie zum Alkohol greifen und in ihm den einzigen Ausweg sehen. Das gelingt am besten, wenn man sich in den anderen hineinversetzen kann. Empathie ist gar nicht so schwer, man muss sich nur vorstellen, in verschiedenen Rollen zu agieren, um die Bedürfnisse und Empfindungen der anderen nachzuvollziehen.

Wenn wir also mehrere Welten kennenlernen und sie annehmen können, entwickeln wir mehr Verständnis für andere Menschen und ihre Probleme. Dazu dürfen wir die anderen Welten, in denen wir vielleicht selbst einmal gelebt haben, nicht vergessen. Im Boulanger hatte ich den einen oder anderen eingefleischten Kommunisten erlebt, der von einer klassenlosen und postkapitalistischen Gesellschaft geträumt hatte, aber diese Welt und das damit verbundene Denken teilweise oder auch zur Gänze hinter sich ließ und zu einem Kapitalisten wurde, wenn er erbte. Eine solch radikale Abkehr von einst vertretenen Werten und Idealen hat mich ziemlich abgeschreckt, denn ich selbst habe nie meine sozialen Gedanken, mein soziales Engagement vergessen, egal in welcher Partei ich war oder wie viel ich verdiente.

Doch warum habe ich es überhaupt geschafft, den Weg zu gehen, den ich gegangen bin? Warum bin ich ihn mit all den Krümmungen weitergegangen und habe immer wieder Um- und Seitenwege eingeschlagen? Warum bin ich einen Weg weitergegangen, der mir womöglich sehr lang vorkam, und habe keine Abkürzung genommen? Meine Antwort: Das hat ganz viel mit Neugierde und Idealismus zu tun.

Viele machen Dinge so, wie sie es gelernt haben, und scheuen vor Neuem zurück, sagen sich: »Das kenne ich nicht, das traue ich mir nicht zu.« So habe ich nie gedacht. Ich hatte nicht geplant, in die Politik zu gehen, es kam dazu, weil man mich gefragt hatte, ob ich mich nicht als Kandidatin für den Kreistag und den Gemeinderat aufstellen lassen wolle. Hätte ich abgelehnt, bei der Formel 1 als Rennärztin zu arbeiten, hätte ich diese Welt ebenfalls nicht kennengelernt. In beiden Fällen sagte ich zu, weil ich neugierig war, etwas Neues ausprobieren wollte. Ausprobieren führt unweigerlich zu Seitenwegen. Und gehe ich keinen Seitenweg, bekomme ich auch nichts von ihm mit.

Neben Neugierde ist ein großes Maß an Dankbarkeit entscheidend für Zufriedenheit. Luxus, den man jeden Tag genießt, ist irgendwann nichts Besonderes mehr. Das ist wie bei allen Dingen, die sich permanent wiederholen: Sie werden langweilig, die Intensität ihrer Wirkung nimmt ab. Zufriedenheit hat nicht unbedingt mit Reichtum zu tun. Ich merke an mir, wie ich mich immer noch an Kleinigkeiten erfreuen kann, so wie einst an geschenkten Orangenkisten, die ich als Möbel benutzte, oder einer Packung Waschpulver. Ich weiß, dass, wenn man mir heute fast alles nehmen würde, ich dennoch mit dem Leben zurechtkommen und mich glücklich und zufrieden fühlen würde. Die Erfahrung von Armut, diese alte Welt, gehört zu mir, ich habe sie im Verlauf meines Lebens nie vergessen. Sie hat Mut in mir geweckt, hat mich dazu gebracht, zu überlegen, was ich selbst tun kann, um meine Situation zu verändern, und womit ich mich identifiziere. Es galt, andere Werte zu entdecken, sei es autogenes Training oder die Musik, das Malen oder das Lesen von Büchern. Oder eben die Mitwirkung an sozialen Projekten.

Sich für eine Gesellschaft einzusetzen bedeutet, eine Gesellschaft am Leben zu erhalten. Allein über eine Gemeinschaft, in der jeder auf den anderen achtet und in Momenten der Not nicht zögert, die eigenen Bedürfnisse hintanzustellen, wird Zukunft denkbar. Bei der Hochwasserkatastrophe 2021 haben Menschen ihren Urlaub abgebrochen, um zu helfen und die Betroffenen nicht im Stich zu lassen. Für mich ist das Ausdruck einer besseren Welt, einer Welt, die sich lohnt, in der man gern leben möchte, denn man bekommt durch seinen Einsatz eine

Menge zurück. Ein strahlendes Gesicht, die Erleichterung beim anderen zu spüren, etwas Schöneres kann es kaum geben.

Wer Menschen hilft, benötigt selbst Kraft. Ich bekomme diese Kraft durch meine Familie, meine Freunde und meinen Mann. Unsere Gespräche helfen mir, eine Menge über mich selbst zu lernen.

Es werden noch viele Katastrophen auf uns zukommen. Anfang Dezember 2020 bemerkte der UN-Generalsekretär António Guterres zum Zustand der Erde: »Um es einfach auszudrücken: Der Planet ist kaputt. Liebe Freunde, die Menschheit führt einen Krieg gegen die Natur. Das ist Selbstmord. Die Natur schlägt immer zurück, und sie tut es bereits mit wachsender Kraft und Wut.« Wir sind verantwortlich dafür, dass viele Arten vom Aussterben und grundsätzlich unsere Ökosysteme bedroht sind. Unser rücksichtsloses Verhalten gegenüber der Natur hat nicht nur den Klimawandel bewirkt, der weitere Umweltkatastrophen bringen wird, es bedingt auch ein erhöhtes Pandemie-Risiko. Immer häufiger kommen wir mit Wildtieren in Kontakt, weil wir immer tiefer in ihren Lebensraum vordringen – mit Tieren, die Viren in sich tragen, die für uns Menschen bisher nie eine Gefahr waren, weil es in früheren Zeiten keine nahen Begegnungen gab und die Tiere nicht gegessen wurden. Nicht nur HIV, SARS, MERS, Zika, Ebola und diverse andere Viren gelangten so zum Menschen. Heute weiß man, dass mehr als die Hälfte aller Infektionskrankheiten bei Menschen durch eine Übertragung vom Tier ausgelöst werden. Eine Tatsache, die – nicht nur von der Politik – viel zu wenig berücksichtigt wird. Wir müssen den Tatsachen ins Auge sehen: Ist eine Pandemie besiegt, kann die nächste schon im Anmarsch sein. Ein entscheidender Punkt, um Zukunft zu gewährleisten, besteht wohl darin, sich (wieder) mit einfachen Sachen zu begnügen.

All die aufgeführten Aspekte sind für mich der Schlüssel, mein Schlüssel, um auf gute Weise durchs Leben zu kommen.

Am wichtigsten ist es, die Perspektive wechseln zu können. Nur so ist es möglich, eine andere Ansicht als genau solche zu erfassen. Was nicht heißt, dass man alles verzeihen muss.

Wer nie ein Tief durchlebt, kann ein Hoch nicht wertschätzen. Völlig entspannt ist ein Leben, wenn es auf einer Geraden verläuft. Mein Leben ähnelt mehr einer Sinuskurve, aber ich möchte diese Tatsache nicht missen. Denn durch das Auf und Ab habe ich Bekanntschaft mit einer Palette von Gefühlen gemacht. Ich kann wütend werden, ich kann etwas nicht gutheißen, aber indem ich diese Empfindungen nicht verdränge, gerate ich irgendwann in eine Situation, in der ich begreife und auch wieder agieren kann. Wir alle werden früher oder später sterben, aber bis es so weit ist, kann ich mein Leben gestalten und kann ändern, was mir nicht behagt – das kann jeder schaffen. Als es mir mit 23, 24 ziemlich schlecht ging, als ich wirklich Todesangst hatte, habe ich mir geschworen: Wenn ich sterben muss, dann mit dem Gefühl, ein gutes Leben gelebt zu haben, ein sinnvolles Leben. Und das könnte ich jetzt schon von meinem Leben behaupten.

Mir geht es um die Menschen. Die entscheidende Frage für mich lautet, was ich selbst tun kann, um durch mein Engagement etwas zu bewirken, das für viele Gültigkeit haben könnte. Ob in der Situation der geflüchteten Menschen oder in der Coronakrise – es mussten stets schnelle Entscheidungen getroffen werden. Ich bin ziemlich gut geeignet für Notfälle. Ich kann schnell erkennen, was fehlt, und es liegt mir, umgehend zu handeln. Wäre das, was ich in die Wege leitete, falsch gewesen, dann wäre es eben so gewesen. Das wäre in jedem Fall besser gewesen, als tatenlos zuzusehen oder nur zu jammern und zu klagen. Jeder Mensch ist anders, hat andere Stärken und Schwächen, doch jeder kann für sich herausfinden, wo seine Talente liegen. Jeder kann seinen Weg und seine Umwege finden, entdecken und auf ihnen voranschreiten. BewegtEuch! Es lohnt sich!

Statt eines Nachworts – mein persönliches Abc

A für alt werden

Senioren liegen mir schon immer ganz besonders am Herzen. Deshalb sollte der »Tübinger Weg« mit massivem Testen dafür sorgen, dass in Altenheimen die Infektionen zurückgedrängt werden. Ebenso wichtig war mir, dadurch eine Möglichkeit für Besuche zu bieten. Vereinsamung und das plötzliche Fehlen sozialer Kontakte waren eine Katastrophe für die betagten Menschen, auch für diejenigen, die zu Hause leben.

B für BewegtEuch

Kinder und Jugendliche scheinen von der Politik vergessen zu werden. Sport ist unendlich wichtig für junge Menschen, für den Körper und die Psyche gleichermaßen. Um Kids aus schwierigen Verhältnissen Sport zu ermöglichen, greift der Verein BewegtEuch mit Geld und Patenschaften ein. Gemeinsam mit TV-Moderator Michael Antwerpes und Schauspielstar Jan Josef Liefers gründete ich den Verein, dem sich mittlerweile viele Prominente aus Wirtschaft, Kultur und Sport angeschlossen haben. Die Schirmherrschaft übernahm Wolfgang Schäuble.

C für CureVac

Das Tübinger Unternehmen galt als großer Hoffnungsträger für die Entwicklung eines Impfstoffs gegen Corona. Immerhin wurden hier von Ingmar Hoerr die Grundlagen für die mRNA-Impfung geschaffen. Als die praktische Umsetzung scheiterte, war die Enttäuschung in der Stadt spürbar, und ich musste Ingmar mit Biontech impfen. Viele hatten eigens mit dem Impfen gewartet, um einen Impfstoff von CureVac zu bekommen. Nun liegen die Hoffnungen auf einem Impfstoff der zweiten Generation.

D für Demut, Toleranz und Respekt

Diese drei Haltungen sind für mich essenziell. Oft genug muss ich mich an die eigene Nase fassen, um diese Ziele im Alltag nicht aus den Augen zu verlieren. Aber die häufige Konfrontation mit furchtbarem Leid lehrt mich, demütig und dankbar zu bleiben.

E für Emotionale Intelligenz

Deren Stellenwert kann man gar nicht hoch genug einschätzen in Zeiten, in denen Leistungsdruck immer stärker wird und Selbstoptimierungsratgeber die Buchregale füllen. Ein soziales Jahr kann für Jugendliche wahre Wunder wirken, ebenso ehrenamtliche Arbeit. Eindrucksvoll erlebe ich das vielfach bei unserem DRK. Ihnen und all den Hilfsorganisationen sollte ein ganz großes Bravo unserer Gesellschaft gelten!

F für Familie und Freunde

Sie sind das Wichtigste auf der Welt, um ein erfülltes Leben leben zu können.

Bei F muss ich noch einen Begriff anbringen: Flugangst. Flugzeuge im Bauch sind mir lieber, als selbst in einem zu sitzen. Nach der dramatischen Notlandung auf dem Flug von Mallorca nach Stuttgart in Marseille ist meine Aviophobie kaum besser geworden.

G für Gesundheit

Der Schlüssel zum Erfolg heißt auch hier Ausgewogenheit. Es bringt letztlich wenig, irgendwelchen Diäten hinterherzuhecheln. Oder fanatisch übertriebenen Zielen nachzurennen. In der Ruhe liegt oft mehr Kraft. Und oft sage ich meinen Patienten, die Dosis mache das Gift, ob bei Vitaminen, Wasser oder Ähnlichem: Zu viel oder zu wenig kann krank machen. Auf alle Fälle gilt auch hier: BewegtEuch!

H für Hochzeit

An die große Glocke wollten Michael und ich unsere Hochzeit nicht hängen. Nachdem wir beide im Sommer 2021 unseren sechzigsten Geburtstag gefeiert hatten, haben wir uns im Dezember im Tübinger Rathaus zur Ehe getraut. Getraut hat uns Boris – das kann er sehr charmant. Eine Woche später folgte er ziemlich spontan unserem Beispiel. Hochzeiten können offensichtlich ansteckend sein.

I für Impfen

Als die ersten Impfstoffe von Biontech zur Verfügung standen, gaben sich in meiner Praxis die Patienten die Klinke in die Hand. Die Terminvergabe in den Impfzentren entpuppte sich als Fiasko, insbesondere für ältere Menschen. Wohl denen, die dann einen Hausarzt hatten, der sich kümmerte.

J für Jesiden

Wenn es eine Gruppe von Flüchtlingen gibt, die ohne Wenn und Aber unsere Hilfe verdienen, dann sind es die Jesiden. Auf Initiative von Ministerpräsident Winfried Kretschmann konnte eine Gruppe Frauen mit ihren Kindern nach Baden-Württemberg kommen, wo sie an einem geheimen Ort untergebracht wurden.

K für kluges Kerlchen

Während eines Live-Interviews mit dem WDR wurde ich gefragt, wie die Zusammenarbeit mit OB Boris Palmer sei. Ich attestierte ihm, ein kluges Kerlchen zu sein. Worauf die Moderatorin einen kleinen Lachanfall bekam. Und anschließend Armin Laschet ebenfalls als kluges Kerlchen bezeichnete.

L für »Lisa immer im Einsatz«

Als Kandidatin für den Baden-Württembergischen Landtag wurde der Spruch zum Motto meines Wahlkampfs. Es könnte auch mein Lebensmotto sein. Die blauen Plakate waren ziemlich auffällig. Einige Eltern wollten sogar eines haben, weil ihre Tochter ebenfalls Lisa heißt.

M für Mallorca

Land und Leute begeistern mich. Jenseits der ausgetrampelten Touristenpfade findet sich eine traumhafte Landschaft zum Wandern. Für mich ein idealer Rückzugsort, um meine Akkus aufzuladen. Oder mich mit meinen Nachbarn Jan Josef Liefers oder Til Schweiger zu treffen.

N für Namen

Einige Personen im Buch wurden von mir umgetauft. Zum einen, um sie zu schützen, zum anderen, weil es abgeschlossene Kapitel für mich sind, die mit einem verfremdeten Namen leichter zu erzählen sind. Und weil es mir nicht darum geht, Menschen zu kritisieren und anzuklagen.

O für Optimismus

Eine Haltung, die ich als Ärztin und als Mensch unbedingt jedem verschreiben möchte. Ein halb volles Glas kann oft der einfache Schlüssel zu Zufriedenheit sein. Es ist immer eine Frage der Betrachtungsweise. »Woher nehmen Sie Ihre ganze Energie?«, werde ich bisweilen gefragt. Mit Optimismus lässt sich das erreichen. Und das können nach meiner Erfahrung wirklich fast alle lernen. Optimismus ist keine Raketenwissenschaft.

P für Picasso

Malen ist eine meiner großen Leidenschaften. Dabei lasse ich mich gern von den großen Meistern inspirieren. Besonders faszinierend finde ich Pablo Picasso – einmal saß ich mit einem echten Picasso im Auto!

R für Reh an Weihnachten

Längst sind Rehkeule, Spätzle und Rotkraut eine Tradition für den ersten Weihnachtsfeiertag. »Bodenständigkeit und Raffinesse« steht über dem Rezept. Passt auch sonst ganz gut als Motto für mein Leben.

S für Sinn des Lebens

Jeder Mensch hat seine eigenen Vorstellungen vom Sinn des Lebens. Am Ende zählt, was einen selbst oder andere glücklich macht.

T für *Tatort*

Schaue ich gern, insbesondere jenen aus Wien mit Adele Neuhauser, einer starken Schauspielerin mit beeindruckender Biografie. Auch wenn ich mir tatsächlich manchmal die Bettdecke über den Kopf ziehe, wenn es brutal wird. Und natürlich verpasse ich keinen Münsteraner Tatort mit Jan Josef Liefers als Prof. Karl-Friedrich Boerne.

U für Urlaub

Mit dem Wohnmobil eine Fahrt ins Blaue. Oder an den Silbersee im Schwarzwald. Das ist für mich der ideale Wochenendurlaub. Mindestens einmal im Jahr wird Mallorca zum Ziel. Mit Familie oder Freunden Zeit im Häusle im Hinterland von Palma zu verbringen hat für mich immer einen ganz besonderen Charme. Dolce vita in Spanien – dazu komme ich viel zu selten.

V für Veränderungen

Veränderungen bereichern das Leben, kosten manchmal viel Energie, machen aber im Endeffekt ein erfülltes und gelebtes Dasein aus.

W für Wut

Die Trägheit der Bürokratie kann mich bisweilen wütend werden lassen. Aus absurden Gründen werden kafkaeske Hürden aufgebaut, an deren Sinnhaftigkeit der normale Menschenverstand verzweifeln möchte. »Wir müssen uns Sisyphos als einen glücklichen Menschen vorstellen«, forderte Albert Camus. Das klingt wie der Beipackzettel für manche Entscheidung in der Corona-Pandemie.

X für X

Seit Jahrzehnten ist das X eine Imbissbude mit Kultstatus. Nur einen Steinwurf vom Boulanger entfernt, stehen hier Studenten, Professoren oder Familien gern Schlange. Vermutlich haben schon Hölderlin und Hegel im X ihre Currywurst gegessen.

Y für Yoga

Zu Yoga bin ich durch einen meiner Freunde namens Günter gekommen. Ich war erstaunt, nach so vielen Jahren körperlich noch so beweglich zu sein. Leider ließ mir Corona keine Zeit mehr dafür. Aber die nächste Teilnahme ist schon geplant, zusammen mit Tommy Kuhn.

Z wie zweiter Bildungsweg

Kein leichter Weg – aber er lohnt sich! Über das Abendgymnasium zur Hochschulreife und zum Studium. Die aktuellen Zahlen zeichnen kein schönes Bild: Waren es 2010 noch knapp 20 000 Schülerinnen und Schüler, die ein Abendgymnasium besuchten, waren es 2020 nur noch die Hälfte. Auch hier gilt: BewegtEuch! Der Versuch ist es unbedingt wert!